FIFA WORLD CUP
Brasil
国际足联中国唯一合作平面媒体
体坛周报

1950年，英格兰队首次参加世界杯，英格兰队长比利·赖特（Billy Wright）与美国队长艾德·麦基尔文尼（Ed McIlvenny）交换礼物。

美国队员乔·盖廷斯（Joe Gaetjens，右）攻破英格兰门将伯特·威廉姆斯（Bert Williams）镇守的球门，1比0。

1950年世界杯1/4决赛，乌拉圭门将马斯波利（Roque Maspoli）与后卫瓦雷拉（Obdulio Varela）力拼英格兰前锋汤姆·芬尼（Tom Finney，右），英格兰队最终2比4负于南美劲旅乌拉圭队。

乌拉圭后卫威廉·马丁内斯（William Martinez）全力阻拦汤姆·芬尼（右），却无法阻止后者为英格兰队攻进一球。

1958

1958年世界杯D组首轮，英格兰队2比2战平苏联队，汤姆·芬尼终场前5分钟攻破苏联门将雅辛的十指关。

由于积分相同，英格兰队与苏联队需要重赛一场，结果苏联队凭借伊雷因（Anatoli Ilyin）的进球胜出，英格兰队不幸出局。

1962

1962年世界杯1/4决赛，瓦瓦（右）攻门，让英格兰门将斯普林格特（Ron Springett）难以扑救，巴西队3比1获胜。

在巴西前锋瓦瓦（中）的注视下，英格兰球星博比·穆尔（左）和门将斯普林格特（右）忙中出错，再失一球。

1966年世界杯1/4决赛，德国主裁判克赖特莱因（Rudolf Kreitlein，中）将动作粗野的阿根廷队长拉廷罚出场外。

克赖特莱因的严格执法引起阿根廷球员的强烈不满，险些引发激烈冲突，最终，他不得不在众多警察的保护下离开球场。

当1966年世界杯决赛进行至第101分钟时，英格兰前锋高夫·赫斯特（Geoff HURST）抬脚劲射，足球炮弹般飞向球门……

足球击中横梁后，砸在门线上，球进了吗？德国球员说没进，英格兰球员认为球进了，至今依然没有准确答案。

英国女王伊丽莎白二世（左）出席颁奖礼，亲手将金女神杯交给博比·穆尔，这也是英格兰队迄今为止唯一一次大赛冠军。

高夫·赫斯特（左三）庆祝英格兰队夺得第8届世界杯冠军，他在决赛中上演了帽子戏法，这一纪录至今无人打破。

英格兰队在1970年世界杯1/4决赛中先进两球，却连丢三球，德国前锋盖德·穆勒（左）的制胜进球让卫冕冠军颜面扫地。

被西德队挤出四强对博比·查尔顿（左）和英格兰队打击巨大，他们接连两届世界杯未能闯过预选赛，球队陷入历史性低潮。

英格兰队在1982年世界杯上卷土重来，首战凭借队长布赖恩·罗布森（Bryan Robson）开场后27秒的进球，让法国人猝不及防。

布赖恩·罗布森力压法国门将吕克·埃托里（Jean Luc Ettori），在第67分钟梅开二度，帮助英格兰队3比1告捷。

1986

英格兰队在1986年墨西哥世界杯1/8决赛中3比0轻取巴拉圭队，前锋加里·莱因克尔（Gary Lineker）发挥出色，独中两元。

莱因克尔在本届世界杯中发挥可谓渐入佳境，并在对阵波兰队的比赛中上演帽子戏法，最终，他以6个进球获得金靴奖。

英阿马岛战争后，迭戈·马拉多纳（左）与彼得·希尔顿（右）在世界杯赛场上先礼后兵，都希望在绿茵场上教训对手一番。

马拉多纳用"上帝之手"骗过了主裁判阿里·本纳瑟（Ali Bennaceur），英格兰门将希尔顿（右）吃了哑巴亏。

1990

1990年意大利世界杯半决赛，西德队长洛塔尔·马特乌斯（左）挑战英格兰"坏小子"保罗·加斯科因，结果不分高低。

点球决战负于西德队后，加斯科因泪洒球场的瞬间打动了无数英格兰球迷，这是加扎在世界杯历史上的最后一刻。

梦想在世界杯赛场上有一番作为的贝克汉姆（左）遭到迭戈·西蒙尼的"暗算"，裁判尼尔森（Kim Milton Nielsen）秉公执法。

英格兰队被阿根廷队挤出8强后，英国各媒体开始集体"讨伐"贝克汉姆和主教练霍德尔，舆论风暴让贝克汉姆一时难以招架。

巴西前锋罗纳尔迪尼奥的突然袭击让英格兰门将大卫·希曼猝不及防，眼睁睁地看着皮球划过自己头顶，径直蹿进网内。

英格兰队在2002年韩日世界杯的失利很难归罪于大卫·希曼一个人，也可以换句话说，他们的对手巴西队简直是太强大了。

2006年世界杯1/4决赛，21岁的英格兰韦恩·鲁尼（Wayne Rooney）初出茅庐就成为葡萄牙队后防球员的眼中钉……

成长总要付出代价，尚未成熟的鲁尼在第62分钟因犯规被主裁判埃利松多（Horacio Marcelo Elizondo）罚出场外。

弗兰克·兰帕德一脚劲射，皮球击中门楣后，主裁判拉里昂达（LARRIONDA Pietrafesa）却没有看到。

尽管英国媒体抱怨裁判未能明察秋毫，却也不得不承认，这支英格兰队与充满活力的德国队相比，在哪方面都不占优势。

THE WORLD CUP HISTORY
OF ENGLAND

世界杯冠军志之 英格兰

体坛传媒◎编著

执笔记者：刘川

西南财经大学出版社
Southwestern University of Finance & Economics Press

图书在版编目（CIP）数据

世界杯冠军志之英格兰／体坛传媒编著. —成都：西南财经大学
出版社，2014.5
ISBN 978-7-5504-1400-6

I.①世… Ⅱ.①体… Ⅲ.①足球运动—杯赛—概况—英格兰
Ⅳ.①G843.732

中国版本图书馆CIP数据核字（2014）第088993号

世界杯冠军志之英格兰
体坛传媒　编著

责任编辑：王　艳
助理编辑：涂洪波
特约编辑：王云强
封面设计：李尘工作室
责任印制：封俊川

出版发行	西南财经大学出版社（四川省成都市光华村街55号）
网　　址	http://www.bookcj.com
电子邮件	bookcj@foxmail.com
邮政编码	610074
电　　话	028-87353785　87352368
印　　刷	北京合众协力印刷有限公司
成品尺寸	165mm×230mm
印　　张	20.25
彩　　插	20页
字　　数	240千字
版　　次	2014年5月第1版
印　　次	2014年5月第1次印刷
书　　号	ISBN 978-7-5504-1400-6
定　　价	40.00元

推荐序一

只有足球可以

张　斌

我们大多数人没有能力追赶时间，只是被时间推着向前而已。四年，要多快有多快，又是一届世界杯即将开赛了。我脑海中不断有一个场景蹦跳出来——清晨，巴黎街头，我快速地奔向国际电视报道中心，还有个片子等着我去编辑。这就是1998年法国世界杯期间我的工作。当时几乎每一天都是这么过去的。对了，还有一个场景——2010年南非世界杯期间，在中央电视台的世界杯系列节目《豪门盛宴》的演播室中，同事告诉我，阿根廷队和德国队比赛的那一晚，北京长安街上的车格外少。大约半个月之后，我们拿到的收视材料显示，那一晚进行的阿根廷队与德国队的比赛是南非世界杯在中国大陆地区收视率最高的一场比赛，而且比赛开始的时间为北京时间22∶00，时间好得不能再好了。

每当这时，就会有很多记忆的碎片被我在脑海中拼凑起来。但总执拗怀旧不是事，会让人嬉笑为老人家的。可是，世界杯不就是不停地怀旧嘛，谁是冠军一定那么重要吗？我们要的不就是传奇嘛。

国际足联说，在南非世界杯期间，全世界最少有60亿人次坐在电视机前老老实实地看了比赛，国际奥委会也会有类似的数据证明奥运会的收视率之高。其实，世界杯与奥运会，不必争个高下，两者是完全不同的庆典。但是，足球作为一项运动很有必要与同类不断比肩，那么，足球这个"第一运动"的称号还有意义吗？闷头发展挣大钱不就成了吗？"第一"的称号其实啥也换不来，不过是我等热爱足球的人的心理感受罢了。这一刻我想起了前皇家马德里俱乐部主帅穆里尼奥的最新格言——"足球，就是人类情感的总和。"

我的这篇推荐序的题目一定会遭到其他运动热爱者的不屑，"只有足球可以"，到底可以什么？坦白讲，我并非回答这个问题的最佳人选。但我知道，世界杯是唯一可以搅动世界，让其在一个月之中为之持续沸腾的比赛。看着欧洲冠军杯比赛深夜里的欢腾，我一直在比对其与世界杯的异同，我依然不是回答这个问题的最佳人选，但我知道那份强大的情感关联的存在感。

读书，不是件容易的事情。太多的书，需要我们去选择。我羡慕《体坛周报》的世界杯系列图书的出版，更羡慕他们旗下那些分布在世界各地的足球观察者们，他们身处异乡，在那里足球已是国家、民族的精神血脉。我很少在江湖走动，见识渐少，行万里路的想法总被自己牵绊。我买过英国人写的几个版本的世界杯史话，文字密密麻麻，有些排版很古典，但是坚持每四年更新版本，我想那几乎是英国足球迷们的国民读物了吧。

我期待着，《世界杯冠军志》未来也能有此功效。此书尚不得见，期待它很扎实、很精美，让我们随时可以从某一页翻起就进入一段历史岁月。谢谢所有作者，安静地写段历史，该是很有意思的，你们如若满意了，我们读起来就会饶有兴趣的。在这个夏天，足球也可以让我们重新找回阅读的快乐和冲动，谢谢世界杯。

（本文作者系中央电视台赛事频道编辑部主任）

推荐序二

没有什么比足球更美妙

米　卢

　　足球世界里最盛大的表演即将在最了不起的足球王国巴西上演。对足球迷而言，没有什么比这更美好了！

　　相信许多人都知道，我和世界杯有着特殊的缘分，从1986年到2002年，我曾经率领5支不同的球队征战过世界杯，12年前与中国男足一起出征韩国西归浦，这些始终都是我生命中最难忘的回忆。

　　中国人讲究12年一个轮回，12年过去了，或许中国国家队没有再能获得更多的机会，我本人和世界杯的缘分也没有续写新的篇章，但中国球迷对世界杯的热爱却与日俱增，而作为我和球迷共同的老朋友——《体坛周报》，也始终战斗在世界杯报道的前沿阵地。

　　在巴西世界杯的舞台上，所有8支曾经成功捧杯的球队都将悉数亮相，豪门对决，快意恩仇。《体坛周报》的朋友告诉我，他们将借此机会推出一套冠军丛书，向所有中国球迷讲述属于冠军们的故事。在我看来，对所有中国球迷而言，这都将是一份意义非凡的礼物，它不仅讲述了许多鲜为人知的精彩故事，更揭示了属于胜利者的成功秘诀。

在我看来，这个世界上没有什么比足球更美妙的东西了；生活中，也没有什么比享受足球更重要的事了。打开这本书看到这段话的中国球迷们，你们即将欣赏到足球世界里最激动人心的传奇故事。

（本文作者系著名足球教练）

推荐序三

《体坛周报》与世界杯同成长

张敦南

　　世界杯这项世界上最盛大的足球赛事见证了《体坛周报》的成长。

　　《体坛周报》创刊于1988年，迄今逾1/4个世纪，无论在国际还是国内，这个历史都不算太久。1998年，第16届世界杯，《体坛周报》才第一次派出记者现场采访，团队规模为3人。2002年世界杯，欣逢中国队历史性出线，《体坛周报》特派记者组骤增至20余人，《体坛周报》也第一次在大赛期间出版日报，并为此广招人才，他们中很多人日后成了《体坛周报》的精英骨干。

　　虽然中国队此后再未出线，但《体坛周报》的世界杯报道继续升级。2006年，《体坛周报》第一次在世界杯报道中采取"跟队"战术，每支强队都有特派记者全程追踪。2010年，大批外国特约记者加入《体坛周报》报道团队，奉献了"梅西过生日"等独家图文报道。

正是在与国际媒体"同场竞技"的过程中，《体坛周报》迅速成长起来。如今，《体坛周报》是国际足联及世界杯的官方合作伙伴，是法国《队报》等世界知名体育报的版权合作媒体，拥有国际足联金球奖的中国媒体唯一投票权，是"金足奖"评委会成员，2013年还创立了"亚洲金球奖"评选活动。

通过多年建立的关系网，《体坛周报》在国际足球领域做出了真正的独家新闻，如2003年全球首发"贝克汉姆将加盟皇马"等新闻。《体坛周报》的影响力也与日俱增，2012年欧洲杯期间，德国足协少有地安排国脚专访，当时只让三家国际媒体到场，除了法国《队报》和意大利《米兰体育报》，还有就是《体坛周报》。

值此2014年世界杯临近之际，《体坛周报》与西南财经大学出版社、北京亨通堂文化传播有限公司携手推出《世界杯冠军志》系列图书，尽述世界杯七大冠军之风云，实乃盛事一桩。《体坛周报》的国际足球报道团队从业时间几乎都在十年以上，亲身经历过无数场比赛、无数次采访，他们为世界杯冠军立传，定能提供独到视角。

撰写阿根廷卷的程征是《体坛周报》最资深的国际足球记者。1986年世界杯，他曾现场见证了马拉多纳的"上帝之手"和"连过五人"。他和巴西卷作者小中，都是中国现在仅有的阿根廷足球和巴西足球专职记者。

赵威（法国）、彭雷（意大利）、梁宏业（西班牙）、王恕

（德国）都是常年旅居欧洲的《体坛周报》记者。每个人的写法都有独到之处，赵威在述史中融入了他对当事人的采访；彭雷的意大利卷集合了各种趣事，绝对让你大开眼界；梁宏业没有拘泥于历史记录，而是将西班牙队、西班牙足球和皇马巴萨的前世今生联系起来；王恕的德国卷重点描述了一些幕后故事，如1974年世界杯上所谓的"贝肯鲍尔夺权"等。

如此系统、深入地梳理世界杯历史，在中国是破天荒之举。看了作者们的书稿，我才发现，很多熟知的"历史"不尽不实。例如1950年美国队1比0胜英格兰队，堪称世界杯史上最大冷门，事后出现了很多嘲笑英格兰队的报道，流传至今。本报驻伦敦记者刘川特地泡在大英图书馆查资料，发现很多"轶事"只是段子。对于想洞察历史真相的足球迷来说，这套书不容错过。

向辛苦写书的同事们致敬，向所有读者致敬。

祝享受世界杯、享受足球！

（本文作者系体坛传媒集团董事长）

推荐序四

不仅仅是谈资

林良锋

　　写书是件苦差事！我早就领教过了。数年前为《足球周刊》写连载《德、荷史话》，各连载六期，每期不过七千字，尚且不得不暂停为《体坛周报》撰稿，专心研究史料方才勉强完成。此后但闻编辑邀约长文，必然头皮发麻，辗转失眠。刘川埋首案头月余，写成这本十几万字的《世界杯冠军志之英格兰》，其焚膏继晷，更百倍于鄙。

　　骆明嘱我为其作序，不过千把字短文，我却不知从何说起，今日推明日。非不愿也，实不擅也。更有珍重同行力作，唯恐遭拙文辱没之患。每逢大赛，《体坛周报》循例有应景之作问世，今年逢巴西主办世界杯，球场能不能按期竣工不得而知，而这套《世界杯冠军志》系列丛书却不会错过佳期，刘川的这本书借此机会也填补了国内研究欧美足球发展文献之空白，善莫大焉。

撰史艰难，仅搜寻原始记录一件便让人通宵达旦，四处奔波，更难的是将原始材料咀嚼揣摩，化作腹中故事娓娓道来，刘川不辱使命。撰史另一挑战，乃多方求证，将史料去伪存真，以绝传讹。鄙人为《足球周刊》写"德、荷史话"这个连载，遇材料不齐，无奈取巧妄断，错漏频频，同行读者没有计较，实在是很给面子。英格兰队乃史上第一支国家队，彼与北邻争斗系国际赛事之滥觞，一百四十多年过去，多少史实湮没在故纸堆里，又有多少故事随风消逝，未有片言只语留下？刘川史海钩沉，代你我读书，省去大家多少宝贵光阴以供花前月下！字里行间可见刘川核对史料缜密，破解疑窦欣喜，颇有"明月"、"潇水"之风，令人莞尔。

英格兰队的身世值得研究，成绩和场面就不敢恭维。多年蹉跎，"洋相"百出，是"三狮军团"留给世人的印象，球迷戏谑其为"欧洲中国队"，一语而辱两家。可见，中英在足球上同病相怜，沉疴难愈。

普通人对英格兰在大赛频频折戟一笑置之。刘川却在分析史料的过程中，洞悉大英足球半世纪的没落，实乃国祚不昌，统嗣不济之折射，管营颟顸，教习落后的写照，将两者联系起来，别有一番启迪和触动。

读者发思古之幽情，不难推测大英的国运与球运互为对照，难觅经天纬地之领袖，必然屡屡错过上天赐予的发展良机，诚非大英天然不产旷世奇才，屡为官僚所误罢了。英国人以现代足球始祖自居，于传播布道有累世之功，若非英足总傲慢无知，何以错过战前三次大赛轻松折桂的绝佳机会，以至于劳斯爵士从国际足联卸任，英格兰队从此屡遭一干肖小鱼肉？中国以四大发明为荣，发明火药不过是做民间节日喜庆驱鬼之用，再无尺寸跟进，反倒被英国人的坚船巨炮敲开国门，被迫进入现代社会，何其相似乃尔？

回顾英格兰在世界杯、欧洲杯的辛酸血泪，你未必有切肤之痛，却无法不感触良多。如果此书只是作为茶余饭后的谈资，段子的汇总，那就辜负了刘川一番苦修，希望中国足球的管理机构也能拨冗通览，借鉴一二，少走些弯路，也不枉吾辈一番努力。

（本文作者系《体坛周报》英超主笔，资深国际足球记者、

国际足球评论员）

目　录

一、肇始岁月（1870—1900年）

前国际比赛时代

英格兰队理应是世界上第一支国家足球队。英格兰足球总会[1]（简称英足总）成立于1863年。直到1870年3月，英足总才开始组建第一支英格兰代表队，看上去已经有拖沓之嫌。不过即便如此，英格兰队的生日还是被定在了1873年11月30日，那时距离英足总第一次组建自己的代表队已经过去了整整44个月，英格兰代表队也已经征战了5场比赛。然而，由于对手苏格兰代表队的组建方式一直和国家队的规则和级别不相吻合，因此这前5场比赛在国际足联那里还够

---

[1]英格兰足球总会，负责英格兰境内一切的球事务，具体工作包括设立比赛规则、管理英格兰国家足球代表队、改革足球联赛、仲裁英格兰一切球会纷争等。英格兰足球总会是欧洲足协和国际足联会员。

不上国际赛事的标准。国际足联的规章制度非常清楚：参加第一场国际比赛的两支国家队会同时成为世界上最早诞生的国家代表队。因此，这也意味着必须有另一支球队和英格兰队分享国家队的首创之功。

1870年，已经成立7年的英足总开始筹备英格兰代表队和苏格兰代表队之间的比赛。主要的筹办人为时任英足总秘书的阿尔考克。当时年仅27岁的阿尔考克同时也是效力于流浪者队的一名前锋。由于苏格兰地区还没有足协之类的组织可以联络，所以阿尔考克只能联系几家苏格兰报馆，以刊登广告的形式招募苏格兰球员组建球队。

对于这一史实，足球史学家现在所能找到的最早资料是1870年11月3日由阿尔考克投寄到《格拉斯哥预言者报》报社的一封信件。那已经是英足总联络报馆筹备英格兰队和苏格兰队第二场友谊赛的信函："请贵报为我刊登数行招募苏格兰球员的广告，比赛将在这个月10日，即下一个星期六举行，比赛将使用英足总制定的规则。我们的目标在于选择两个地区最为优秀的11名球员参赛。"英格兰队和苏格兰队进行正式国际比赛前的5场较量全部都是以这种方式招募队员的。

阿尔考克在报纸上所刊登的广告既是针对苏格兰代表队的挑战书，也是英格兰代表队的招募令。不过，考虑到公平竞赛的原则，阿尔考克本人不便同时包办两支球队的组建工作，因此广告在报纸上刊出之后，有兴趣应募的苏格兰球员将申请寄到阿尔考克的朋友——亚瑟·金奈尔德勋爵那里。身为苏格兰人的金奈尔德勋爵只负责收集球员名单和资料，首发阵容的遴选工作则由另一名苏格兰人詹姆斯·科克帕特里克负责。而这两人和阿尔考克一样，也是远近闻名的球员。那个时代，足球管理机构的不少工作人员仍然由热心公益的球员兼任，因而官僚气息并不浓重，英足总的组织和执行力与现在相比，可以称得上是惊人的高效。

英格兰队和苏格兰队之间的首场比赛原定于1870年2月下旬举办，由于是首次尝试，因此那场比赛的筹办相当仓促，而且初春严重的霜冻天气也让场地迟迟无法达到比赛状态。当时温布利球场还未兴建，阿尔考克将西伦敦肯星顿的一座板球场——椭圆形球场选定为英格兰队的首秀场地。这座球场也成了英格兰队成立早期的主场。1870年2月，一场霜冻来袭，并足足持续了两周时间，直到3月10日，该座球场才解除了"不宜比赛的危险状况"警报，两支不同地区的代表队这才终于首次对阵。

作为组织方的筹办负责人，阿尔考克不仅亲自出场，而且还担任了英格兰队队长。而苏格兰队则由詹姆斯·科克帕特里克领衔。这支苏格兰队中的所有球员都是居住在伦敦的苏格兰人，因此大多身份显赫。负责球员报名的金奈尔德拥有勋爵爵位，队长詹姆斯·科克帕特里克在不久之后也继承了家族的从男爵[①]爵位，成为第八代科克帕特里克从男爵。而另一名球员格莱斯顿，则是当时英国首相威廉·格莱斯顿的长子。光是苏格兰队内的这些显贵人物，就已

---

①从男爵爵位最先由英国君主詹姆士一世于1611年设立，用以筹集资金。它是一项世袭荣誉，但不属于贵族爵位，因此从男爵在英国上议院并没有议席。从男爵是英国特有的，在欧洲大陆并没有等同于从男爵的爵位。

经足够吸引各家报馆的注意了。

两支球队上半场互交白卷。中场休息后交换场地（据当时的《体育公报》记载，中场交换场地是当时刚刚制定的新规则之一）再战，苏格兰队的克劳福德首开纪录，而英格兰队的贝克在终场前扳平比分，两队最终以1比1握手言和。《曼彻斯特卫报》对首相公子小格莱斯顿的表现格外关注，在次日的报道中称小格莱斯顿"表现出色"。

这是英格兰队的首场比赛，但是如前所述，国际足联却并未将其视为世界上的首场国际比赛。其原因是苏格兰队的组建并未通过类似苏格兰足协一类的机构，这支苏格兰队的源头发起人其实也是英足总。

之后在筹划人阿尔考克的努力推动之下，英足总从1870年11月到1872年2月又先后组织了四场性质相同的友谊赛。每次都是通过苏格兰报馆刊登广告招募队员的。由于时间紧凑、旅费昂贵，因此每场比赛苏格兰队的球员总是由那些居住在伦敦的苏格兰人组成。这四场比赛，英格兰取得了三胜一平的战绩。英足总的数据显示，1870年11月的那场比赛，上座的观众人数约为650人。这是一个让人略皱眉的数字，而两支球队在最后一场比赛中都排出了1–1–8阵型，即1名后卫、1名中场和8名前锋。

总体而言，阿尔考克对这5场比赛的效果和影响并不满意。媒体和球迷都对伦敦当地的苏格兰人组成的苏格兰代表队不以为然。他们渴望看到的，是能够代表两地足球真实水平的较量。而阿尔考克也因此开始期望能够率队北上和真正由苏格兰人组建的代表队一决高下。

苏格兰队 VS 英格兰队：世界上的首场国际比赛

由于苏格兰队在前5场比赛中三负两平，被英格兰队全面压倒，极不服气的苏格兰人开始质疑这种比赛的筹划模式。他们最不满的是所谓的苏格兰队内极少有真正的苏格兰本土球员，其间只有效力于女王公园队的罗伯特·史密斯专程从格拉斯哥赶去参战。不过，他也仅仅是在1870年11月和1871年的两场比赛中出过场。1872年2月的那场比赛，他和另一名俱乐部队友詹姆斯·史密斯象征性地入选比赛大名单，但是并未出场。其余三场比赛，代表苏格兰队应征上场的球员，多是像格莱斯顿和科克帕特里克这样居住在伦敦的苏格兰人，因此苏格兰人认为这五场比赛并不能代表苏格兰的真实足球水准。

针对苏格兰人的批评，阿尔考克不断地在报纸上积极澄清。此后他又公开提议，在靠近苏格兰的英格兰北部城市选择一处场地和苏格兰队再战一场。这样，英格兰队从伦敦启程，而苏格兰队则从格拉斯哥启程，两队相当于是在中立场地较量。而英格兰队的行程甚至要比苏格兰队更远，苏格兰人不会吃亏，也不会再抱怨公平问题。不过，阿尔考克的这纸战书空悬了很久，却一直无人响应。这是因为：第一，苏格兰足协当时并未成立，无人可接洽；第二，当时苏格兰境内使用的比赛规则和英足总的规则也并不完全相同。

随着英国社会对此事的关注逐渐升温，苏格兰当时的豪门俱乐部女王公园队终于正式接下阿尔考克的战书，同意由自己组建一支苏格兰队和英格兰队交战。而英足总也在1872年10月3日的一次会议上正式决定，派遣一支代表队前往苏格兰的格拉斯哥，在对手的主场进行一场友谊赛。英足总之所以迈出这关键的一步，除了要消弭当时社会上的争议之外，还宣称"要教会苏格兰人如何运作协会比赛，并且将足球的影响扩大到哈德良长城以北"。

1872年11月底，英格兰队抵达格拉斯哥。比赛在11月30日进行，女王公园队借用了苏格兰板球俱乐部的球场作为比赛场地。之前社会上的那场争论和阿尔考克的战书都为这场比赛做了免费宣传，当天涌进了数千名球迷观战。而苏格兰方面自然不会放过这个赚钱的机会，他们参照当年英格兰足球总会杯（简称足总杯）决赛的票价，将这场比赛的球票定价为1先令。这在当时可谓价格不菲，因为工人在维多利亚时代每周所能拿到的薪水一般也只有20先令而已。

根据最后的门票收入，主办方统计出比赛的上座人数应该在2000~4000人之间。由于这两个估算数值间的差距太大，因此不少史料索性取了最高值，将上座人数定为4000，这大约为两队在伦敦期间比赛上座人数的6倍。而让主办人员感到意外的是，这场比赛居然吸引了不少女性前来观战，她们也成为了国际足球比赛史上的第一批女球迷。

苏格兰队最终派出的首发球员全部来自女王公园俱乐部。他们原本想邀请在英格兰俱乐部效力的两名苏格兰球员亚瑟·金奈尔德和亨利·雷尼·泰里奥尔参战，但是这两名球员最终都未能成行。

苏格兰队由球队队长、门将罗伯特·加德纳负责遴选首发球员。而英格兰方面，首发11人则由队长阿尔考克负责遴选。他最终选出的首发阵容来自9家不同的俱乐部，唯一的遗憾是他本人由于腿伤而不能出战这场比赛。

比赛原定在下午两点钟开球，但是由于当天的浓雾天气，最终推迟了20分钟开球。两支球队的球员也为这场比赛精心修饰了一番，苏格兰球员效仿同年2月的苏格兰英式橄榄球代表队，选择身穿深蓝色球衣出场，而英格兰球员则身穿白色球衣，并且人人戴着一顶时髦的小帽。关于这场比赛已经很难找到图片和影像资料，只有当时几家画报根据现场情形绘制的新闻插图。

两队球员的衣饰很快就糊上了一层泥水，赛前苏格兰连降了3天大雨，场地湿滑、泥泞不堪。苏格兰队在这场比赛的上半场踢得更加自如，他们排出了一个偏于保守的2-2-6阵型。由于对方场上11人原本就来自同一家俱乐部，彼此之间早已非常熟悉，因此英格兰队一开始显得并不适应。英格兰队这场比赛使用的是1-2-7阵型（一说是1-1-8阵型），用造越位陷阱来限制苏格兰队的进攻。他们普遍比苏格兰队球员更加高大强壮，因此到了比赛的下半场，体力下降的苏格兰队逐渐被英格兰队压制。

在比赛中，英格兰队门将罗伯特·巴克有时也会加入锋线战团，冲到前场参加进攻。而这个时候，英格兰队就会从锋线上撤下威廉·梅纳德，代替巴克守门。那个时代的守门员和场上队员如此互换位置并不罕见，因为守门员这个位置在一年前的足球规则中才得以正式确立。

这场比赛最终以0比0的比分落下了帷幕。从当时的报纸报道和相关记载来看，苏格兰当地球迷似乎觉得比赛非常精彩，但是也有不少人怀疑撰写这些赛况报道的记者其实并未身临赛场，一切只是他们想象中的文字渲染。国际足联将这场比赛认定为世界足球史上的第一场国际比赛，因为和此前5场比赛不同，这支苏格兰队不再是由广告或者战书招募而成，而是由苏格兰方面自行正式组建。虽然组建方只是苏格兰的一家俱乐部，但是考虑到次年3月宣告成立的苏格兰足协实际上也是由女王公园俱乐部牵头，联合另外7家俱乐部所成立的，因此可以视为女王公园俱乐部在1872年年底提前行使了苏格兰足协的职责。

而尽管之前的5场比赛，英格兰代表队一直由英足总组建，但是只有当他们的对手苏格兰代表队在1873年11月正式升级为官方的"国家队"时，英格兰队才正式宣告诞生。英格兰队和苏格兰队同时成为世界上最早成立的两支国家队。虽然从地理和政治概念上讲，英格兰和苏格兰都并非主权国家，但是人们却从此习惯上一直以国家队来称呼他们各自的代表队。

风格之争

虽然只是一场0比0的闷战，但是1872年这场比赛在社会上所造成的影响，要比此前5场比赛的总和都大。苏格兰人对足球的兴趣开始迅速升温，苏格兰足协在1873年3月由女王公园俱乐部牵头组建。而在英格兰队访问之前，苏格兰境内只有10家俱乐部，等到这场比赛踢完之后，短短数月的时间里，苏格兰本土就一下新诞生了十余家足球俱乐部，苏格兰足协的成员得到了迅速的扩充。

英足总对苏格兰足球热度的升温也十分欣喜，一方面他们赛前要在苏格兰扩大影响的任务已经超额完成，另一方面越来越多的苏格兰俱乐部开始以他们制定的足球规则为基准进行比赛。而苏格兰足协的成立，也让阿尔考克终于不用再像之前那样，频繁地和苏格兰报馆联络了。

首场比赛0比0的比分让双方都不太服气，因此两队的第二场正式较量很快被安排在1873年3月8日于伦敦进行。当时苏格兰足协甚至还没组建完成，该足协直到此次比赛后一周才正式宣告成立。

由于受1872年11月底那场比赛的影响，首次在伦敦举办的这场国际比赛上座人数暴涨，英足总同样以1先令的价格售票，并且雇佣了不少检票员维持秩序，但是逃票的球迷仍然数不胜数。关于这场比赛的上座人数最终没能留下准确的记录，当时媒体估算应该和格拉斯哥上座人数不相上下，也达到了4000多人。

英足总对这场比赛非常重视。首回合苏格兰球员之间的默契给他们留下了深刻的印象，因此他们内部专门安排了数场训练赛备战。而在最终的首发阵容中，只有3名球员参加了一年前在格拉斯哥的首回合较量。英足总的备战也收到了效果，他们最终在主场以4比2战胜苏格兰队，英格兰队的亚历山大·邦瑟成为首名在国际比赛中进球的球员。这场比赛有上百名苏格兰球迷赶来为自己的球队观战助威。有了客场球迷的加入，比赛的气氛立刻变得十分热烈，甚至一度到了混乱的地步，一些球迷数度冲进球场，比赛多次被迫中断。英足总根本没有想到这场比赛会出现这样的插曲，因此比赛场地的安保人员不足的问题也在比赛中逐渐暴露了出来。

这场比赛踢完之后，英格兰队和苏格兰队开启了每年一战的稳定比赛频率。19世纪七八十年代，足球从规则到战术都经历着种种令人目不暇接的变动。1871年，守门员的角色才第一次被规则提及；1873年，底线出界判罚角球的规则诞生；1882年，投掷界外球的规则又被正式确立。在这样一个充满变动的年代，很难有一支球队能够稳定地在各项竞争中取得持久的优势和霸权，而一支自恃历史积淀深厚的球队则有可能因为迟迟无法适应新规则而被对手迅速甩在身后。

在足球战术方面，以1-1-8和1-2-7为主流阵型的战术在十年间逐渐转变成了2-3-5阵型，也就是人们常说的"金字塔阵型"。根据记载，首次使用2-3-5这一阵型的是名不见经传的威尔士雷克瑟姆俱乐部，他们在1877年威尔士杯比赛中用这一战术拿到了首届威尔士杯的冠军。

有意思的是，2-3-5这一阵型也成为足球战术史上生命力最为顽强的阵型，之后一些名帅陆续以这一阵型为底版做过不同的改革。但是以"金字塔阵型"为基本阵型的足球战术却从19世纪80年代一直延续到了20世纪中叶。

在"金字塔阵型"发明之前，英格兰球员更加喜欢个人英雄主义的"盘带式"踢法，而苏格兰人则和他们的民族一样崇尚集体，在场上更擅长以传球为主的集体足球。最早的"金字塔阵型"可以说荟萃了这两种足球风格的精华。不过，真正利用这一新阵型有效提高战斗力的却是苏格兰人。根据20世纪早期的文献记载，当时英格兰球员仍然喜欢没完没了地低着头盘带，他们只有在彻底丧失盘带空间的情况下才会选择将皮球传出。而当时主要报道体育赛事的《贝尔生活》报纸则在1878年抨击这类英式足球风格过于自私："英格兰球员总是喜欢卖弄自己的个人表演，但是事实上这种做法十分自私，他们中的每一个人都在为自己踢球，没有人考虑整支球队的利益。"

苏格兰队自从1874年以2比1首次战胜英格兰队之后，很快就在两队每年一场的对抗赛中占得了优势。19世纪70年代末期，他们一度拿下了三年三连胜的辉煌战绩，其中1878年更是在主场以7比2横扫英格兰队。《贝尔生活》对英格兰足球的抨击，正是在那场惨败之后。

英格兰足球圈对于外界的抨击一开始倒并不如何焦虑。依靠一些杰出球员的个人表现，他们仍然还能偶尔赢得比赛的胜利。1879年4月5日，英格兰队在主场迎战苏格兰队的比赛中，开场不久就以1比4早早落后。英格兰队在左翼边锋莫斯福斯的率领下，下半场连扳三球，将比分扳为4比4平。就在这时，苏格兰队攻进一球，英格兰队员认为这粒进球越位在先。两边争执不下，官司打到了主裁判那里。当天担任主裁判的正是曾协助阿尔考克组建苏格兰代表队的金奈尔德勋爵，身为苏格兰人的金奈尔德判罚进球无效，结果被群情激愤的苏格兰球员团团围住，场面一时失控，以至于他的老友阿尔考克担心他的人身安全，从看台的包厢飞奔进场内护驾。最终事态虽然逐渐平息，但是苏格兰球员既没有能改变裁判的判罚，也因为这次争执影响到自己的心情和状态，最后在一次禁区混战中被莫斯福斯（一说进球者为班布里奇，事实上这两名球员也不确定到底是谁最后碰到了皮球，在没有比赛录像的年代，这类进球的归属只能存疑）射门得手，4比5不敌英格兰队。

这场胜利的振奋气息仅仅持续了两年，紧接着1881年英格兰队就在自己的主场再次以1比6惨败于苏格兰队。而与此同时，在19世纪70年代后期，不列颠王国另外两个地区的足协也先后组建。威尔士足协在1876年挂牌，这多少是受英格兰队和苏格兰队当时热火朝天的年度对抗赛的影响。英格兰队在1879年11月18日首次和威尔士队相遇，坐镇主场的英格兰人以2比1胜出。1882年，英格兰队和刚刚组建不久的爱尔兰队同样进行了一场国际比赛，结果以13比0的创纪录比分狂胜。当时，英格兰队在对战苏格兰队时几乎是屡败屡战。而对战爱尔兰队时，英格兰队找回了自信，两支球队的前10次相遇，英格兰队毫不留情地攻入71球，而爱尔兰队则只有可怜的5个进球。

柯林希安精神

19世纪80年代初，眼看苏格兰队对英格兰队逐渐形成压倒性优势，英格兰足坛的一些有识之士开始忧虑起来。当时刚刚加入英足总，并且担任阿尔考克荣誉助理秘书的雷恩·杰克逊率先行动了起来。杰克逊认为英格兰队屡次败北的原因在于球员之间不具备苏格兰队的那种团队精神，当时每年只有两三场国家队比赛，英足总也就模式化的将国家队集结两三次。英格兰队当时国脚分散，而每届国家队的首发阵容又经常被大幅更换，毫无连续性。彼此陌生的球员之间自然缺乏团队精神和心理默契。

杰克逊认为要想根治这一问题，就需要组建一支比赛频繁的非功利性俱乐部，培养一批精英球员以供英足总挑选。于是，他在1882年，也就是英格兰队以1比6惨败于苏格兰队的次年，正式创建了柯林希安足球俱乐部。杰克逊希望自己这支俱乐部培养出来的球员能够最终入选英格兰队，并挑战苏格兰人在不列颠足坛的霸权。

这是一家充满着理想主义色彩的足球俱乐部。俱乐部只从精英公学和大学的在校生与毕业生中挑选球员。球队成立的宗旨是"培养绅士精神，为将来的国际足球比赛培养特殊人才"。杰克逊的这支球队更像一个"绅士俱乐部"，他们拒绝参加任何带有功利性质的正式赛事，似乎对各种营利项目也不感兴趣。他们追求的并不是冠军和奖杯，而是精神层面上的自我提高和团队默契，这是一群纯粹的体育精神信徒。

柯林希安足球俱乐部的成立在英格兰足球战术潮流上可谓生逢其时，英格兰当时从俱乐部到国家队都开始逐渐摒弃劳而无功的个人主义，开始追求以传球为主的团队打法。以这一战术为立身之本的柯林希安队很快在各种友谊赛中横扫整个英格兰足坛，成为当时令全国足球队侧目的一支新军。

从另一个层面上看，柯林希安足球俱乐部这种有些不食人间烟火的建队理念却与当时的时代潮流背道而驰。新建立的俱乐部无不争先恐后地加入英足总，以求参加足总杯和其他系统的赛事。只有柯林希安足球俱乐部拒绝加入英足总，坚持自己的"反职业化"道路。同时拒绝参加各种正规赛事，只在友谊赛中磨砺团队。杰克逊的球队经常在足总杯决赛结束之后找足总杯冠军过招。结果当届的新科冠军大多被柯林希安队打得溃不成军，1884年夺冠的布莱克本被柯林希安队以8比1血洗。1903年的足总杯决赛，伯里俱乐部以6比0大败德比郡队捧杯，赛后他们找柯林希安队切磋，结果被柯林希安队以10比3击败。当时英格兰足坛的共识是，如果柯林希安队加入英足总，参加足总杯的话，他们将在这一赛事中立即形成垄断优势。1904年，曼联队以3比11的比分惨败于他们脚下，这是曼联队历史上的最耻辱比分。

随着球队的发展壮大，杰克逊开始为国家队输送人才，对抗苏格兰队的目的也很快达到。在柯林希安建队的前7年时间里，英格兰队在对阵苏格兰队的比赛的首发阵容中一共派出了88人次，其中竟然有多达52人次由柯林希安队贡献。不过，由于柯林希安队的非职业背景，不少非职业球员在柯林希安队踢球的同时也效力于其他俱乐部。柯林希安队在19世纪末被视为英格兰队的精英培训所，一些优秀球员在结束俱乐部的职业生涯后，也选择在柯林希安继续自己足球的爱好，这其中包括切尔西的丹麦外援米德尔伯伊。

20世纪初，柯林希安俱乐部加入了英格兰非职业足球协会，他们和国内顶尖职业俱乐部交手的资格也因此被足总禁止。眼看在国内再也打不上高质量的友谊赛，柯林希安只能通过海外巡回赛的形式和外国俱乐部过招，这样在保持球员状态的同时也能传播他们的贵族体育精神。

这也是英格兰足球一次影响巨大的海外布局，当时的海外强队无不对柯林希安顶礼膜拜。刚刚建队不久的皇马将自己的主场队服搭配也改成了柯林希安那样的白衣黑裤，而巴西的一家俱乐部索性直接把自己的俱乐部名称改为了柯林希安，这就是现在著名的巴西科林蒂安俱乐部。而瑞典当时为了迎接柯林希安的访问，更是一度将自己的一项国内杯赛命名为"柯林希安碗"。

国外的无限风光却无法改变柯林希安在国内日益尴尬的处境，当时英格兰队尚且没有组织大规模海外巡回赛的先例，作为一家拒绝职业化的业余俱乐部，科林希安自然也无法承担频繁的海外旅行。他们在国内的生存空间日益狭小，追随他们体育信仰的顶级球员也人数渐稀。第一次世界大战过后，这支球队开始被迫参加足总杯，1927年，他们又开始首次参加慈善盾杯①的比赛，但是实力急剧下降的球队此时早已威风不再。1939年，他们与卡苏尔斯俱乐部合并为柯林希安—卡苏尔斯俱乐部。这一俱乐部存续至今，现在仍然在伦敦和英格兰东南的地区联赛征战。而当年那支满目俊才、充满理想主义色彩的柯林希安队却逐渐在人们的视野和记忆中淡出。

第一位真正意义上的现代球员：科博尔德

虽然在英格兰百余年的足球史上只能算昙花一现，但是众多的"柯林希安系"球员却成就了英格兰足球在19世纪末的繁荣，而其

---

①慈善盾杯，曾是英格兰职业球员和业余球员之间的对抗赛，后来赛制几经变动，现改各为社区盾杯足球赛，是每年一度由英格兰超级联赛冠军对足总杯盟主的锦标赛。

中最为杰出的球员莫过于威廉·科博尔德。这位毕业于剑桥大学的前锋被很多足球史家誉为"第一位真正意义上的现代球员"。

科博尔德出生于一个神职人员家庭，在卡尔特修道院学校念完中学后，考取了剑桥大学的耶稣学院，算是当时根红苗正的精英学子。卡尔特修道院中学和剑桥大学的足球气氛都极为浓厚。科博尔德曾率领剑桥大学队对宿敌牛津大学队实现了四连胜佳绩。他也理所当然地同时加入了柯林希安俱乐部，一边踢球，一边继续在球技上探索深造。

在柯林希安系球员的影响之下，当时整个英格兰的足球风格正在经历转型。科博尔德是其中的佼佼者。他不再像老派的英式球员那样只注重身体和盘带技术，而是更多地把精力放在跑动和传球路线上。他提出前锋不应该在中前场和球门前卖弄个人技巧，而是应该将自己视为整个进攻锁链里的一环。努力衔接球队和整条锋线。这一说法明显受柯林希安所推崇的整体足球的影响。不过与此同时，科博尔德却并没有因为强调整体而放弃自我技术的磨炼。阿尔考克将他视为"现代学校里技术最为精湛的前锋"。而科博尔德虽然反对无意义的过度个人盘带，但是其盘带技术却在英格兰足坛首屈一指。身怀精湛的球技而鼓吹集体足球，这无疑会更加让人佩服。

科博尔德在1883年入选英格兰队，但是关于他的国家队首秀，却有他在1883年2月对阵爱尔兰队和苏格兰队这两种说法。两种说法中他都在首秀中完成了进球。他凭借着在国家队的杰出表现，也迅速得到了当时评论家的认可。他被视为那个时代最为完美的前锋样本。"最为理想的前锋球员，首先应该具备速度和身体，个头最好中等灵活，就像柯林希安的科博尔德那样。"一位名叫谢尔曼的评论家在1887年如此写道。

科博尔德最终为英格兰队出场9次，打进6球。虽然他并未赶上19世纪90年代英格兰足球的兴盛时期，但是却被视为前锋不可逾越的榜样型球员。直到1922年病逝时，《泰晤士报》仍然将他称为"最为声名卓著的足球前锋"。

不列颠锦标赛

随着威尔士和爱尔兰足协的成立，英格兰队的赛事变得多了起来。最初他们每年只需要和苏格兰队较量一次，场地在伦敦和格拉斯哥之间隔年交换。威尔士队和爱尔兰队的加入，让不列颠系军团的数量从两支扩充到了四支。球队每年的赛事也从一场增加到了三场，球队和球队之间单独的各自约战开始出现问题。

除了档期之间的问题外，四支球队所遇到的最大问题还是不同规则之间的抵牾。按照之前英格兰队和苏格兰队之间交战的惯例，在大规则相同的情况下，一些规则细节的差别，以比赛所在地的规则为准。这一原则对偶尔交手的球队而言还算公平合理，但是要一支球队在同一年的三场比赛适用至少两三套规则，不但繁琐而且很不方便。于是，这四家足协于1882年12月6日在曼彻斯特会晤，决定商讨一套世界通用的足球规则。

在制定统一规则的同时，不列颠的四家足协也成立了国际足球理事会（IFAB）的机构。这又是一项具有前瞻性的举措。19世纪70年代规则的频繁变动让他们意识到这次统一的规则可能还会随着时间推移而面临新的修正。因此，这一机构专司规则修改，将规则的制定严谨化和制度化，这也是不列颠的四家足协对早期世界足球的最大贡献之一。这套规则很快被其他地区和机构采纳，成为举办国际赛事的基石和准则。而在这次会议上通过的不列颠锦标赛，也成为世界上最早的国际赛事。至此，英足总和不列颠系的其余三家足协实现了最早创办国家队、最早组织国际比赛和国际赛事的三项第一，成为当之无愧的现代足球鼻祖。

不列颠锦标赛的赛制采取单循环的联赛制，每年一届。每支球队都和其余三支球队依次交手，整个赛季一共6场比赛。主、客场依然和当年英格兰队与苏格兰队的对抗赛一样，采取同一组对手，隔年交换场地的办法。也就是说，今年英格兰队和威尔士队的比赛如果是英格兰主场，则两队在明年的下一届锦标赛的比赛改在威尔士主场。比赛采取积分制，取胜积两分，打平取一分，输球则不得分。如最后榜首有球队积分相同，锦标赛冠军则由积分相同球队分享。

在这种赛制的影响下，历经百年的不列颠锦标赛一共出现了18次冠军由多支球队共享的情况，尤其是1955—1956赛季，四支球队竟然全都积分相同，最终根据赛程，冠军由所有参赛球队分享。一直到20世纪70年代末，这项赛事才引入了积分相同球队对比净胜球的机制。

1882年那次会议唯一没有做出明确规定的是比赛的赛程。四家足协都同意在赛程上便宜从事，这样不列颠锦标赛也成为了历史上赛程最为混乱的赛事。有时6场比赛的赛程被安排得旷日持久，跨越两年，有时又在联赛赛季结束时速战速决，几天就草草结束。

国际足联深知不列颠这一"内战"联赛的影响，因此不列颠系球队头两次参加世界杯，国际足联都将不列颠地区的世界杯预选赛和不列颠锦标赛进行合并处理。而不列颠锦标赛的赛程和赛制，也为日后出现的世界杯等大型赛事提供了一个蓝本。

首届不列颠锦标赛在1883—1884赛季揭幕，苏格兰队以3战全胜积6分的战绩夺冠。之后三年，苏格兰队也年年折桂①，只是在1885—1886赛季，因为和英格兰队战平，而由两队分享冠军荣誉。英格兰队在19世纪80年代末终于开始逐渐打破苏格兰队的垄断。1888年，他们在对阵苏格兰队的关键比赛中客场以5比0大胜对手，最后三战全胜，首次独享冠军荣誉。这也是英足总记载里英格兰队所夺得的首个正式冠军荣誉。

在19世纪的最后10年，随着英格兰俱乐部战术转型的完成，他们终于彻底打破了苏格兰队的垄断。这10年时间里他们先后6次击败苏格兰队，在不列颠锦标赛中夺冠。1901年3月30日，英格兰队在主场以2比2逼平苏格兰队，在积分榜上以1分的优势力压对手，再次夺冠。英格兰队以胜利者的姿态走入20世纪。1901年3月30日，在伦敦水晶宫俱乐部主场欢庆胜利的英格兰人不会想到，进入21世纪后，他们会遭遇更多的巨变和磨难。

①在体育竞技比赛中，人们常把获得第一名称为"折桂"。

二、英足总的分庭抗礼
（1901—1930年）

　　20世纪第一个年头的1月：1901年1月22日，维多利亚女王去世。作为不列颠及爱尔兰联合王国的君主兼印度女王，维多利亚的去世代表着一个时代的结束。维多利亚在位的63年时间里，大英帝国开疆拓土，不断扩张，而且在工业、文化、政治等各方面领域也都达到了全盛时期，史称"维多利亚时代"。

　　1901年2月2日，维多利亚女王的葬礼在温莎堡的一场大雪中进行。而帝国上下在悲戚之余，也开始感到一丝焦虑。日不落帝国在国际事务中的霸权垄断地位开始受到美国和德国的挑战，英国在各个领域的领先优势也被不断压缩和削减。在足球领域也同样如此，英足总成立之初那25年的进取和果决正在逐渐消退，取而代之的则是迁延拖沓的办事作风，以及傲慢愚顽的官僚气息。在20世纪初到第二次世界大战爆发的这30余年时间里，和国际足联不断交恶的英足总不仅错过了执世界足坛牛耳的良机，也让英格兰队的实力和状态一度跌到建队以来的谷底。

埃布克罗斯球场坍塌事件

1901年在不列颠锦标赛上夺冠，英格兰队对20世纪的憧憬和期待持续了不到一年。1902年4月5日，英格兰队做客格拉斯哥落成不久的埃布罗克斯球场，在不列颠锦标赛上迎战苏格兰队，孰料一场史无前例的灾难悄然而至。

比赛当天，巡视球场的苏格兰方面并没有注意到，格拉斯哥前夜的一场大雨，已经让球场的西看台变得不堪重负。当时，埃布罗克斯球场落成还不到三年，看台采用的是最新的整体钢质框架结构。不过，看台上面则仍旧铺设着木质踏板，这些踏板在被雨水淋透之后变得承重力下降。而由于英格兰队当时积分落后，这场比赛将直接决定他们和苏格兰队谁将赢得那个赛季的不列颠锦标赛冠军。大批超出球场容量的球迷涌上了看台。上半场开球不到10分钟，现场鼓噪的气氛忽然被一声巨响打断：球场的西看台忽然发生了垮塌事故。

原本嘈杂喧闹的球场在这一声巨响后立刻鸦雀无声。英格兰队的球员史蒂夫·布鲁姆事后回忆说，那一瞬间，正在场上奔跑的球员像是时间突然停止一样，一个个脚底生根似的站在原地一动不动。"我们看到一座裹着无数球迷的巨大看台正在坍塌，不少人像是被突然吸进看台底部一样凭空消失了。那恐怖的一幕我至今还记忆犹新。呻吟声、哭泣声和令人恐惧的尖叫声此起彼伏，让呆站在那里的我们更加失魂落魄。"

由于西看台最高的坐席高达12米，因此一些球迷坠地后当场死亡。比赛随着这起惨剧的发生而突然中断。不过，在20分钟后，主裁判却示意比赛继续进行。等到中场休息的时候，双方球员都以为比赛将就此取消，然而当时的英足总主席克雷格却坚持让球员下半场照常出场比赛。由于当时球员和球迷都不太清楚这次垮塌事件的伤亡规模，克雷格担心突然取消比赛，会让另外几个看台的球迷产生恐慌情绪。尤其是位于看台上层的球迷，可能会因为害怕自己所在的看台垮塌，急于出场而出现拥挤和踩踏。只有让比赛照常继续进行，才能保证仍在球场里的数万球迷在赛后能安全疏散。

克雷格的顾虑不无道理，但是他却没有顾及球员的心理承受力。当下半场大家整理球衣走进场内时，布鲁姆将那一刻形容为自己"人生最为艰难的一刻"。这位英格兰国脚在第一次世界大战时期因为在德国执教，被德军以英国侨民的身份关押进了鲁赫本集中营。不过，英格兰人仍然坚持认为和1902年4月5日在埃布罗克斯球场所受的煎熬相比，在集中营的那些日子简直不值一提。"整个下半场，我们似乎都在不时传出的凄厉哭声和尖叫中比赛，那种心情实在压抑到了极点。"

场上的其余球员也和布鲁姆一样，完全无法将注意力全部集中在比赛上。那是英格兰足球史上空前黑暗的一天。最后的统计数据显示，共有25人死亡、517人受伤。这场比赛1比1的比分也随即被英足总和苏格兰足协宣布无效，两队随后在维拉公园再赛一场。这同时也是一场慈善义赛，比赛的所有门票收入最后都捐给了处理垮塌事故的慈善基金会。重赛仍旧是以平局收场，苏格兰队心情沉重地拿到了那届锦标赛的冠军，而英格兰队因为之前未能战胜威尔士队，最终屈居亚军。

这次事故伤亡惨重，但是却并没有引起英足总和苏格兰足协的注意，他们似乎只将其视为一起小概率的建筑工程事故而已。然而事实上，英国境内当时的足球比赛秩序和环境正在悄然恶化。1904年，英格兰队在锦标赛上客场对阵爱尔兰队。这一次，等待布鲁姆的是数名冲进场内的民族主义者以及在退场时漫天飞舞的杂物和石块。不列颠的这四家足协似乎谁也不想先主动整顿本国的赛场秩序，他们只是将这些乱象简单地视为社会矛盾的一种延伸，并未加以理睬，而这种态度也终于在几十年后付出了更加惨重的代价。

加入国际足联

在创建之初的将近40年里，英足总可谓足不出户。国家队在英伦半岛和不列颠系球队打了将近40年的"内战"。而事实上，此时欧洲各国的足协和国家队都已纷纷初步建立，但是英足总却一直对欧洲大陆上发生的事情不理不睬。唯一的例外是在1899年，他们拼凑了一支所谓的代表队出访德国。

1902年，英足总突然接到荷兰足协的来函，他们提议欧洲诸强队能够制定统一规则，并且组织一项洲际冠军赛事。荷兰足协自然是想请英足总出面招呼和组织这些事项，不过英足总却对此一笑置之，并未回应。

1903年，法国足协也发来信函，建议英足总能牵头组建欧洲足联。而这封信函再次被英足总高傲的扔到了一边。法国足协在数周之后收到了英足总的回函，但是回信的内容却让法国人十分恼怒："英足总理事会现在看不到贵方所提议的这一联合机构有何实质性的益处。"

荷、法两国足协当时的想法是让英足总出面，以其当时在足坛的影响力号令诸强队组建欧洲甚至全球的足球联合会。英足总即使不愿和这两家足协合作，也应该感到现在洲际和国际性足球协会的成立已是大势所趋，早作打算才对。然而，英足总却似乎对英国之外的世界发生了什么毫无兴趣。他们并没有注意到，荷、法两国足协在自己这里碰了一鼻子灰之后，正决定踢开自己这位现代足球的鼻祖，另外开展联合会的成立工作。

1904年，荷、法两国足协联合比利时、丹麦、西班牙、瑞典和瑞士足协一共七个国家的足协代表，在巴黎会面，商讨国际足联的筹建事宜。当时西班牙足协还没有成立，因此西班牙以一名皇马足球俱乐部的代表充任。七国代表很快就在会议上达成共识，国际足联（FIFA）的招牌飞快地挂了出来。

当国际足联成立的消息传到位于伦敦霍本区的英足总总部办公室，毫无心理准备的英足总上下一片哗然。在英足总不少成员眼里，不顾自己这位最初比赛游戏规则制定者的意见，成立名头这么大的全球性联合会，纯属僭越。然而，英足总此时已经显露出了官僚气息，他们没有立刻派出代表和刚刚成立的国际足联接洽，努力在第一时间取得控制权。而是按兵不动，在内部成立了一个形势评估委员会，由金奈尔德勋爵牵头，评估国际足联是否能够得到创始成员国之外足协的认可。这个委员会最后做出了什么样的内部报告现在已经不得而知。总之，英足总又拖沓了大半年，直到1905年，才在一次国际会议上正式承认国际足联的地位。

从1905年年初英足总承认国际足联，到1906年夏天携三家不列颠系足协集体入伙，英足总和国际足联整整接洽了18个月。1906年6月，国际足联在伯尔尼的一次会议上正式接纳了英足总、苏格兰足协、威尔士足协和爱尔兰足协。不过，不列颠系却并不认为这是自己向国际足联低头纳贡，因为国际足联创始人之一、担任首届会长的法国人罗伯特·盖兰在这次会议上将自己的掌门人位置让出，由英足总官员丹尼尔·伍尔福尔代替，担任国际足联第二任掌门人。在外界眼里，国际足联似乎自此就将被英足总控制和接管。

伍尔福尔上任之后，立即开始将英足总的协会经验带到了国际足联，努力让一切典章制度正规化。英足总原本应该抓住这个机会，联络当时在欧洲刚刚兴起的一些足球强国，通过频繁的友谊赛互动，来进一步巩固自己在世界足坛的霸主地位。然而，英足总对国际足联的态度却和之前毫无二致，伍尔福尔在任的十余年时间里，英足总似乎从来都没有渗透和遥控国际足联的野心，他们只是越来越傲慢，甚至还连带着愈发看不起当时开始崛起的欧洲强队。

英足总于1906年加入国际足联，两年之后他们应邀组队出访欧洲大陆。在1908年夏天，英格兰队在欧洲一共打了6场比赛。其中对阵奥地利队的两场比赛，他们一口气攻进了17球，仅失两球。之后又以7比0狂胜匈牙利队，4比0大胜捷克队的前身波西米亚队。而在同一年，奥运会也在伦敦召开。为了和奥运精神相符，英格兰和苏格兰、威尔士和爱尔兰首次联合组队，派出一支由业余球员组成的英国国奥队，最终在奥运会上轻松夺冠。英格兰队和英国国奥队的双双告捷，让英国人更加自大，英足总在20世纪初的前14年里专心"内战"。这期间的不列颠锦标赛，他们只有1902年、1907年、1910年和1914年这四年未能夺魁，其余10年里6次独享冠军、4次和对手分享冠军荣誉，在不列颠系的竞争中占尽优势。不过，与之形成鲜明对照的是，在加入国际足联之后整整17年的时间里，英足总竟然从未邀请过任何不列颠之外的球队访英。直到第一次世界大战结束以后，1923年，比利时国家队才成为首支访问英国的外国国家队。

两度退出国际足联

第一次世界大战的战火并未燃烧到英国本土，不过诸项赛事仍然停摆了将近5年。一直到1919—1920赛季，英格兰队的事务才基本恢复正常。

第一次世界大战带给英格兰足球的影响是巨大的。首先是这场战争所唤起的民族情感，让英足总做出了国家队在今后拒绝和任何第一次世界大战战败国同场竞技的决定。这一充满民族主义的热血口号让国际足联异常尴尬。因为英足总的这个口号和国际足联当时宣扬的体育应该和政治分开的理念背道而驰，而如此高调的宣誓，也让国际足联谋划组建国际赛事的想法受阻。英足兰和国际足联两家因此分歧渐浓，而身为国际足联会长的伍尔福尔又在第一次世界大战期间（1918年）去世，无人在国际足联斡旋此事。1920年4月，英足总和苏格兰、威尔士与爱尔兰三家足协统一行动，宣布不列颠系从此退出国际足联。

退出国际足联之后，不列颠系的首次抵制活动前后持续了将近4年时间，跟着英足总行事的三家足协因此吃了大亏。威尔士队和爱尔兰队在整个20世纪20年代都足不出户，前后10余年从来没有和任何一支非不列颠球队过招，就此错过了国际足球蓬勃发展的环境。而苏格兰队也同样固步自封，只是在1929年的时候出访过一次欧洲。这三家足协如果当时积极和欧洲新兴势力融合切磋，自己在国际足坛的地位恐怕不会是现在这个样子。

倒是英格兰队在整个20世纪20年代都非常活跃。他们退出国际足联之后，反而和欧洲大陆的几家足协密切交往了起来。英格兰队和比利时队、法国队以及瑞典队频繁交手，借此保持了和国际足联的间接联系。而在国内，英足总在20世纪20年代初得到了王室和政府的支持，决定在伦敦西北的温布利地区兴建一座大型球场作为国家队的主场。温布利球场的修建仅仅用了不到12个月、300天即告完工。不过，英格兰队在主场落成之后，仍然不在这里迎战外国球队。温布利球场当时只有在英格兰队主场对阵苏格兰队时才会被英足总使用。对阵其他球队的国际比赛，英格兰队仍然会辗转于维拉公园和希尔斯堡等俱乐部球场。

1924年，英足总和国际足联的关系逐渐缓和。然而，在不少分歧还并未取得完全一致的情况下，英足总又莫名其妙地率领着不列颠系的另外三家足协急匆匆地重归国际足联。而这次国际足联没有因为不列颠系的回归就在规则和章程制定上对英足总做出让步，双方当时对于规则中与门将、替补球员相关的细节互不相让。除此之外，两边的最大分歧还在于非职业球员的参赛和报酬问题。国际足联这边规定非职业球员比赛期间，理应从主办方得到一笔"误工费"，以弥补他为了参加比赛而耽误工作的经济损失，而在职业化已经相对稳固的英格兰队，他们本国的法律却并不支持这一规定。

就在两家旷日持久的争吵声中，国际足联在并未提前通知英足总的情况下，于1927年8月在和国际奥委会联合召开的一次会议上，正式确定从1928年的阿姆斯特丹奥运会开始，"误工费"制度将正式推行。这让英足总一方非常恼火，他们声称国际足联的这一做法触动了他们在这项运动上的精神底线。不列颠系在重回国际足联三年之后，第二次集体宣布退出，并且开始抵制国际足联组织的一切赛事。

低迷的20世纪20年代前期

20世纪20年代前期，是英国社会经济和文化兴盛发展的时代。直到1925年出现了大罢工运动，被横流的物欲冲得头昏脑涨的市民才开始意识到潜伏的社会问题。1929年美国华尔街股市崩盘。之后经济危机也波及到了英国，全国的失业人口开始迅猛增加。而就在英国社会逐渐走下坡路的同时，英格兰足球也开始了20世纪的第一个低迷阶段。

在对阵海外球队的国际赛场，英格兰队虽然仍旧场场告捷，但是比分的优势却在逐渐缩小，比赛的场面也不再是英格兰球迷所习惯的那种一边倒的局势了。

1921年5月，英格兰队首次和比利时队在布鲁塞尔相遇，他们仅仅以2比0的比分小胜对手。两年之后英格兰队在伦敦的海布里球场6比1大胜比利时队，"三狮军团"（英格兰队的别称）似乎觉得比利时队已然被自己打回原形，不足为惧。结果1923年两队再度交手，在比赛还剩下20分钟的时候，比利时队的进球让他们突然以2比1领先英格兰队，比利时人已经准备开始提前欢庆他们面对英格兰队的首场胜仗。结果在比赛的第92分钟，托马斯·罗伯茨为英格兰队惊险扳平了比分。这也是英格兰队首次没能拿下"外战"比赛，2比2的平局已经为英格兰队敲响了警钟。

这场比赛也让英格兰国内的媒体和球迷大为恼火。《竞技新闻报》的记者詹姆斯·卡顿毫不留情地在自己的文章中告诫英格兰球员："你们中的所有球员，不管是前锋还是后卫，在控球时全都显得脚下用力过猛而闹出洋相。你们必须打起精神，更加上心地去训练和练习。不然的话，这项运动的受欢迎程度将逐渐下降，而大不列颠也将因你们而蒙羞。"

比分优势的逐渐缩小，已经让英格兰队有些难看，而现在他们在国际比赛中的形象也不再体面。1925年对阵法国队，他们一度以3

比0领先，但是下半场却被他们一向瞧不起的法国球员连扳两球，最终以3比2的比分狼狈收场。一年后在安特卫普，比利时队在将近80分钟的时候还以3比2领先英格兰队。这场比赛英格兰队大部分时间被比利时人所压制，直到最后10分钟才仿佛如梦初醒，连入3球完成了逆转。英格兰球员的强壮身体和顽强精神仍然让外国球队无可奈何。不过，看见这些不可一世的球员一次次在比赛中陷入惊慌和狼狈，欧洲球队对英格兰队的膜拜和敬畏正在迅速减弱。

除了"外战"渐衰之外，英格兰队在20世纪20年代的"内战"中也每况愈下。1920年，他们在希尔斯堡球场以5比4险胜苏格兰队，那又是一次在最后20分钟连入3球的惊险逆转。不过，英格兰队似乎也就是在那场比赛中透支了自己的所有运气，命运女神在相当长的一段时间都不再眷顾英格兰队。从1921年开始，英格兰队竟然史无前例地连续7年败于苏格兰队。

而让英格兰球迷气馁的是，从1919年第一次世界大战结束后恢复的首届不列颠锦标赛算起，英格兰队在整个20世纪20年代的前后11个赛季里，只在1930年独享过一次冠军奖杯。其中，甚至有三年排在四支球队的倒数第一位，这是这项赛事的前35年里从未发生过的事情。

和英格兰队的踟蹰不前相比，整个20世纪20年代，欧洲几个新兴足球国家都在大踏步前进，他们纷纷开始创建自己的国内联赛。南美洲势力也开始在世界舞台上崭露头角，在不列颠系抵制的1924年和1928年奥运会上，来自南美洲的乌拉圭队包揽了那两届奥运会的足球金牌。当时在现场观战的欧洲记者形容乌拉圭队的足球风格

"美丽精巧，快速高效"，"如果你问我他们是否能和不列颠那几支球队相提并论，我认为乌拉圭队的实力要更胜一筹，这两者之间的差别就像是阿拉伯名驹和乡村劣马一样明显"。

当时的英足总却对这一切一无所知。欧洲的不少国家队都已经开始聘请主教练执教球队，其中不乏英格兰人。而英足总不仅没有物色和任命一位合适的主帅，反而将国家队球员的遴选和比赛首发阵容的制度进一步官僚化和复杂化。他们成立了一个特殊的委员会，通过这些委员的投票来选举国家队的场上球员。让人哭笑不得的是，这个委员会并不是根据球员在平时联赛的状态和表现来进行遴选，而是专门由英足总将优秀球员集中起来，举办一场类似于内部教学赛的比赛，然后让委员会成员根据这些球员在那一场教学赛上的表现投票，选择国家队的主力阵容。

英足总之所以设计这类让人不禁哑然失笑的荒唐程序，应该是为了兼顾遴选过程中的公平原则。如果根据球员在联赛中的表现进行挑选，那么难保这些委员中有任人唯亲的选择，而且当时国家队球员的选择范围并不限于顶级联赛，因为第二级别联赛球员在国家队首发的状况时有发生，不足为奇。因此，要设计一个公平的国家队球员遴选程序，只能让所有委员以同一场教学赛上的表现为依据。

当年阿尔考克和金奈尔德勋爵筹办英格兰和苏格兰代表队的比赛，两人都还没有遭到官僚机构的掣肘，所以筹办事项高效而得力。而随着各项规章的制定，英足总的官僚气息却越来越浓厚，凡事无论大小，都要煞有介事地成立一个名目复杂的委员会来调查评估。当时金奈尔德勋爵在英足总担任掌门人，却也不得不向这类繁琐而低效的制度低头。国家队球员的委员会遴选制度一直持续到了1962年智利世界杯后。人们普遍认为英格兰在1950年和1958年世界杯的出局，和遴选委员会的失误有着直接的关系。

遴选委员会造成的一个明显弊端就是国家队的稳定性不复存在。根据《竞技新闻报》1930年的统计，英格兰队在第一次世界大战后举办的所有33场不列颠锦标赛上，前后共遴选了145名球员。而在这些人当中，多达66人仅仅出场了一次，就被委员会抛弃，此生再也没有收到国家队的征召令。也就是说，整个20世纪20年代，英格兰队有多达46%的国脚球员属于"流动人口"。球队主力阵容场场不同，场上球员之间彼此陌生，球队的表现自然要持续滑坡。

球队阵容频繁变动所引发的另一个恶果是英格兰队逐渐摈弃集体打法，个人主义再次抬头。那个时代的球星，效力于阿森纳的前锋克里夫·巴斯汀抱怨说："球员又开始把注意力集中在了个人表现上，没人再将球队当做一个整体。在恶性循环之下，我们逐渐陷入到了一个奇怪而畸形的体系之中。"

球员实力滑坡，再加上混乱的遴选制度干扰，英格兰队在1927—1928赛季的不列颠锦标赛上遭遇了建队以来前所未有的重挫。他们先是爆冷输给了威尔士队和爱尔兰队，之后在温布利球场主场迎战苏格兰队，却被苏格兰队以5比1击败。英格兰队3场比赛全部告负，6年之内第3次在不列颠锦标赛上排名倒数第一。

1929年首败于外敌（西班牙）

1929年，英格兰队的战绩总算稍有起色。他们在不列颠锦标赛上接连战胜了威尔士队和爱尔兰队，只在最后的决战中客场以0比1不敌苏格兰队，屈居亚军。英足总在夏天也给国家队在欧洲安排了一系列的友谊赛，球队先后在巴黎、布鲁塞尔和马德里这三座欧洲名城停留，约战当地的国家队。

球队首战在巴黎以4比1大胜法国队。《泰晤士报》称这场比赛是一场"轻松之极的胜利"。不过，英格兰媒体普遍认为这是对手实力太弱所致，尤其是同一支法国队一个月之前刚刚被西班牙国家队以8比1的大比分击败，因此这场比赛中欠缺速度的英格兰队被认为状态平庸。

第二站在布鲁塞尔，英格兰队以5比1轻取比利时队。在球队还没抵达马德里的情况下，作为欧洲巡回赛的最后一场，英格兰队客场对阵西班牙队的比赛就已经被双方媒体提前炒作了起来。西班牙国家队当时建队还不足10年。和欧洲不少国家一样，这里的足球最早是由一群英国侨民传入的，甚至其本地的不少俱乐部也是由英国人组织创建的。西班牙媒体一直对英格兰队仰慕不已："能和英格兰队这样的球队同场竞技，我们已经在自己的足球史上迈出了巨大而卓越的一步。"

比赛在马德里竞技俱乐部的老主场大都会球场进行。当天艳阳高照，烘烤得大都会球场的草皮都有些发烫。西班牙队似乎为了避免在高温天气下浪费体能而姗姗来迟，最后比赛的开球时间也一再推迟，直到下午5:05分才正式开球。开球前两队队长在猜币选边时西班牙胜出，结果英格兰队不得不面对逆风和逆光的不利情形，英格兰队的队员在场上也不得不手搭凉棚观察身前的场上情形。

这是英国《电讯报》对当时比赛的报道。当天在现场的除了《电讯报》和路透社的记者之外，《泰晤士报》和《体育生活报》也派出了随队记者。而西班牙那边，《世界体育报》和《先锋报》也在主场设立了报道席位。这应该是世界杯前报道阵容最为强大的一场国际比赛。按理说这场比赛应该资料详实，细节丰富才对。然而，现在的足球史学家却对这数家报纸的报道资料伤透了脑筋，各家的报道几乎各执一词，就连比赛的进球球员竟然也大有出入。在没有电视足球转播的年代，当时比赛的场上球员不仅背后没有印上自己的名字，就连号码都没有（球衣号码在1939年才出现）。再加上各国记者对对方阵容中的球员不甚熟悉，因此对场上球员张冠李戴的现象很常见。因此，后世的足球史学家只能对英国和西班牙两国的现场报道进行对照处理，当两者对进球球员和表现描述不一的时候，以各自国家队的本国媒体报道为准。

两队比赛开场就展开了对攻，前10分钟西班牙国家队已经有两次进攻形成了射门，只是稍稍偏出。不过，在进攻凶猛的同时，西班牙队的后防却显得漫不经心。第13分钟和第20分钟，英格兰前锋卡特梅开二度，帮助英格兰队客场以2比0领先。西班牙媒体愤怒地批评守门员萨莫拉对这两记射门不够专注："这两记丢球简直愚蠢到家。"

《电讯报》随即发现英格兰队在两球领先之后开始轻敌，西班牙队的反攻却越来越猛。让人啼笑皆非的是，西班牙队的攻势不仅让英格兰队的场上球员眼花缭乱，也让场边的英格兰记者彻底方寸大乱。对于西班牙队的首个进球，《泰晤士报》的描述是"西班牙球员皮纳送出的长传被卢比奥以头球送进了英格兰球门"。而《体育生活报》记者发回的赛况报道对此球的描述，则让人怀疑他们和《泰晤士报》记者观看的是不是同一场比赛："西班牙的进攻全部由右翼的边锋拉斯卡诺发动，他以一脚精彩的射门洞穿了英格兰球门。"

英足总的战报记录里，西班牙的首粒进球归在了卢比奥的名下。不过，西班牙的《世界体育报》对此球的描述，却又是另一番情形："拉斯卡诺在前场拿球后助攻卢比奥，后者以一记低射破门。"三家媒体描述的是三粒过程和方式完全不同的进球，他们唯一达成共识的是西班牙队凭借这粒进球将比分扳为1比2，而当时距离上半场结束还有10分钟的时间。西班牙队很快就在上半场结束前扳平了比分，这次进球的是拉斯卡诺，进球的过程仍然是众说纷纭。

英格兰队在下半场的开局阶段开始逐渐打起精神，与此同时，西班牙队这边有"第一门神"之称的萨莫拉也苏醒了过来。这位平日里酗酒嗜烟，平均每天要消耗三包香烟的传奇门将开始以各种方式阻挡英格兰队的射门。不过，英格兰队的前锋希尔还是在第50分钟通过一次反击机会将比分再次超出。对于这粒进球，西班牙媒体则坚持说进球的应该是英格兰队的另一名前锋卡特。

英格兰队将3比2的优势坚持到了第79分钟，西班牙队的卢比奥将比分扳平。这时现场3万多名球迷冲破了警察的封锁，不少球迷蜂拥着冲进场内庆祝进球。3比3的比分似乎已经足够让西班牙人疯狂，而英格兰球员这个时候却一个个瘫坐在草坪上，仰头呆望着天空。

在警察将所有球迷驱逐出球场之后，比赛继续进行，而英格兰队此时已经濒临崩溃的边缘。比赛重新开球不久，戈伊布鲁获得单刀球机会。但英格兰队门将胡夫顿此时已经彻底缴械，他对戈伊布鲁的射门毫无反应，让西班牙队最终将比分反超为4比3。

鼻祖落伍

西班牙队击败了英格兰队！这在比赛次日成为西班牙各大报纸的头条新闻。《世界体育报》甚至直接将西班牙队所有球员的头像刊登在自己的头版以示敬意："西班牙的这场胜利，在精神和心理方面所取得的意义要比技术方面重要得多！"其实从这场比赛中收获信心的不仅仅有西班牙人，欧洲其他强队在得悉这一消息之后也都摩拳擦掌，认为英格兰队不再是不可战胜的现代足球鼻祖。经此一役，英格兰队第一次被拉下了神坛。一年之后，他们先后被德国队和奥地利队逼平。

英格兰队最后时刻的崩盘也让西班牙《先锋报》对自己常年顶礼膜拜的这支球队产生了怀疑："英格兰队还是一支伟大的球队吗？或者他们现在只是一支言过其实的平庸球队？事实是如果英

格兰队不能拿出比这更好的表现，英格兰足球可能会遭遇危机。不过，这支球队还是有很多值得我们赞叹的球员，比如卡特在这场比赛中的表现和他代表伯明翰去巴塞罗那比赛时相去甚远。"不少英格兰球迷在看到这一报道时只能自我解嘲地纠正西班牙媒体："伙计，卡特从来都没有为伯明翰效过力，他一直在西布罗姆维奇踢球，您是认错了队还是认错了人？"

当时还并不习惯大肆抨击球员的英格兰媒体在赛后默不作声。英国《每日邮报》关于这场比赛的报道仅有49个单词，《镜报》稍好，但全篇报道也只有68个单词。和这些小报相比，《泰晤士报》和《电讯报》都专门派出了记者报道这场比赛，但是最终这两家报纸的所谓独家报道却和路透社刊登在《体育生活报》上的报道大同小异，毫无特色。当天体育版的头条新闻是热刺俱乐部在马耳他之旅中以2比0战胜了对手，朴茨茅斯俱乐部签下了威廉·希尔，以及不列颠女子高尔夫球公开赛的决赛赛况。对于英格兰队首次输给海外球队的消息，当时媒体的回避态度似乎比英足总还要严重。

英足总对这场败仗没有任何反应。当时的国家队还没有任命主教练，因此他们也无法像现在这样以解雇主教练的方式来平息众怒。而英格兰队的球员，则毫无悬念地将球队发挥不佳的原因归咎于糟糕的草皮和恶劣的天气。英格兰球员不擅长客场作战，也不愿意屈尊主动适应客场的糟糕心态也就从此种下。在比赛中首发的希尔在接受采访时表示："西班牙人踢得不错，我必须承认，我们事先压根没想到他们会发挥得如此出色。我们的这场失败让自己也陷入失望和沮丧之中。但是不得不说的是，这里炎热的天气多少影响了我们的发挥。"对于英格兰人的借口，西班牙门将萨莫拉不屑一顾："我想我们这场比赛的胜利本身会更有说服力，但是不管从哪方面衡量，都不会有人认为我们的赢球是运气好。"

英足总内部似乎没有人意识到这场比赛输给西班牙队的深层原因，倒是在海外布道的英格兰教练点出了这其中的问题。20世纪20年代执教匈牙利国家队的英格兰人霍根一直对英足总忽视教练队伍的思路表示忧虑："如果我们诚实地看待现在的问题，英格兰在训练方面的很多理念已经过时了。对于很多人而言，越早认识到这一点越好。外国的这些球员虽然说天赋远不如我们，但是他们却更加好学和渴望教导。英足总现在必须雇用更多的教练，把他们普及到这个国家足球领域的最基层，让我们的孩子从一开始接触足球就能面对专业和正确的教导，让那些喜欢足球的业余球员和一流球员都能在理论和实践上更深地了解这项运动的艺术。"

正如霍根所说，英格兰足球当时的问题在于，联赛和国家队并没有正规的青训和基层教练体系。这并不是因为英格兰欠缺这方面的本土人才，而是英足总没有意识到这一体系的重要性，导致像霍根这样的教练流失到海外。而在对阵西班牙队的比赛中，英足总似乎也并没有注意到对方教练席上的一个英国人：彭特兰德。

彭特兰德在球员时代曾经先后5次代表英格兰队出场。在1913年退役之后，和英格兰足球圈的很多人一样，彭特兰德选择了以教练身份去欧洲大陆闯荡。1914年，他被德国足协聘为国家队主帅。然而，不幸的是第一次世界大战很快爆发，德、英陷入敌对状态，德国政府逮捕了大量的英国侨民，将他们拘押在鲁赫本集中营，彭特兰德和不少在德国工作的英国足球教练都在其中，他们在集中营里甚至也组队互相比赛切磋。

第一次世界大战结束后，彭特兰德被德国政府释放回国。彭特兰德并没有因此而闭门不出。他很快又先后执教于法国和西班牙。在西班牙，他先是执教桑坦德竞技俱乐部，之后又受聘于毕尔巴鄂俱乐部。他针对欧洲大陆球员技术灵巧的特点，在西班牙训练当地球员使用以短传为主的战术体系。这一体系也让他所执教的毕尔巴鄂俱乐部很快就从西班牙国内赛场脱颖而出。

当时西班牙足球的状况远不如彭特兰德等人想象的乐观。据说在西班牙执教俱乐部的第一堂训练课，彭特兰德根本就没有机会向球员传授自己的短传战术，因为他所面对的，是一群连球靴鞋带都不会系的基层草根球员。最终彭特兰德并没有拂袖而去，而是耐心地从规范系鞋带这样的细节开始教导球员："只要你把最基本的工作专心做好，场上成绩自然会回馈你。"正是由于彭特兰德这批英籍布道者的存在，西班牙队才得以在短时间内迅速强大，而彭特兰德本人也在赛前被西班牙主帅何塞·马里纳·马特奥斯请入国家队担任顾问。

对于彭特兰德这样在海外做出成绩的本土教练，英足总内部保守势力的态度让人瞠目："这帮家伙对英格兰足球毫无贡献也就罢了，他们至少不应该跑到海外去帮助我们的敌人。"霍根本人曾在1936年被英格兰的阿斯顿维拉俱乐部请回本土执教，不过在和俱乐部主席谈到球队未来建设的思路时，俱乐部主席却极不耐烦地打断了霍根的陈述："我没时间听你唠叨这些足球理论，你的职责就是帮助场上的那帮家伙把球踢进该死的球网。我就这么点要求，你就别和我废话了。"在这种急功近利的环境之下，英格兰足球在20世纪20年代停步不前，是再正常不过的事情了。

后世有不少英格兰的拥趸会为三狮军团没能参加前三届世界杯而扼腕。因为他们相信以当时英格兰队的实力和江湖地位，在当时的国际足坛建立垄断性霸权并不是什么难事。然而，回顾20世纪20年代英格兰足球的状况，这支不擅长客场作战，而又抱怨不断的球队在1930年远征南美洲的话，很难让人相信就能够一帆风顺地压倒东道主乌拉圭队而最终夺冠。

三、第二次世界大战前的英格兰队
（1931—1939年）

"特约主帅"查普曼

1933年5月13日，意大利罗马，一个阳光灿烂的午后。刚刚给意大利球员布置完比赛战术的国家队主帅波佐长吁了一口气，在告诫球员最后一次检查比赛装备之后，他推开更衣室的门，准备在球员通道静候弟子列队出场。而就在这时，对门的客队英格兰队更衣室里突然走出一个人：一丝不乱的背头发型，体型富态，身着一件考究的衬衫，但是袖子却略微挽起，微微皱眉的同时嘴角却又稍稍挑起，让人望之肃然，又不乏亲切感。此人正是波佐在教练圈中的好友：当时英格兰联赛新霸主阿森纳俱乐部的主帅赫伯特·查普曼。

"查普曼，你怎么会在这里？"波佐有些惊愕的问道。而查普曼则微微一笑，略一沉吟后机智地答道："你在你的球队干什么，我就在我的球队干什么。"

这是1933年英格兰队客场对阵意大利队的赛前一幕。波佐当时对查普曼的出现极感意外，甚至不乏震惊。因为根据他的情报，这次出征罗马的英格兰队和此前一样，不设带队的主教练，也没人负责球队的战术部署，球队名单仍然由英足总的国际赛事遴选委员会裁定。查普曼的突然出现让他一惊：莫非英足总已经不动声色地悄悄将国家队的事务交给了自己的这位老友？如果是这样，英格兰队将成为自己称霸世界足坛的头号劲敌。

查普曼出生于一个煤矿工人家庭，球员时代平淡无奇，退役之后却逐渐成为英格兰历史上罕有的传奇主帅。他于1925年开始执教阿森纳，在同年看到关于越位的规则被修改之后，他意识到一个新的时代即将来临，立即着手改变球队打法。查普曼不仅观察力敏锐，而且精于战术韬略。他革命性的将当时流行的"2-3-5"阵型改为被后人称为"WM"阵型的"3-4-3"阵型。这一阵容至今仍是足球战术史上浓墨重彩的一章。

英格兰的绝大多数主帅的性格，不是胆大心粗，就是过分谨慎。而查普曼则罕见地兼具这两者之长。而在俱乐部的建设方面，由于诺里斯爵士和塞缪尔·希尔伍德两任主席的全力支持，他对球队的大小事务无论巨细，都悉数亲自过问。查普曼的精力之旺盛让人惊叹。他在钻研战术的同时，还对球队训练和比赛细节进行了许多大胆的创建。正是他最早为场上球员分配数字号码，并且将其印在球衣的背面，从而大大提高了观众对球员的识别程度；同时他还创造性地在光线不佳的夜场比赛中使用泛光灯组照明，这一切让阿森纳俱乐部在20世纪30年代初很快脱颖而出，创建了英格兰足球联赛史上的首个王朝。而随着其他球队的迅速跟进和模仿，也让英格兰足球从战术到设施硬件全都耳目一新，再次恢复了领世界足球潮流之先的鼻祖地位。可以说，正是查普曼的这些贡献，迅速扫清了英格兰足坛在20世纪20年代的陈腐气息。

查普曼的能力和成绩让英足总实在无法忽略这一奇才。因此，在国家队1933年5月访问意大利前，英足总做出了一个大胆决定：让阿森纳俱乐部的主帅随队前往罗马，查普曼由此成为了首位随英格兰队出征比赛的职业教练。不过英足总却对查普曼的身份没有任何界定，一切都在低调和谨慎中进行，这也是波佐为什么事先对此一无所知。

查普曼在罗马的职责和主教练相仿，他先是在比赛前召集全队进行了基本的战术部署和安排。上半场球员列队出场之后，英足总将球队更衣室的钥匙也交给查普曼掌管，让他上半场结束后率领球员回到更衣室做进一步部署，结果这位传奇主帅竟然把钥匙在场边弄丢，中场休息时闹了大笑话。英格兰队最终在客场和意大利队战成1比1平。查普曼对于这一比分十分欣慰，因为这并不能算是自己的球队。虽然他履行了一部分主帅的职责，但是球员首发阵容的决定权却仍然掌握在由14人组成的国际赛事遴选委员会手中。

现在已经很难猜测当时英足总内部对于查普曼是否有进一步扶正的打算。而查普曼从罗马返回伦敦不久，就向英足总上书，建议改革国家队的组建和集训方式。在这封信件中，查普曼希望国际赛事遴选委员会能选出20名全英格兰最为优秀的球员，让这些球员每周集训一次，并为他们配备专门的主管教练和训练助教。在这支球队初步捏合成型之后，再为其制定严谨而高质量的训练赛和热身赛赛程。查普曼的这一想法非常超前，不过他也知道英足总内部的官僚习气。因此，查普曼在向英足总的上书中写道："如果这一提议能够实现，我认为这支球队的未来将不可限量。我必须说，我自己知道对于国家队建队政策的这一改变希望不大，但是现在在欧洲大陆，一些国家已经在按这种方式培训他们自己的国家队。"

查普曼的执教经历中屡有大胆出格、不合常规之举动。他自己在利兹城俱乐部（并非利兹联队，这支球队20世纪初就已解散）执教时就因此一度被联赛委员会终身禁赛，之后在阿森纳俱乐部时又因运作转会违规，连累俱乐部主席诺里斯爵士被英足总驱逐出了足球圈，然而每次这位名帅总是能幸运地化险为夷。这次上书英足总，人们猜测查普曼一定也有更为大胆和周密的进一步计划。不过，命运这次却不给查普曼和英足总改变的机会。从罗马返回伦敦7个月后，查普曼溘然长逝。

查普曼的去世非常突然，因为就在1934年元旦的清晨，他还在阿森纳和俱乐部雇员一同庆贺新年。当天中午，他独自乘火车赶到曼彻斯特，现场观看伯里和诺茨郡的一场联赛。查普曼元旦的这趟行程，据说是为了亲自考察一名转会目标球员的比赛状态。比赛结束之后，查普曼在曼彻斯特住了一宿。第二天他又马不停蹄地赶到约克郡，去那里观看阿森纳的下一轮联赛对手谢菲尔德星期三的比赛。赛后来不及返回伦敦，查普曼就住在自己位于约克郡的家乡老宅。1月3日在从约克郡返回伦敦的路上，查普曼开始出现感冒症状。但是这位事必躬亲的名帅当时并未在意，在抱病回到伦敦之后，立刻赶去观看阿森纳第三梯队的比赛。就这样劳碌了3天之后，在1月3日晚上，查普曼彻底病倒，普通的感冒开始转化为肺炎，而长期的超负荷工作早已损害了这位名帅的身体。他的病情在两天之内迅速恶化，1月6日凌晨，查普曼在北伦敦的家中病逝。

查普曼的病逝震惊了整个英格兰足球界，这位享年55岁的名帅正值主教练的黄金年龄。英格兰的媒体和球迷当时都觉得他在率领阿森纳统治联赛之后，会顺理成章地成为英格兰历史上的首位正式国家队主帅，以他那班俱乐部的冠军阵容为班底，构建一支空前强大的"三狮军团"。这位传奇主帅的个人魅力和强硬手腕可能会让那个荒唐的国际赛事遴选委员会提前29年退出历史舞台，而以他的眼界，也会早早劝说英足总和国际足联和解，率领球队进军世界杯。

然而，在查普曼突然逝世之后，这一切都成了空谈。他为英足总提出的上书不久就被扔进了废纸堆中。20多年后，匈牙利人以查普曼上书中的建队模式，锻造出了一支梦幻之师，在对阵英格兰队的两次比赛中，以总比分13比4让三狮军团遭遇了历史上空前绝后的惨败。然而，在那个时候，早已没有什么人还能记起查普曼在20多年前为英足总所设计的这纸建队方略了。

恶战海布里

1934年年初逝世的查普曼没能看到自己的老朋友波佐在同年的

意大利世界杯上，率领球队在本土勇夺冠军。而波佐在1934年11月中旬率领意大利国家队驾临伦敦时，在阿森纳主场海布里看到好友耗费9年的时间和心血所创造的王朝基业，回想起两人17个月前在罗马的那番较量竟成永诀，也不禁怅然若失。

查普曼虽然离世，但是他在阿森纳悉心培养出的这批球员，却仍然是英格兰队的主力班底。这场比赛又是在阿森纳主场举行，英足总的国际赛事遴选委员会一口气在三狮军团的首发阵容中排出了7名阿森纳俱乐部球员。如此之多的首发队员来自于同一家俱乐部，这在英格兰队历史上既是空前也属绝后。这项纪录至今没有哪个俱乐部能打破。

"兵工厂七子"由队长哈普古德领衔，其中两名年轻前锋克里夫·巴斯汀和泰德·德雷克最为抢眼。而首发阵容的其余4人之中，来自斯托克城的边锋马修斯当时年仅19岁，在参加这次比赛的6周前，他才刚刚在对阵威尔士队的比赛中上演了自己的国家队首秀。这位日后荣膺首届金球奖的奇才当时也和很多菜鸟球员一样，在这种大场面比赛前紧张得要命："一进海布里的更衣室，大赛特有的那种紧张气氛就扑面而来。我紧张得甚至开始出现胃痉挛的症状。于是，我在更衣室转来转去，像个话唠一样没话找话的和队友瞎聊，希望以这种形式来释放一部分肩上的压力。"

海布里球场在后来的全坐席时代为38 419个座位，而当时则涌进了超过56 000名球迷。伦敦当时已经有不少成规模的意大利社区，因此看台上混坐在一起的英格兰球迷和意大利球迷，让海布里球场在开球前的气氛就已经火药味十足。

那个时代的球员很容易被看台上的气氛所感染，因此比赛一开场，两边球员在争抢之中就互不相让。开场第1分钟，"兵工厂七子"之一的德雷克因为在禁区内被意大利队门将切雷索利侵犯，主裁判吹罚点球。还没开始进入比赛状态的曼城队前锋布鲁克将点球射失。而仅仅一分钟过后，刚刚被人侵犯的德雷克就又在一次拼抢中将意大利队的蒙蒂铲伤。由于当时的足球比赛还没有换人制度，因此蒙蒂如果下场就意味着意大利队将近整场比赛将以10人应战。所以，蒙蒂在受伤之后又勉力支撑了15分钟，最终还是被迫下场。赛后的检查结果显示，蒙蒂在这脚铲球中骨折。

而就在蒙蒂被脚伤所困扰的这15分钟，英格兰队已经一口气连入3球。第1分钟错失点球的布鲁克在比赛的第2分钟就接马修斯助攻头球破门，第10分钟他主罚的任意球又飞进了意大利队的球门。2分钟后，德雷克又锦上添花，接队友后场长传劲射得手，将比分扩大为3比0。

意大利队球员在蒙蒂下场之后并没有慌张，波佐布置球员收紧阵型，全力防守，并且同样以粗暴的犯规回敬英格兰队球员。英格兰队队长哈普古德很快就遭到了意大利队贝托利尼的肘击，血溅当场。不过，鼻梁被撞断的哈普古德连球衣都没换，继续留在场上应战。而在这两次犯规之后，场上彼此飞铲和推搡的场面开始不断出现。

到中场休息的时候，意大利队那边蒙蒂重伤下场，轻伤伤员并不多；而英格兰队的，队长哈普古德的鼻梁被撞断，鲍登的脚踝被对手铲伤。同时，两名进球功臣也随即得到了意大利人的特别照顾。德雷克被意大利队球员无数脚凶狠铲断中的一脚弄伤了膝盖，而梅开二度的布鲁克则在被对方铲飞之后落地时上臂摔成骨裂。只不过英格兰队这边无人退场，只有哈普古德因为鼻梁被撞断，不得不在场外接受了15分钟的紧急治疗。

面对意大利队在中场的绞肉机踢法，英格兰队一度很不适应，最终帮助球队稳住局面的是效力于阿森纳的另一名球员柯平。柯平在国内赛场就是英式身体足球的代表人物，他司职中场，以勇悍和坚韧而著称。柯平有一个著名的习惯是在比赛日前的数天不刮胡子，每场比赛都蓄须上阵，有意以粗豪形象示人，给对手造成心理压力。对于他来说，意大利球员的凶狠拼抢似乎算不得什么："看着对手一个接一个的肮脏动作，我和巴克对此毫不慌张，因为我们即将向他们展示，什么是真正的铲抢。"柯平在上半场的以牙还牙遏制住了意大利队的气势，中场休息返回更衣室时，一群鼻青脸肿的英格兰球员反而士气高涨。马修斯形容当时人人慷慨激昂，发誓要在下半场击溃意大利队："我当时只有19岁，听到队友老大哥们在更衣室的那番语言，我感觉自己亢奋得头发都一根一根地立了起来。那种感觉让你觉得无所畏惧，所有的队友都会为你出头拼命。"

中场休息的这番激励让英格兰队下半场出场时士气空前高涨，队长哈普古德依旧拒绝更换那件沾满鲜血的球衣，这一举动让看台上的英格兰球迷大为感动。不过，三狮军团却发现少一人作战的意大利队状态更加生猛，竟然压出来狂攻，他们在场上支撑了不到15分钟，球门即告失守。进球的是意大利队内的头号球星梅阿查，他在第58分钟和第62分钟连进2球，将比分追成3比2。事到如此，英格兰队也顾不得什么体面了，开始全线退守，柯平和英格兰队门将摩斯在比赛的后半个小时里立下了汗马功劳。柯平的铲球阻止了意大利队彻底控制中场，而摩斯则开始了高接低挡的神勇发挥。饶是如此，梅阿查还是一度击中球门立柱，差点上演"帽子戏法"，将比分扳平。

这90分钟从头到尾的恶战看得现场观众心惊胆战，也让现场的媒体记者瞠目结舌。他们由此将这场比赛称作"海布里恶战"（Battle of Highbury）。以3比2赢得胜利的英格兰队上下喜出望外，因为这是意大利队在世界杯夺冠后的首场比赛。因此，这场比赛也被外界定位为世界足坛的巅峰对决，英格兰队的胜出让他们找回了在20世纪20年代失去的荣光，开始以世界无冕之王自居。

一球惜败的意大利队对这场比赛的比分极不服气。意大利人有充足的理由抱怨，首先是他们几乎全场比赛都在以少打多，以10人应战11人。其次英格兰所攻进的3个进球全部集中在开场后的前15分钟，正是他们的蒙蒂受伤，基本失去比赛能力，但是还并未下场的时候。意大利队因此认为英格兰队的进球全部有乘人之危的嫌疑，而自己在整个下半场能以10名球员控制局面，并且将英格兰队打得一度无还手之力，意大利人觉得自己虽败犹荣，绝对不是真正的输家。因此在归国之后，意大利本国媒体不但没有批评他们，反而将他们捧为"海布里雄狮"。

而这场比赛真正让人难忘的还有全场那接连不断的恶劣犯规。日后封爵的马修斯在英格兰队从19岁踢到42岁，在俱乐部则坚持到年过5旬才宣告挂靴。但是在他30多年的职业生涯中，他始终认为这场比赛的场面是最为恐怖和艰苦的。而两方足协也都认为对手踢法肮脏，英足总对意大利队的伤害性踢法大为恼火，一部分英足总官员甚至认为其他国家队很有可能从这场比赛中得到灵感，在今后的国家队中也祭出相同的招数来伤害英格兰球员。因此，在这场比赛之后，英足总内部的保守势力甚至提议，为了保护球员以及现在无冕之王的招牌，英格兰队不如彻底退出国际赛事，和19世纪一样，回到专心于不列颠系内战的时代。

纳粹礼事件

1938年5月14日，英格兰队做客德国柏林的奥林匹克体育场。看着英格兰球员一个个脸色凝重地抬起右手行纳粹礼，人们忽然发现，现代足球从诞生的那一刻起，从来都没有和政治如此错综复杂地纠缠在一起。

在海布里之战的赛前，在意大利媒体之中有一种传言，指当时的意大利法西斯领袖墨索里尼为这场比赛悬下重赏。只要意大利队能够战胜英格兰队，他许诺将赠送给每名意大利球员一辆当时最为摩登的阿尔法罗密欧轿车。

最终以2比3失利的意大利球员当然没能开走总理所许诺的轿车，但是当时的国际足坛正被浓烈的政治空气所笼罩。墨索里尼被认为是一名狂热的球迷，因此他屡屡和足球发生联系并不奇怪。而对足球似乎毫无兴趣的希特勒也在20世纪30年代开始关注足球比赛在宣传方面的功能。1938年5月，当时的德国刚刚出兵吞并了奥地利，眼看欧洲列强对此默不作声，希特勒又开始加紧逼迫捷克斯洛伐克割让苏台德地区。整个欧洲大战正在一触即发之际。

英格兰队在此时访德，英足总上下自然异常紧张。因为就在两年前的柏林奥运会上，由于英国代表团的运动员拒绝行纳粹礼和所谓的"奥林匹克礼"，一度引发德方不快。而这次英足总的国际赛事遴选委员会主席查尔斯·雷瑞德·布朗和刚刚上任的英足总秘书劳斯抵达德国，就被德方告知，主队将在比赛奏英国国歌时立正以示敬意。而作为回报，他们希望英格兰队在球场奏响德国国歌时，行纳粹礼以示对德国的尊重。

当时纳粹德国国内对希特勒的个人崇拜已经陷入到狂热的地步。所谓纳粹礼是指敬礼者将右手伸直，垂直或稍稍高于胸口，再辅以"胜利万岁"和"希特勒万岁"的口号。这种纳粹礼由罗马式敬礼改变而成，表示向希特勒个人效忠的礼仪。查尔斯·雷瑞德·布朗和劳斯对此事举棋不定，因此只好拜访英国驻德国大使馆，希望身为大使的亨德森爵士能够给他们出谋划策。

然而亨德森爵士的建议却让劳斯感到困惑："我自己现在见到希特勒，也会对他行纳粹礼，因为这在德国已经变成一种普通的社交礼仪了，和是否支持希特勒和他的政治理念反而关系不大。因此我对此事的结论是，既然我现在都这样，那么你们也不妨在赛前行纳粹礼呢？"有了亨德森爵士的这番话，劳斯和查尔斯·雷瑞德·布朗也不好再说什么，只能同意德方事先提出的方案。

至于英足总是什么时候通知的球员，外界对此一直存在争议。据当时参加这场比赛的马修斯在自传中回忆，球员是在赛前几分钟才收到的通知："一位英足总官员在赛前突然进入更衣室，通知我们所有人必须要在赛前行纳粹礼。更衣室当时像是炸开了锅一样，瞬间乱成了一团。包括我在内的所有英格兰队球员，全都情绪激动，脸色铁青。所有人当时好像都在情绪失控的边缘，怒吼着抗议这一决定。我还清楚地记得，我们的队长哈普古德，平素里是一位备受人们尊敬的绅士，这个时候也提高了嗓门，一边摇着自己的手指，一边厉声告诫那位英足总官员：你们今天要想让我们就范行纳粹礼，除非太阳不再发光！"

根据马修斯的描述，队长哈普古德的强硬态度让那位英足总官员尴尬地退出了更衣室。不一会儿，他重新推开了英格兰队更衣室的大门。而这一次，他声称自己接到了亨德森爵士的直接指令，让球员务必遵守政府的命令，因为现在英国和德国之间的政治关系已经十分敏感。如果球员不从大局出发，不在赛前行纳粹礼，德国纳粹政府很有可能将由此寻衅，从而引发极为严重的后果。

这番说辞让英格兰队的球员陷入沉默，他们毕竟只是一群球员，可能在面对自身安全的威胁时还能热血相对，但是现在面临军国大事的介入，多少有些不知所措。最后队长哈普古德在极不情愿的情况下屈服于政府。在现场的11万德国球迷的注视之下，哈普古德带领英格兰队队员在场上战成一排，德国国歌随即奏响，哈普古德尴尬地抬眼看了队友们一眼，缓慢而凝重地抬起了自己的右手。

亲眼看到场上英格兰队球员和自己一样行礼，看台上立刻响起了排山倒海一般的口号声："胜利万岁！""希特勒万岁！"希特勒本人当时并不在奥林匹克体育场，在主席台上就坐的有3个月前刚刚荣升元帅军衔的德国空军司令赫尔曼·戈林以及当时纳粹德国的宣传部长、之后担任帝国总理的戈培尔。他们得意洋洋地看着场上的10名英格兰球员在自己施加的压力下屈服，唯一拒绝行纳粹礼的卡利斯在赛后立即被英足总的国际赛事遴选委员会开革弃用。

队长哈普古德将那一刻视为自己一生的奇耻大辱。退役之后他在自己的自传中语调沉痛地写道：

"在职业球员生涯，我曾先后周游13国，历险无数。我曾经历过游轮失事、火车相撞，还差点罹难于飞机事故。但是我要说的是，我人生中唯一再也不想经历和回忆的事情，却不是这些，而是那次在柏林的纳粹礼事件。"

柏林罗生门

对于现场的11万德国观众而言，英格兰球员的纳粹礼意味着妥协和屈服，也意味着他们将在比赛中注意力涣散，最终被德国队击溃。事实上，英格兰球员在开场时确实不在状态，赛前更衣室的风波让他们在开场前充满挫败感。由于心不在焉，马修斯在开球前居然没能停住一个朝他滚来的比赛用球。眼看皮球滚向场边，当时有些失魂落魄的英格兰队边锋一溜小跑地前去捡球。

然而就在这时，马修斯突然隐隐听见看台上有人用英语喊了一声："斯坦（马修斯）！别管那皮球了，好好踢！英格兰队加油啊！"这声熟悉的乡音像闪电一般划过了马修斯的脑海，他像是被突然惊醒一样突然愣在了原地。"回过神来之后，我的视线立刻在就近看台上搜寻了起来，越过无数的纳粹旗帜，我突然发现在看台前排，怯生生地站着两名身上裹着英国国旗的同胞。那是我几十年职业生涯里在球场上看到的最为令人鼓舞的景象。我不知道他们是在大使馆工作，还是碰巧来这里度假。总之，在11万鼓噪的纳粹拥趸中，两名普通的英国市民的一句鼓励，像是一股注入我体内的电流一般，骤然唤醒了我的勇气和血性。"

马修斯立刻叫来了自己所有的队友，无比兴奋的指着那两位球迷挥舞英国国旗的所在位置高喊："快看哪！那里有我们的人！"然而在11万德国观众"希特勒万岁"的口号和呼喊声中，他们之后再没有听到这两位同胞说了什么。不过，这已经足够让场上的11名英格兰球员在从未经历过的魔鬼主场中找回斗志。马修斯在60多年后忘情地写道："说老实话，我之前从来都没特别注意过我们的国旗，而在那个下午，在漫天挥舞的成千上万面纳粹旗的衬托之下，那两面英国国旗也显得是那么的渺小，但是处于低迷情绪之中的我们却立刻借此找到了一种寄托，我们突然感觉自己正被那两面小小的旗子所庇佑，所有队友似乎在那一刹那间，都彻底摆脱了客场孤军奋战的那种彷徨和无助。"

这起在德国人眼里微不足道的赛前花絮突然改变了一切。德国人突然发现，当时以不擅长海外客场作战而著称的英格兰队在开球之后像打了鸡血一样亢奋和好斗。效力于阿斯顿维拉的前锋布鲁姆在比赛第1分钟得球后就猛轰德国队球门，迫使德国队门将雅各布做出狼狈扑救。开场前15分钟，英格兰队将德国队死死地压在后场，让他们动弹不得。巴斯汀在第12分钟为英格兰队首开纪录，德国队在4分钟之后利用角球机会将比分一度扳平。然而在此之后，德国队再也没有跟上英格兰队的节奏。

英格兰队的约翰逊·罗宾逊在第26分钟接巴斯汀的传中头球破门，再度将比分超出。仅仅3分钟后，布鲁姆接队友的长传后单挑德国门将雅各布，以一脚怒射再度洞穿主队球门。第39分钟，马修斯在自己半场带球一路杀进德国队禁区，轻松地将比分扩大为4比1。虽然上半场结束前德国队再次凭借角球扳回一分，但是等上半场的哨声吹响时，奥林匹克球场的11万德国观众一片静默地看着杀红了眼的英格兰球员慷慨激昂地相拥着走进客队更衣室。"他们看上去像是一群血亲兄弟！"有目击者如此形容当时英格兰球员的团结。

下半场的三狮军团丝毫没有收手的意思。罗宾逊很快就将比分扩大为5比2，德国队则终于收获了一个运动战进球。而就在比赛的第72分钟，古尔登在距离球门25码的地方攻进一记世界波，将比分最终锁定为6比3。古尔登的这记进球被马修斯誉为自己在足球领域所见过的最佳进球："用现在的话说，他的射门让皮球像飞鱼导弹一样，尖啸着轰向球门，德国队门将根本无计可施。古尔登的射门力量是如此之大，以至于皮球在从球门顶部入网之后，还捎带着让球网从横梁的两处挂钩中脱落。"

进球之后的古尔登一边绕场飞奔，一边举起自己的右臂嘲弄对手。当队友跑来和他庆祝时，古尔登仍然还在怒吼发泄着赛前因纳粹礼而起的怨气："嘿，你们现在怎么不这么敬礼了？来一个啊？"以至于队长哈普古德不得不上前拽住他安抚道："咱们已经6比3领先了，这可能将是英格兰足球历史上最为伟大的胜利之一！"

马修斯于2001年出版的自传为1938年柏林纳粹礼事件的来龙去脉提供了清晰的回忆和解读。人们在书中所看到的这场比赛的章节，是被德国纳粹所侮辱的英格兰球员雪耻报仇的一出励志大戏。酣畅淋漓，热血痛快。不过，随着其他几位讲述者的回忆录面世，人们又逐渐觉得，其实当时马修斯和哈普古德等人的情绪起伏并没有他们描述的那么跌宕起伏。

首先是当时的媒体报道。比赛次日的《泰晤士报》和《星期日图片报》都没有提及英格兰球员赛前行纳粹礼的事情。而提及此事的媒体，竟然也不乏赞赏球员入乡随俗，尊重东道主的报道，只有总数并不算多的报纸在抨击此事的荒唐。

以当时的情境，希特勒还并未吞并波兰，还未与英国正式交恶。大多数英国球员对纳粹政权的情况完全算不上了解。马修斯自己也承认："我不认为当时有任何一个球员真的了解纳粹法西斯主义意味着什么。"而另一名性格较为温和的巴斯汀则透露，他其实在德国并未感觉到太多想象中的恶意："我们开始以为在柏林会看到大批的武装警察和身穿制服的纳粹党员。可是，事实上我们在柏林逗留期间，我很少在街上看见身穿制服的人，这也许是因为希特勒当时不在柏林，他的那帮忠实拥趸也都随他出巡的缘故吧。不过，公平地说，那场比赛德国方面的招待工作做得非常出色，我们也没有看到有人组织反英的活动来抵制我们。"

而对于赛前更衣室的争执，巴斯汀等人普遍证实确有此事。不过从旁人的表述来看，当时英格兰球员可能只是不想乖乖地按照德方设计的赛前程序就范。他们大多并不是太了解德国人通过向英国政府施压，强迫他们行纳粹礼的幕后背景；他们甚至对纳粹礼的来历以及这一手势和希特勒个人崇拜之间的联系也不甚了解。正如另一名球员斯普罗斯顿所说的那样："我出身利兹的劳工阶层，没有受过什么高等教育。我对政治一窍不通，更没什么了解的兴趣。我唯一所知道的，只有足球这项单纯的运动。"

由此可见，马修斯和哈普古德对此事的渲染虽然有其事实依据，但是两人在自述中对当时自己情绪的描述，则多半是在二战期间看到纳粹德国的所作所为之后，连带对那天的纳粹礼和纳粹气氛所衍生出来的憎恶情绪所致。当时的真正情形，大概要比马修斯描述的版本平淡得多。毕竟这本书也是在这件事情过去之后60多年才结集出版的，马修斯的记忆也难免会因为情绪和立场而发生或大或小的扭曲。然而，随着德国纳粹在人类历史上的盖棺定论，马修斯和哈普古德所讲述的历史也注定将成为足球史上对那场比赛的主流论述。

从柏林返回英国本土，英格兰球员并未立即感到战争临近，他们一切如常地开始了1938—1939赛季。1939年3月15日，德国突然出兵侵占了捷克斯洛伐克，波兰这时已经岌岌可危。数周之后，对希特勒忍无可忍的英国政府宣称将保证波兰领土不受别国侵略，并和波兰签署了军事同盟条约。1939年春天，英国和波兰已经开始调动军队准备开战，欧洲大陆的一场大规模战争眼看一触即发。

而偏偏英足总计划在1938—1939赛季结束后组织国家队再赴欧洲大陆访问，看到欧洲局势的逐渐紧张和恶化。劳斯对国家队是否按原计划访欧举棋不定。他最后不得不向政府的外交部求助："如果国家队按照原计划访欧，是否会因为战事突起而被困在欧洲？"外交部工作人员对这个问题不置可否，只是询问国家队原定的启程时间。劳斯忐忑地答道："我们大概会在5月底成行，最晚6月初回国。"外交部方面建议劳斯按照原计划访欧："你们的计划应该不会有什么大问题，现在看来，8月才是最为危险的月份。"

英格兰队出访的首站是意大利。意大利队刚刚在一年前的第三届世界杯上夺冠，当时墨索里尼早已唯希特勒马首是瞻。不过，在米兰，英格兰队却照样受到了热烈的欢迎，不少小球迷成天在旅馆追堵哈普古德和马修斯等球星。他们最终和意大利队2比2战平。之后第二站是南斯拉夫的贝尔格莱德，英格兰队球员的列车在清晨6：30抵达车站。但是让他们惊讶的是，仍然有大批南斯拉夫的当地球迷赶来一睹他们的风采。他们以1比2不敌南斯拉夫队。第三站以2比0战胜罗马尼亚队。之后乘坐当时最为时髦的东方快车匆匆返回英国。

这次欧洲巡回赛让英格兰球员觉得战争好像离他们很遥远。1939年8月26日，1939—1940赛季的联赛如期开幕，当天一共有60万球迷跑去现场观战。然而就在第二周的周中，1939年9月1日，希特勒突然出兵波兰，英国当天下午就开始准备伦敦市区儿童的疏散工作，但是英足总仍然宣布原定周末开球的所有联赛照常进行。

9月2日，英国政府向希特勒发出最后通牒，张伯伦政府首次态度强硬的令德国军队立即撤出波兰国土，否则将与其兵戎相见。全世界都在忐忑地等待着希特勒的回复，而当天正在备战比赛的英格兰球员，也隐隐有一种不安的预感。

四、战时岁月

　　1939年9月3日上午11点，这是英国张伯伦政府在最后通牒中为纳粹德国设定的最后回复期限。然而，希特勒对此却完全无视，到了那天的中午，别无选择的张伯伦在广播中发表讲话，正式对德宣战。

　　9月3日对于绝大多数英格兰球员而言，是茫然而无助的一天。在桑德兰效力的里奇·卡特当时刚刚随队打完9月2日客场对阵阿森纳队的联赛，桑德兰几乎是英格兰队最北部的球队。当时那里到伦敦之间几乎需要一整天的旅行时间，因此卡特在比赛结束之后回到了球队下榻的拉塞尔旅馆，和队友一道，开始密切关注英德之间的外交动向。

　　在听到张伯伦对德宣战之后，卡特当时一片茫然："联赛肯定是进行不下去了，但是我们是否还有几场比赛可踢？我们今天还回得去么？火车是否会受战时状态影响停运？"而就在这时，空袭警报骤然响起，他们被喝令坐在远离房间窗户的地板上。直到半小时后，传来"警报解除"的广播，原来是一场虚惊。

所幸火车并未停运，卡特和他的队友在周日平安返回桑德兰。然而他很快和所有英格兰球员一样，陷入了对未来的茫然未知之中。"我们周一一早去训练基地领工资，结果发现当天不用训练。询问俱乐部工作人员球队未来将会怎样，他们也一无所知，已经有一种说法在球员之中流传，说俱乐部很快就将正式关门倒闭。"周二和周三，卡特和球员照例赶到训练基地，却发现依旧不用训练，球员在基地彼此交换了一些他们从其他俱乐部听来的消息和传言，然后各自回家。那个周末的第三轮联赛很快就被取消，等到下周一这群球员再去球队领薪时，发现俱乐部已经发不出薪水。

与此同时，英足总这边也在焦头烂额地忙碌着。尽管一年前，英足总就已经预感到战事将再度来临，而未雨绸缪的建立了一个特殊的委员会提前准备战时事务。但是9月3日政府对德宣战，英足总这边直到整整5天之后，9月8日才由劳斯出面和联赛委员会一起召开了一次会议，商谈战时联赛和国家队的事宜。

最终两方商议，即日起国内停止和足球有关的一切活动，关于联赛和国家队的重启将视战时情况另行通知。而对英格兰队的这些球员而言，这意味着他们在一夜之间失业。联赛委员会的意见是球员可以在合同期内保留他们在各自俱乐部的注册身份，在战争期间自食其力，战后再恢复职业或者半职业球员的身份。因此，大部分职业球员不得不自谋生路，他们大多在船坞和码头靠出卖体力打零工。卡特找了一份消防员的工作，每周薪水从8英镑跌到了3英镑。不过在当时，卡特已经算幸运的了。大批球员因为没法立刻找到工作，只能靠社会福利和实业保险糊口，一些家庭条件较差的球员甚至在垃圾场附近靠拾荒为生。

没有了比赛日的球票收入，俱乐部的日子也举步维艰。一群博尔顿球迷找到俱乐部，希望他们能把那个赛季季票的票钱退还给自己，因为这个赛季他们只看了两场比赛，这一官司最后打到了法庭。在英足总的战时政策出台之后，一些生活窘迫的球员和俱乐部实在熬不住，开始申请踢战时友谊赛。英足总虽然允许，但是对人数进行了严格的限制，一般的大球场最多只能有超过1万多人的球迷入场，而稍小的球场，人数则不能超过8000人。这样规定是为了一旦发生空袭，球场有组织人员疏散的空间。不过，像米尔沃尔和西汉姆这样位于东伦敦码头区的俱乐部，有时候友谊赛只有300多人观看，因为码头区的船坞和工厂是纳粹德国空袭轰炸的重要目标。

友谊赛给俱乐部和球员带来的收入虽然有限，却是雪中送炭。而战时的居民也需要足球转移他们的焦虑和绝望情绪，因此各种友谊赛一度组织得极其混乱。因为球员平日里已经脱离了日常的训练和管理，很多球队在友谊赛前都凑不齐人手。布莱顿在一场比赛中迎战诺维奇，结果只有一半球员准时赶到，球队不得不四处抓人参赛凑数，最终以0比18败北。而查尔顿俱乐部在一场友谊赛中原定的对手迟迟未到，他们甚至把社区的送奶工当成对方请来的外援，拽进客队更衣室强令对方准备上场。

为了养家糊口，不少球员这个时候开始同时为数家俱乐部效力。只要听说哪有友谊赛，他们就会立刻拎着装备出发。有球员在9个星期里为8家不同的俱乐部效力，很多人和走穴一样四处比赛，大部分时间他们在上场的时候不仅根本不知道对手是谁，甚至也不知道自己在为谁踢球，"可能是某个工厂联队，也可能是警局或者其他机构临时组建的球队。"

随着战事吃紧，英国政府开始进一步募兵。劳斯敦促球员去就近部队的体能训练营报道，他们在那里可以充任教习官，利用自己的专长为国家效力，也能代替兵役。不过，球员在军营的生活并不像劳斯设想的那么美好。国家队队长，当时效力于阿森纳队的哈普古德就在军营遇到了麻烦。在报道当天，一名下士点名时问道："你和阿森纳队的哈普古德有关系么？"他答道："长官，我就是阿森纳队的哈普古德！"

结果这名下士不但没有照顾哈普古德，反而神经质的大笑道："小家伙，你为那么有品位的一支球队效力，我们在这也得给你安排一些美妙的工作。"他扔给了哈普古德一把刷子，先让他去擦洗军营的地板，紧接着又派这位国家队队长去打扫厕所。

哈普古德刷了两个半月的厕所，因为手掌长期在洗涤液中浸泡，他的两只手的指甲很快就染上了严重的甲沟炎。而由于耿直刚毅的性格，他也经常和军队的下层军官发生冲突。当年在柏林，哈普古德尚且敢出头呵斥英足总官员，并且一度违抗亨德森爵士的命令，所以对这些普通军官自然不放在眼里。一次他因为要赶回阿森纳参加一场比赛，在请假时惹怒了主管军官，被关了禁闭。之后虽然他在关照下仍然参加了这场比赛，但是军队却仍然派了两名看守在比赛全程看押哈普古德。

联赛委员会之后恢复了一部分联赛，他们组建了战时的特殊分区联赛和战时杯赛。与此同时，英足总也恢复了国家队的比赛。英格兰队在战争期间一共踢了36场所谓的"国际比赛"，在此期间取得了22胜6平8负的成绩。不过，为了不和之前的规定相抵触，这些赛事都没被冠以"官方"的字样，因此在所有球队的荣誉簿中，你找不到战时联赛和战时杯这样的冠军头衔。

温特伯特姆挂帅

战争改变了一切，而和平所能给予的，却是相当有限的慰藉。

虽然身为战胜国，但是在二战结束之后，英国人民还是发现，二战后的重建和复原远没有他们想象的那么简单。德军的空袭和轰炸毁掉了太多人的生活和家园，而随着重建工作的展开，英国人民也逐渐感受到了二战后那种特有的阵痛。

人们通常会在这种情况下寻求缓解压力和焦虑的渠道。首先因此而兴盛起来的是电影院。一到周末，英国大大小小电影院的上座人数高达3000万人次。其次能让英国人彻底忘忧的则是足球。二战后越来越多的人涌入球场，通过观看现场比赛来宣泄自己的情绪。一场胜利能让球迷忘记所有的挫败和焦虑。如果输球，那就把一切都扔给下一周。

联赛和国家队在同一个夏天先后恢复正常。在联赛红火的同时，英足总也在着手进行国家队的架构性重建。时任英足总秘书的劳斯首先落实的，是让英格兰队成为一支拥有主教练的球队。三狮军团建队50余年，一直在没有主教练的情况下运转，所有人似乎都已经对此习以为常。对于当时的英格兰球员而言，俱乐部是他们接受启蒙训练和成长提高的地方，而一旦被选入国家队，则意味着你要在短暂的磨合之后，以最快的时间进入默契状态，然后在一个全新的临时团队最大限度地发挥出自己的水平。因此，在长期没有主教练引导的情况下，就连马修斯这种级别的球员，一度也认为国家队无需设置主帅，这个级别的球员不应该再受到限制，而是应该在自由宽松的情况下，达到自己的最好状态即可。

这是英格兰历史上的首次选帅，但是劳斯似乎并没有太多可供考虑的人选，他最终将英格兰队的帅印交给了一个年仅33岁，没有任何实战执教经验的年轻人：沃尔特·温特伯特姆。温特伯特姆的大多数时间都在学院里度过，他曾经是一名业余球员，在1936年收到了曼联队的邀请。尽管如此，他仍然拒绝签约成为曼联队的职业球员，而是保留自己在学校的教职，只在业余时间为曼联队效力。

温特伯特姆仅仅为曼联队出场了26次，就因伤挂靴，之后他专心于自己在学校的运动科学讲师的职务。在英格兰足球圈，他是一个默默无闻的人物。二战期间，温特伯特姆在皇家空军处效力，得以和日常进出于那里的足球界人士接洽联络。而在球员门槛不高的二战时国家队征召中，他也曾经以备选球员入选，得以和劳斯相识。劳斯对这位一身书卷气息，且为人正派的年轻人颇有好感，因此在二战后对温特伯特姆委以重任。

接过帅印之后，温特伯特姆的第一要务并不是接手国家队的日常训练和比赛事务。英足总在20世纪20年代所出现的基层教练资源分配不均，且水平良莠不齐的问题，一直没有得到解决。劳斯的设想是让温特伯特姆先建设全国性足球的基层架构，因此国家队主教练之外，他还挂着一个教练总监的头衔。

温特伯特姆先为英足总在英格兰全境建立了一套足球教练网络体系，让从小学到职业俱乐部不同梯队的球员都能受到教练的指导，此外他还筹划在利勒夏尔兴建一座训练基地。在这套系统成熟完善之后，他又在20世纪50年代开始建立英格兰青年队和青训系统。

英足总内部对温特伯特姆并不认可，高层除了劳斯之外普遍认为主教练这一职位没有设立的必要。国际赛事遴选委员会更是不愿意将自己决定英格兰队大名单的权利交给这个初出茅庐的年轻人，劳斯几经游说，温特伯特姆才得以顺利接印。不过，这位英格兰历史上的首位国家队主帅上任之初的艰难可想而知。"英足总当时给沃尔特规定了不少义务，但是却没有分给他丝毫的权利。"劳斯后来回忆道。温特伯特姆在任上和英足总的官僚顽固势力周旋了整整16年，一直到最后卸任，他仍然没有从这些人手中拿到作为一名主教练应有的基本权利。

来自英足总高层的支持都如此有限，你还能指望球员一开始就站在温特伯特姆这边？毕竟英格兰队新帅在国内足球界人微言轻，毫无查普曼那样的影响力可言，更要命的是他的职业生涯也让这帮球员不屑。国家队球员汤姆·劳顿背地里将他称为"曼联队的那个替补"。要让一个球员时代默默无闻、此前从来没有执教经历的人去教马修斯怎么在边路突破，去告诉莫特森怎么进球？球员在一开始面对温特伯特姆时，都多少带着些轻蔑的情绪。温特伯特姆在英格兰队的更衣室一开始毫无威信可言。

尽管20世纪30年代，查普曼的"WM"阵型取得了极大的成功，但是大多数球员对于球队整体战术的理解和运用仍旧肤浅。英格兰球员似乎天生对繁复的战术知识都不感兴趣，因此当学院派的温特伯特姆赛前给这些球员在准备会上制定战术时，经常会遭到球员的揶揄。"温特伯特姆是个表达能力很强的人，一旦开口谈到足球专业方面的事情，他就像是在演讲前刚刚生吞活剥了好几本字典一样，滔滔不绝，引经据典。但是，球员对他的战术谈论并不热衷，他们更喜欢直接上场，享受那种不受任何战术计划操控的足球。"

英才辈出

二战让英格兰队足球停摆了将近6年。在这6年时间里，虽然有不少球员仍然在各种非官方和非正式赛事中坚持比赛以保持状态，但是在二战结束之时，巴斯汀和哈普古德那一批二战前的国家队主力还是已经先后淡出了国家队舞台，只有正当壮年的马修斯是个例外。

二战前最后一次参加国家队比赛，马修斯还是个24岁的小伙子，而等到战争结束之后，他已经年过30岁。二战前的最后两个赛季，他一度想从斯托克城转会到布莱克浦。但是他的转会申请被拒之后，又被公众所知悉，斯托克城在那两年发起了声势浩大的挽留行动，3000多名斯托克城球迷召开恳谈会，请求他留下。不过，二战期间他在皇家空军服役，服役的办公地点正好在布莱克浦市郊。再加上在战争期间，球员和俱乐部之间的注册和合同关系被英足总放宽，球员可以代表其他俱乐部出战。所以，在二战的这6年时间里，马修斯除了为斯托克城出场69次之外，也以客座球员的身份为布莱克浦效力87场，并且还曾代表阿森纳队对阵莫斯科迪纳摩队。

二战后马修斯在斯托克城继续效力了一个赛季，他和斯托克城高层的关系逐渐紧张。在1947年4月，他再次提出的转会申请终于被斯托克城董事会批准，马修斯得以转会布莱克浦，并且在那里一呆14年。而随着俱乐部职业生涯走向稳定，马修斯也成了温特伯特姆执教前期国家队中的进攻核心球员。

马修斯在布莱克浦的表现非常抢眼，他和球队前锋莫特森很快就形成了默契而完美的锋线组合：边翼魔术师加强力中锋的搭档在联赛里所向披靡。两人合作的首个赛季，布莱克浦一路坦途的杀进了足总杯决赛，莫特森在这个过程中场场进球，而马修斯则最终当选年度最佳球员。而在英格兰队，虽然锋线上不乏劳顿、芬尼这样的好手，但是国际赛事遴选委员会却不愿拆散这对黄金搭档。莫特森因而和马修斯一道，逐渐在国家队站稳了脚跟。

二战期间莫特森在皇家空军指挥所服役，他并没有像其他队员那样充任体能教官的工作，而是担任无线通讯话务员。从事文职技术工种的莫特森仍然险些在一次炸弹爆炸中遇难，他是那次事件中的唯一幸存者。而且更加幸运的是，一度被炸成重伤的他最终奇迹般地痊愈，这丝毫没有影响他以后的职业球员生涯。

莫特森在二战中的传奇还远不止这些。1943年9月25日，英格兰战时国家队迎战威尔士队。威尔士队的鲍威尔突然临时受伤离场，而威尔士队那次好不容易凑齐了首发11人，并没有替补人选。这个时候，以英格兰队替补队员身份在场边观战的莫特森突然接到了自己足球生涯最为奇怪的一道命令，要他临时加入威尔士队，立即替换鲍威尔上场。

就这样，莫特森悄悄脱下英格兰队的白色球衣，换上了威尔士队的红衣战袍上场。有意思的是，当天比赛现场的8万球迷，却没有一个人发现威尔士队中"混"进了一个英格兰人。当时在英格兰队中的马修斯50多年后还对这一幕感到不可思议："看到莫特森穿着红色的威尔士队球衣上场，现场的80 000球迷并不知道鲍威尔已经伤重离场，他们以为那是接受治疗之后重返球场的'鲍威尔'本人。比赛中即便是'鲍威尔'在靠近看台的边路拿球，那一侧附近的球迷也没察觉到丝毫的异样。事实上相当一部分场上的英格兰队球员也不知道自己的队友已经'潜伏'到了威尔士队在和自己对阵。至于负责播报当天比赛出场队员和换人的广播员，则坐在温布利主看台的最上面一排，更是分辨不出鲍威尔和莫特森，直到中场休息时才发现一名英格兰球员已经在威尔士队潜伏了这么长时间。"

除了这次在战时代表威尔士出场之外，莫特森还为英格兰战时国家队出场3次。直到1946—1947赛季结束之后，莫特森才正式在英格兰队对阵葡萄牙队的比赛中完成了自己的国家队首秀。此后，他以主力中锋的身份先后为球队效力25场，成为二战后英格兰队的首批顶级前锋之一。

除了莫特森之外，一批被寄予厚望的年轻人也被国际赛事遴选委员会选入国家队。其中的佼佼者包括狼队的队长比利·赖特和普雷斯顿的芬尼。赖特原本是在狼队打零工的杂役，负责帮助维护场地。1938年，年仅14岁的他因缘巧合，收到狼队主帅弗兰克·巴克利的邀约，在球队试训了8个月。巴克利通过这段时间的考察，认为这个身体灵活、能够胜任场上多个位置的孩子未来不可限量，因而在试训之后立刻敲定了加盟事项。

赖特在1939年首次代表狼队的成年队在一场友谊赛中出场，不过战争随即爆发，年仅17岁的赖特面临没有正式比赛可踢的尴尬局面。于是，他一方面响应英足总的号召，在军队担任体育教习；另一方面则利用一切空闲时间踢球比赛，积累经验。战争期间，他同时为狼队和莱斯特城队这两支中部的英格兰球队效力，在场上既踢后卫，又不时担任前锋。等到二战结束时，他在这期间参加的比赛居然已经超过了百场，球技不仅没有荒废，反而更加全面精湛。联赛恢复之后，他很快就被狼队提拔为队长，并在同时入选英格兰队。1948年，赖特被任命为国家队队长，之后90次以队长身份率领国家队出战，其中的70场属于连续出勤，一场未落。

芬尼比赖特要年长两岁，少年时代的芬尼身材十分瘦小，14岁时身高还只有1米45，没有人认为他能成为职业球员，他的父亲当时希望他能继承自己在普雷斯顿的铅业生意。而一直到二战爆发，芬尼仍然是英格兰足球圈里一位籍籍无名的角色。他的身高虽然飙升到了1米73，但是由于知名度有限，他在二战时所踢的比赛要比赖特等人少得多。

　　虽然早期的球员生涯并不显山露水，但是芬尼却是二战期间经历最为传奇的球员之一。一般球员只在空军部门担任体育教习服役，而芬尼则真正上了战场。他在1942年加入皇军装甲兵团，随即进入蒙哥马利元帅的第八军服役，随军远征北非，之后又参加了意大利战役。在随军期间，芬尼经常在军队和地方之间的友谊足球比赛中出场，他在其中一场比赛中还和日后出演《阿拉伯的劳伦斯》和《日瓦格医生》的奥玛·谢里夫同场竞技过。

　　二战结束后退伍，芬尼如愿以偿的回到普雷斯顿成为了一名职业球员。由于当时球员的薪水每周仅有14英镑，因此他不得不在踢球之余打零工糊口。二战后重建要求大量的管道工修复和重建战争中被毁掉的管道，恰好有水管工手艺的芬尼就以此养家。他也被普雷斯顿的球迷亲切地称为"普雷斯顿水管工"。芬尼很快成为普雷斯顿的领袖级球员，人们因此也称当时的普雷斯顿为"水管工和他的10滴水"。在他仅仅首次为普雷斯顿联赛出场的28天后，24岁的芬尼也收到了英格兰队的征召令，在客场对阵北爱尔兰队的比赛中出场，由此开启了自己12年的国脚生涯。

　　以莫特森、赖特和芬尼为代表的新生代球员的陆续涌现，让温特伯特姆随即成为当时足坛最为人艳羡的国家队主帅。虽然他没有球队阵容的遴选权，但是球队的英才辈出却让英格兰队成为了二战后的世界足坛最为星光闪耀的一支球队。这届国家队的竞争之激烈可谓前所未有，不少顶级球员也因此无缘或是淡出国家队，其中的代表是汤米·劳顿和尼尔·富兰克林。

　　劳顿和很多球员一样，二战前崭露头角，二战时的非官方比赛中名声大噪，二战后被媒体和球迷寄予厚望。他在埃弗顿成名，但是随着婚姻的破裂，他在二战后以11 500英镑的转会费加盟切尔西。当时他在国家队锋线的位置一度不可动摇，劳顿在斯坦福桥难免有一些骄横之气，这让他和主教练比利·比勒尔之间的矛盾越来越深。在斯坦福桥仅仅呆了两年，劳顿就递交了转会申请。

以劳顿当时的实力，加盟一家顶级联赛的豪门不成问题，但是他职业生涯的下一站却让所有人都大跌眼镜，他以英格兰队国脚的身份从切尔西转会去了第三级别联赛的诺茨郡俱乐部，切尔西对这一交易毫无异议，因为他们收到了多达两万英镑的转会费。而劳顿也有恃无恐，一方面他认为国际赛事遴选委员会不会因此就撤除自己在国家队的主力位置，另一方面他也认为自己会率领球队迅速升级。

在诺茨郡，劳顿一共出场166次，打进了103球，但是他仅仅帮助球队在1950年升到乙级联赛而已，而在高估自己实力的同时，他也高估了自己的影响力。在转会之后的前10个月，他仍然先后为国家队出场5次，但是诺茨郡和英格兰丙级联赛并没有因为他而成为人们关注的热点。在逐渐淡出人们的视野之后，劳顿逐渐被国际赛事遴选委员会弃用。1948年9月对阵丹麦队，是劳顿最后一次为国家队出场，当时年仅28岁的他此后再没有入选过英格兰队的阵容。

劳顿的淡出国家队，充其量只能让球迷稍感遗憾，因为当时国家队锋线上不乏好手，足以填补他的空缺。但是富兰克林无缘国家队却让人嗟叹。作为20世纪40年代国内的顶级中卫，富兰克林的地位无可替代，但是这位那个时代罕见的天才后卫却仅仅为国家队效力了前后5年。

富兰克林出自斯托克城的子俱乐部——斯托克城老男孩队。15岁时就和斯托克城签署了职业球员合同，那个时候他还是一名中场球员。二战后期，他在一系列非正式的比赛中被逐渐改造成一名中后卫，并且开始担任斯托克城队的队长。

富兰克林的这次转型相当成功，他很快就变成了当时英格兰国内赛场的明星后卫。媒体普遍认为他的控球和铲断能力堪称"完美无瑕"。他有些胆大狂妄，特立独行的性格看上去和要求沉稳谨慎的中卫位置格格不入，但是两者却偏偏擦出了耀眼的火花。他在斯托克城的老搭档、门将丹尼斯·赫罗德被他自信大胆的球风一度弄得苦不堪言："他是个伟大的球员，但是在场上有点太让人捉摸不透了。如果受到对方进攻球员的压力，他会朝我高声怒吼，丹尼斯，拜托你现在给我出来。我见状总是会出击，因为我觉得他会将皮球回传给我，缓解自身的压力，然而10次里面有9次，都是他在看似左支右绌的狼狈情况下突然一个漂亮的转身，摆脱了所有缠着他的进攻球员，然后带着球一路又冲杀回了前场，我每次出击都会这样扑空，那种感觉就像是在布满地雷的雷区踢球一样。他是那样的自信，他不相信会有自己发挥不佳的比赛出现，也是我唯一见过的一个从来不会紧张的球员。"

1945年2月，他顺利入选国家队，开始在国家队中卫的位置上站稳脚跟。然而偏偏这个时候，他和斯托克城队主帅的麦克格罗里交恶。斯托克城队在1946—1947赛季的争冠过程中输掉了对阵谢菲尔德联队的一场关键比赛，主帅麦克格罗里因此而迁怒队内的两名领袖球员，马修斯因此再度递交转会申请转会布莱克浦队。而留在球队的富兰克林则和麦克格罗里吵翻，斯托克城队主帅希望富兰克林改变踢球的风格，比如能更快的处理掉皮球，而不是过多的控球和盘带。此外，他还希望富兰克林在防守时能加大身体对抗的强度。心高气傲的富兰克林当然不会在自己的足球风格上和主帅妥协，两人最终争吵的结果是他的队长袖标被麦克格罗里就此剥夺，而富兰克林也彻底撕破脸皮，对外公开宣称自己将在1949年转会。

富兰克林意欲离队的消息一经传出，其他俱乐部立刻闻风而动，赫尔城队立刻为他开出了3万英镑的转会费。但是这次转会还是被斯托克城队弹压，一直到新赛季开幕，富兰克林仍然没能完成任何转会。恼怒尴尬的英格兰后卫开始悄悄和哥伦比亚接洽，准备出国踢球。

1950年世界杯前夕，英足总突然收到了富兰克林的假条，英格兰后卫声称自己的妻子难产，不能随队参加世界杯前对阵葡萄牙队和比利时队的友谊赛。英足总照例准假放行，却不料富兰克林其实已经横下一条心要放弃世界杯去哥伦比亚淘金。富兰克林的这一举措随即被曝光。在英格兰媒体眼里，这无异于玩火自焚。哥伦比亚足协此前已经因为非法"猎取"球员被国际足联除名，圣菲俱乐部主席罗布雷多认为招徕顶级球星能转移人民的注意力，由此平息国内混乱的政局，因此仍然在极力邀请富兰克林和另外两名英国球员。富兰克林最终收到了一份他无法拒绝的入职通知：周薪60英镑（一说120英镑，是他在斯托克城队薪水的5～10倍），外加2500英镑的加盟签字费。

温特伯特姆得知事情的原委之后立刻劝说富兰克林，因为当时国际足联已经明文规定，擅自前往哥伦比亚踢球的球员将遭到全球禁赛。而被他骗了半个月假期的英足总这边也拟对他禁赛一年。富兰克林如果执意出走的话，将与英格兰足坛彻底决裂。而最终他也没有听从温特伯特姆的劝说，在1950年5月8日来到哥伦比亚。他在南美洲的登陆宣言让当时的英足总火冒三丈："在这里，我们将比世界上的任何球员都生活得更好"。

然而最终富兰克林只在哥伦比亚呆了几个月，他完全无法适应那里每天傍晚6点半就开始宵禁的生活，数周之后，他的妻子也开始不断对他抱怨。场外生活的不适，让富兰克林根本无法安心踢球，他只得黯然回国，再次投奔斯托克城队。对富兰克林冷淡至极的斯托克城队将他闲置到1951年2月，然后以22 500英镑的价钱将他卖给了对他垂涎已久的赫尔城队。之后他在一场比赛中膝盖韧带受伤，从此泯然众人。而英格兰队在富兰克林之后的几年时间里换了十来名主力中卫，但是却没有一个人能达到富兰克林的高度，中卫位置也由此成为了温特伯特姆这届国家队的最大软肋。

无冕之王

从二战结束到1950年世界杯，英格兰队开始越来越频繁地走出国门，和更多的欧洲大陆球队交手。这其中最为重要的两场比赛是1947年，他们在里斯本以10比0的比分横扫葡萄牙队，以及一年之后，在都灵以4比0大胜意大利国家队。正是这两场比赛，奠定了英格兰队在国际足联"无冕之王"的地位。

1947年5月，英格兰队首次乘坐飞机出访欧洲。他们先是飞往瑞士，在那里的一场友谊赛中以0比1不敌瑞士国家队，之后动身前往葡萄牙的首都里斯本，在刚刚竣工的葡萄牙国家体育场挑战东道主。这场比赛英格兰队调整了首发阵容，当时以新秀面目出现的莫特森和芬尼取代了卡特和兰顿。这一变动也标志着温特伯特姆时代的国家队主力阵容开始趋向稳定。

从比赛开球的那一分钟开始，葡萄牙人就处于深深的煎熬之中。当他们的门将阿泽瓦多第二次将皮球从网窝捡出来时，他发现比赛才刚刚开球不到两分钟而已，而英格兰居然已经以一分钟一球的效率以2比0领先葡萄牙队，莫特森和劳顿各进一球。

几分钟后，劳顿又闲庭信步一般地将比分改写成了3比0。这时葡萄牙足协不干了，他们认为是比赛用球影响了球队的发挥。因此，他们向主裁判提出，要将比赛用球更换成体积更小、重量更轻的一种皮球。因为他们相信这种皮球是葡萄牙球员最为习惯的，同时也是英格兰球员所无法短期适应的，应该可以迅速扭转比赛局势。

然而事与愿违，反倒是1米73的芬尼显得对这种比赛用球更加适应。他从中线处一路突破，先是甩开了一名试图贴身干扰他的葡萄牙球员，紧接着又晃开了一名上前围堵的防守球员，将球带到底线之后，他又晃过了第三名葡萄牙球员，之后内切射门，让阿泽瓦多的球门上半场第四次失守。

即便是已经以4球落后，葡萄牙队的场上球员已经形同溃败，反倒是葡萄牙足协仍然没有彻底死心缴械。他们在更换比赛用球之后，再出荒唐之举。这一次，他们违规换下了守门员阿泽瓦多，因为他们相信是阿泽瓦多的个人失误导致球队在开场阶段就如此频繁丢球。温特伯特姆找主裁判抗议无果，比赛只能在葡萄牙更换门将之后继续进行。

看见阿泽瓦多含着眼泪下场，英格兰门将斯威夫特朝队友们调侃道："你们必须至少再进4个，这样那位哥们的职业生涯才不至于被你们之前的闪电战进球所毁掉。"果然，劳顿再进一球，在中场哨响结束前，顺利上演了"帽子戏法"。

上半场已经两次违规操作的葡萄牙足协中场休息时反而格外安静，其实他们真的应该在这个时候威胁主裁判就此结束比赛，因为下半场他们面临着和上半场同样猛烈的进攻。劳顿在开球后再进一球，将自己的进球数扩大到了4个，而莫特森也不甘落后，在下半场连进3球，同样将自己在比赛中的个人进球数增加到了4个。

0比9的比分让葡萄牙球迷哭笑不得，他们不得不抛开比分，转而欣赏起了英格兰球星的美妙球技。每逢英格兰人打出让人赏心悦目的配合，葡萄牙球迷总是为其鼓掌叫好。而英格兰队反而因此腼腆了起来，他们最终只在比赛结束前再进一球，将最后的比分定格在了10比0。

赖特在若干年之后将这场比赛视为自己国际职业生涯最接近满分的一次表现："这是我在足球领域最为接近完美的一场比赛，我们所努力的一切似乎全都收到了回报，而葡萄牙人根本就不知道是什么击垮了他们。"

这场比赛让英格兰媒体将国家队称为"里斯本雄狮"。这场二战之后的最大胜利也让英格兰队找到了二战前"无冕之王"的感觉。不过，要让世界足坛彻底臣服，他们还需要再次击败两届世界杯得主：意大利队。

意大利国家队的动荡并没有英格兰队那么激烈，至少他们的国家队主帅依然是波佐。之前三次和意大利队交手，英格兰队两平一胜略占上风，但是唯一取胜的那一场是在海布里的主场，而且是在几乎全场比赛都占人数优势的情况下获得，有胜之不武之嫌，剩下两场在意大利举行的比赛则都是以2比2收场。总体而言，两支球队在二战前其实并未分出胜负。

二战之后的国际足坛秩序一片混乱，而意大利队由于顶着两届世界杯冠军的头衔，因此仍然保持着官方世界最强球队的美称。英格兰在1948年5月16日气势汹汹而来，世界足坛也将这场比赛视为天王山之战，胜出的球队将在1950年世界杯的"华山论剑"之前，得到世界最强球队的称号。

比赛在都灵举行。赛前的一周，来自意大利各地的球迷开始陆续涌进这座城市。极会享受生活的意大利人将这里的商店、电影院和饭店、咖啡馆挤得彻底爆满。不少商家甚至昼夜营业，以招徕更多的球迷。意大利队在1934年世界杯夺冠之后和英格兰队的那次相遇，媒体盛传墨索里尼曾为每个球员许下阿尔法罗密欧轿车的重赏。而这场比赛，主帅波佐拉从意大利权贵那里得到的悬赏条件却有根有据：一旦击败英格兰队，每位球员将得到10万里拉的奖金。

　　和摩拳擦掌、准备取胜领赏的意大利队相比，英格兰队的备战则要低调得多。这是温特伯特姆少数几次能够按照自己意愿进行赛前训练和系统备战的比赛。他预计到球员在5月联赛结束之后体能和精力都会迎来一个低潮，因此早早集结球队，开始了程序周密的魔鬼训练。莫特森之后回忆那段训练时写道："我们从来都没经历过这种超大强度的训练，这是我整个足球生涯练得最为辛苦的几天。不过，在全队抵达都灵以后，我们全部都调整到了体能的最佳状态，大家都说自己一点不像是在联赛刚刚结束的5月，而更像是在联赛刚刚开始的8月。"

　　除此之外，温特伯特姆还特意飞到欧洲大陆，去观摩意大利队对阵法国队的比赛。意大利队3比0轻取对手。温特伯特姆在回国谈论起自己的对手时如临大敌："他们下半场就像是把玩自己的玩具一样，把法国队玩弄于股掌之间。在场上，他们将足球悠闲的挑来挑去，在全场任意传递，你能看到他们用胸部和膝盖随意的停卸皮球，这是一支非常非常强大的球队。"

　　1929年在客场输给西班牙队，高温的天气是很多英格兰球员输球的借口。而在都灵，比赛日的气温更是逼近38度，看台上的意大利球迷一律撑着摩登的黑伞观战。然而这一次，英格兰队在烈日的烘烤之下却并没有打蔫。他们仅仅在4分钟后就取得了领先：马修斯妙传自己的俱乐部队友莫特森，后者小角度射门洞穿了意大利队的球门，1：0!

　　意大利队上下对英格兰如此轻易的领先非常恼火，他们的反攻异常凌厉。蒙蒂接连攻入两球，但是全都越位在先，进球无效。英格兰队队长和守门员斯威夫特成了场上最为忙碌的球员。整个上半场，他几乎是在每3分钟一次惊险扑救的频率中度过，其间有一次射门实在无可奈何，还是队友斯科特及时出现，门线解围。

第24分钟，英格兰队在意大利队的重压之下打出反击。中后卫富兰克林将皮球送到了马修斯脚下，后者再次找到了自己在布莱克浦队的队友莫特森，只是莫特森在两名意大利队后卫的看管下并未强行攻门，而是将皮球摆渡给了跟上的劳顿，由后者劲射破门，将比分扩大为了2比0。

落后两球的意大利反而甩掉了包袱，球员开始为了自己10万里拉的奖金更加疯狂的进攻。到了中场休息的时候，英格兰队的考科伯恩表示自己已经筋疲力尽，无可支撑。结果他被平时温文儒雅的温特伯特姆一把揪住脖领："给我继续坚持下去，我刚刚去看过意大利球员的状况，他们甚至比你们还要疲劳。"

下半场鼓足力气出场的英格兰球员刚一开球，就意识到他们被温特伯特姆骗了。意大利队的攻势有增无减，他们不久就击中横梁，之后斯威夫特奋不顾身的用身体堵截对方的补射，才没有让对手扳回一球。撑到比赛的第71分钟，意大利队的攻势终于出现了衰竭的征兆。芬尼在一次反击中以一脚漂亮的弧线球将比分扩大为3比0，这粒进球彻底瓦解了意大利球员的士气。而在几分钟后，芬尼接莫特森的助攻梅开二度，最终将比分锁定为了4比0。

这场比赛让意大利队元气大伤，意大利媒体对4比0的比分深以为耻，他们甚至给第二天报纸的比赛报道加上了讣告才用的黑框，而意大利主帅波佐也竟然因为输掉了这场友谊赛而于当年下台。意大利足球被这场比赛打得一蹶不振了很长一段时间。他们曾在1949年的11月30日做客白鹿巷，希望击败英格兰队找回尊严，但是最终却被温特伯特姆的球队以2比0的比分再次击败。

两胜意大利队，让英格兰队成为了世界足坛的公认霸主。虽然1949年英格兰队在古迪逊公园被爱尔兰队2比0击败，但是这在英足总眼中只是一次小概率的事故而已。他们仍然沉醉在三狮军团无冕之王的迷梦之中，直到1950年的巴西世界杯。

五、初战世界杯（1950年）

英格兰队历史上的尴尬轶事车载斗量，但是却罕有能和1950年6月25日这一天以豪华阵容莫名其妙地输给美国队相匹敌的。在相当一部分球迷看来，三狮军团在1950年世界杯前后的经历实在是太过荒谬，以至于无法让人痛心的将其归为奇耻大辱的行列，而是放在《英格兰荒诞诡异故事汇》的行列更加合适。

预选赛风波

温特伯特姆在1946年正式挂帅，成为英格兰队历史上的首位主教练，4年后举办的巴西世界杯多半并不在他的执教日程之中。

虽然在他上任的同一年7月，英格兰足总就和苏格兰、威尔士以及爱尔兰足协在卢森堡会议上集体加入了国际足联，但是英足总和不列颠系的其他足协却对世界杯兴趣寥寥。之前有过和国际足联分庭抗礼几十年的经历，不列颠系即使这次被"招安"，也依旧端着现代足球鼻祖的架子。看见国际足联宣布因为战争而停摆8年的世界杯要在1950年恢复举办，并将这第四届世界杯的主办权授予了巴西，英足总只是抱着冷眼旁观的态度不动声色。在当时的英国人眼中，世界杯只是一个顶着世界级别虚衔的鸡肋杯赛而已，和奥运会上的足球项目相差无几。

不列颠人的冷淡情有可原，世界杯已停办多年，影响已经逐渐式微不说，且首届世界杯就连来自足球蛮荒之地的美国队都能分一杯羹，这一赛事看上去毫无世界顶级赛事应该具有的精英气质。而三狮军团在此前的50年时间里依靠着真刀实枪的国际比赛，一向享有世界足坛无冕之王的美誉。在巴西世界杯前的21场比赛中，他们拿下了其中17场的胜利，而在二战后的29场比赛中，英格兰队取得了23场比赛的胜利。进球数更是如探囊取物一般轻松过百，类似10比0血洗葡萄牙国家队这样的辉煌战绩，让三狮军团在1950年夏天一口气将自己的场均进球数刷到了3.5个。既然已经在欧洲横扫诸强，英格兰人此时大有独孤求败之感觉，觉得当时能在场上和自己相抗衡的，不过只有苏格兰队这样的对手而已。而苏格兰队存在的意义，也只不过是不时警醒三狮军团勿要业荒于嬉的配角而已。因此在英国国内，对于一年一度的不列颠锦标赛的追捧程度要远远高过世界杯。

当时的世界杯被英格兰人看轻的另一个重要原因是，国际足联根本没有系统的预选赛制度。关于不列颠系这四支球队的参赛资格，国际足联所拟定的最终方案，还是以他们1949—1950年度的不列颠锦标赛成绩为准，排名前两名的球队将自动获得巴西世界杯的参赛权。国际足联的这一安排相当明智，首先自视甚高的不列颠系暂时可以在参赛资格上独立于欧洲大陆，这种优越感正是英国人最为受用的。而将不列颠锦标赛合并为预选赛，不仅可以充分利用这项锦标赛在英国国内的受欢迎程度，同时也能在无形中提升世界杯在这个国家的地位和影响。

国际足联这一招看似高妙，但是让他们始料未及的是，不列颠系彼此之间的傲慢情绪远在他们想象之上。虽然不列颠锦标赛的冠、亚军同时拥有世界杯入场券，但是不列颠内部却决无"携手出线"之事。在得知不列颠锦标赛将作为世界杯的预选赛之后，时任苏格兰足协主席的乔治·格雷厄姆颇为傲气的早早公开宣称：苏格兰人只会在不列颠锦标赛夺冠的情况下，以冠军身份前往巴西参加世界杯。否则，即便是以亚军身份拿到了世界杯入场券，苏格兰人也决不会以一个失败者的角色陪同英格兰队一同参加世界杯。看到不列颠系的窝里斗如同小儿赌气斗嘴，国际足联对此也哭笑不得。

在分别战胜威尔士队和爱尔兰队之后，英格兰队和苏格兰队于1950年4月15日在苏格兰主场汉普顿公园相遇。那场比赛现场涌进了13万球迷观战。由于苏格兰足协放出大话在先，因此原本已经携手出线的两支球队心态迥异。苏格兰队莫名其妙地被他们的足协逼到了绝境之上，而英格兰队则轻松自在得多，因为他们已经和国际足联确认，不管是获得不列颠锦标赛的冠军或亚军，他们都将欣然前往巴西参赛。

被自己足协搞得莫名其妙地背上了额外的心理压力，开场之后苏格兰队也只能急躁的围攻英格兰队的球门。然而，对于这两支年年交手早已互知根底的球队而言，如此的大肆围攻其实并不见效，反倒是英格兰队中效力于切尔西的前锋本特利乘机偷袭得手。终场前6分钟，苏格兰队的最后一次射门击中横梁后弹出，这场不列颠内战最终以英格兰队1比0获胜而告终，三狮军团最终也以三战全胜的战绩取得了锦标赛冠军。

不过，比赛结束的哨音刚刚结束，英格兰队队长比利·赖特就立刻主动找到了苏格兰队队长乔治·扬，言辞恳切地劝说扬不要轻易放弃这次参加世界杯的机会，他希望扬能代表球员与苏格兰足协交涉，让格雷厄姆收回之前的那番言论，实现苏格兰队和英格兰队在巴西的并肩作战。然而，扬的交涉注定无果，死要面子的苏格兰人最终毫无寰转余地的宣布弃权。他们也随即成为那届世界杯第一支在晋级后宣布弃权的球队，对于苏格兰足协当时的这一决定，现在几乎所有史家都用"愚顽"（Pigheadedly）一词来形容，而"愚顽"一词，直译成中文则是蠢得犹如"猪头"一般。相信苏格兰足协现在对于这一评价，也只有默认的份儿了。

世界杯上仅有的退赛潮

苏格兰队并没有因为这次弃权而被世界足坛孤立，他们很快发现，自己并不是那届世界杯前唯一一支弃权的球队。1950年世界杯堪称历史上组织得最为混乱的一届世界杯，这不仅是因为赛事的硬件方面的低劣，也和当时的世界政治环境有关。在两大阵营的冷战对峙背景之下，苏联和匈牙利等东欧社会主义国家对这类主办权不在本方阵营手中的所谓国际赛事持抵制态度，而德国则仍然处于被国际足联除名的状态。

除了政治原因之外，即便是世界杯在南美洲举办，阿根廷足协也不愿意和巴西足协冰释前嫌，他们很早就拒绝派队参赛。而在苏格兰队弃权之后，原本已经拿到入场券的土耳其足协也因为无法承担全队前往南美洲比赛的旅费而宣布弃权。国际足联为了能凑够分组抽签的16支球队，只得邀请在之前未能晋级的葡萄牙队和法国队补缺，结果葡萄牙队方面婉言谢绝，而法国队则接受了邀请。

到了1950年5月，国际足联依旧没能凑齐16支球队，迫于时间压力，他们不得不硬着头皮先将手头的15支参赛球队分组抽签。结果英格兰队作为种子球队，被分在了第二小组，同组对手还有智利队、西班牙队以及美国队。然而，让国际足联始料未及的是，居然有球队在抽签之后又嚷嚷着要拆台退赛。首先宣布退出的是被分在第三小组的印度队。印度队是那届世界杯国际足联圈定的唯一一支亚洲球队，但是他们最终以国际足联不给报销全部旅费，以及球队缺乏足够的备战时间为由退赛。坊间对此还有一个更加令人抓狂的版本，那就是因为处在热带地区的印度队队员当时习惯赤脚比赛，而国际足联方面不愿意违背自己早先颁布的禁止球员赤脚参赛的法令。当然，"赤脚退赛说"此后被印度方面否认了。

印度队的突然退赛已经让国际足联如火上浇油一般。而更加雪上加霜的是，法国队也突然在印度队之后宣布退赛。这样在原定的四个小组中，只有第一小组和英格兰队所在的第二小组还有完整的四支球队。第三小组仅剩三支球队，第四小组更是只有乌拉圭队和玻利维亚队这两支球队。国际足联已经没有足够的时间再去寻找替补球队，也没有精力将现在的13支球队重新抽签分组，研究出一种更加均衡和公平的赛事，最终他们仍然咬牙坚持5月份最初的分组和赛制保持不变：小组单循环赛后排名第一的球队出线，出线的四支球队再直接沿用单循环的赛制，进行第二阶段的小组赛，最终积分最高者夺冠。因此，那届世界杯其实是一个拥有两个赛段的积分制联赛，没有淘汰赛，更没有真正意义上的决赛。而对于英格兰队来说，他们小组赛要打满三场比赛，而乌拉圭队的小组赛则只有对阵玻利维亚队这一场。小组赛阶段以逸待劳的乌拉圭队最终夺冠，一路上也只打了4场比赛，而亚军巴西队则在同样的时间段里打了6场比赛。多年之后，有媒体以此调侃道："因为荒唐的赛程安排而痛失冠军，东道主巴西队其实才是本届世界杯最应该愤而退赛的球队。"

不靠谱的备战

对于国际足联在抽签和赛程方面的滑稽安排，英足总始终默不作声。不过，这并非他们高风亮节，除了对世界杯的兴趣有限之外，英格兰队当时根本就没有备战大型赛会制比赛的经验。这支球队当时刚刚开始乘坐飞机去欧洲大陆参加客场比赛，从来都还没有到过欧洲大陆以外的地区，也没有任何长途旅行的经历。因此，英格兰队在获得世界杯参赛券之后，先去欧洲大陆打了两场比赛权当热身。

英格兰队的第一场热身赛对手是三年前的手下败将葡萄牙队，当时三狮军团以10比0的比分血洗对手。1950年5月14日，他们在里斯本客场再次对阵葡萄牙队。葡萄牙队当时甚至没有正式的主教练，足协将本土球队本菲卡的主帅泰德·史密斯找来临时帮忙。史密斯在球员时代曾效力于英格兰的米尔沃尔俱乐部，在这支以球风凶悍著称的球队司职后防中坚。不过，当时那批葡萄牙球员明显没从他那里学到什么防守秘诀。中场休息时，他们已经以0比3落后于英格兰队，当时他们中间没有人注意到球场的气氛正在发生变化。

下半场一开球，葡萄牙的主场球迷抢在球员之前开始鼓噪发力，震天的呐喊声让场上的葡萄牙球员忽然亢奋起来，英格兰队则在此时开始暴露出不擅长客场作战的短板。上半场为英格兰队摧城拔寨的芬尼忽然觉得自己被一种恐惧感逐渐笼罩："这些欧洲大陆球迷所发出的尖叫声，让人觉得他们每一个人都能够为自己的球队慷慨赴死。那种声浪我们此前从未领教过。就这样，我们突然在场上变成了一群被斗牛士屠宰的公牛。"

按理说当时英格兰的球场上座率动辄逼近10万，这些身经百战的英格兰精英球员在各自的俱乐部应该早已习惯各种堡垒一般的魔鬼客场才对，但是英格兰和英格兰球员从来就不能以常理猜度。因此，在这种让英格兰球员胆战心惊的气氛下，他们下半场很快将比赛的主动权拱手交给了葡萄牙人。虽然最终三狮军团仍然以5比3获胜，但是每一个在现场观战的球迷都认为葡萄牙队在下半场原本应该击败已经形同崩溃的英格兰队。

第一场热身赛被昔日的手下败将打得心惊胆战，而在险胜葡萄牙队仅仅三天过后，英格兰队又做客布鲁塞尔。这一次他们在上半场就形同梦游，一度被比利时队以1比0领先。下半场全队大梦初醒，连进3球。这样的胜仗在国内媒体自然得不到褒扬，英格兰队在那届世界杯前的热身赛就此戛然而止。没人站出来追问为什么球队在热身赛中状态如此之差，也没有人根据球队热身赛中的表现，制订任何有针对性的训练和战术计划。

球队在回国后解散休假，直到那一年的6月15日，距离世界杯还有11天的时候，国家队才正式集结。

英格兰球员对赛会制比赛前的集训毫无概念，因此球员在集中之后也不知道应该如何备战，最后英足总只得让队长赖特率领球员，在南伦敦球队杜尔维治的场地上做着一些毫无规划的散乱训练。那支球队的设备本就破烂不堪。而更加滑稽的是，这家敝帚自珍的俱乐部甚至不允许英格兰队使用自己的一线队训练设施。

在毫无头绪的胡乱训练了几天之后，英格兰队开始正式踏上征途。而让主教练温特伯特姆哭笑不得的是，英足总偏偏在这个时候组织了一个远赴北美洲的所谓"亲善代表团"，当时国家队内的头号球星马修斯居然在大赛前被这个莫名其妙的代表团征调去了加拿大。因此，就在世界杯开幕的同时，这位本该随队进入最后备战阶段的球星却顶着"足球大使"的头衔在加拿大随团游历，甚至还在疲惫交加的情况下，在当地和一支瑞典球队打了一场热身赛。最终等到马修斯赶到巴西和全队汇合时，英格兰队已经打完了和智利队的首场小组赛。当时英足总和俱乐部的关系也和现在大相径庭，曼联队在那年夏天远赴美国进行自己的季前巡回赛，红魔高层因此知会英足总，不要征召任何曼联球员进入国家队，英足总当时对于俱乐部这类颐指气使的要求，只有"全力配合"的份儿。

尽管热身赛状态不佳，球队也没有进行什么系统的集训，但是英格兰上下仍然对国家队在世界杯上的前景持乐观态度。这当然是一种盲目的乐观，对于自己即将面对的比赛对手、球场的场地状况，以及巴西当地的天气，英格兰队的教练、球员，乃至球迷、媒体等，全都一无所知。1950年的巴西世界杯对于当时的三狮军团而言，更像是前往未知世界的一次刺激的冒险。入选那届国家队的埃迪·拜里当时在被问到对巴西的印象时一脸迷茫："我唯一听说过的巴西人是好莱坞女影星卡门·米兰达，她总是在影片里窜上跳下的，脑袋上还顶着一堆水果。"拜里当时做梦也不会想到，米兰达头上顶着的水果将成为他们抵达巴西前几天的主要食物。

球员迷糊无知也就罢了，英足总似乎也对巴西这一远征目的地一无所知。他们不仅没有派人考察对手的战术和近况，甚至连比赛场地和球队驻地也懒得实地考察。在听说时任阿森纳队主帅惠特克一年前曾率队来巴西打过友谊赛之后，英足总只是懒洋洋地给惠特克打了一个电话，记下了一年前兵工厂在巴西的酒店和行程安排，然后居然就开始依样画葫芦地安排国家队的后勤工作。

和英足总的粗率作风不同，巴西国家队主帅科斯塔在1950年4月专程飞到英国，在汉普顿公园观看了英格兰队对阵苏格兰队的比赛，并将三狮军团列为自己的头号争冠对手："英格兰人踢出的足球非比寻常，我迫不及待地要回去告诉我的孩子们，关于英格兰足球的种种，他们将是那种值得我们敬畏的对手。"不过，斯科塔这一趟远途旅行多少有些冤枉，因为他根本不会预料到英格兰队会在小组赛阶段就打道回府。

由于当时飞机的远途飞行能力有限，因此英格兰队远征巴西一共经过了5次转飞、全程31个小时的艰苦旅程。抵达巴西的里约热内卢之后，球队直奔位于科帕卡瓦纳海滩的卢克索酒店。抵达酒店之初，英足总和球员一个个还十分兴奋，这里的海滩风景优美，被称为是"百万富翁的天堂"。不过，英足总很快发现，这座酒店的备战条件远远低于他们的预想。首先是成群结队的记者闹哄哄地蹲守在酒店的大厅，而酒店旁边的高速公路上来往车辆所发出的轰鸣马达声更是大得超乎人的想象，英格兰队的球员不管身在何处都被无处不在的噪音所打扰，根本无法保证正常的睡眠和休息。

就在英足总为住宿环境头疼的同时，主帅温特伯特姆正在为球队的饮食问题大动肝火。英国本土饮食平庸单调，乏善可陈，因此在人们的印象中，似乎从小被各种黑暗料理折磨的英国人很少抱怨海外餐饮。然而，这批饥肠辘辘的英格兰球员发现酒店招待自己的第一顿餐点，居然是一道味道奇怪的冷火腿煎蛋。温特伯特姆只尝了两口，就立刻意识到这家酒店供应的食物足以让自己的球员在世界杯期间持续腹泻。他喝止了几个饥不择食的球员，怒气冲冲地闯进酒店的厨房抗议。

英格兰主帅随即被眼前的一幕彻底惊呆，"我走进厨房的那一刻差点没当场吐出来，那些食物原材料在颜色发黑的油汤上漂浮摇晃着，散发出来的腐臭味道足以让人反胃。"而让温特伯特姆更加郁闷的是，厨房里的这股味道竟然还是地道的"臭名远播"，每天晚上在酒店房间休息，他和英格兰球员除了被各种噪音吵得无法入眠之外，厨房那股令人作呕的臭味也不时从房间的门缝渗入，在嗅觉上刺激着这些又累又饿的球员。

酒店方面对于英格兰队改善伙食的要求表示爱莫能助，因此在双方僵持的过程中，不少球员为了防止腹泻，每天只能以香蕉果腹。这一消息很快就被酒店大堂的媒体获知。"请问您每天享用的那一串串香蕉是否是英格兰队备战比赛的秘密武器？"一位记者在采访莫特森时半开玩笑地问道。英格兰队前锋对此的回答看似英式幽默十足，却透着一丝无奈："这些食物让球队现在的攀爬能力有所增强，大家爬树爬得比以前熟练多了。"在媒体哄堂大笑过后，莫特森面色严肃地说道："除了香蕉，我们这段时间真的别无选择，因为酒店里包括垃圾桶的一切都仿佛在腐烂生疮。"最终主帅温特伯特姆看到酒店实在没有解决饮食问题的诚意，于是自己系着围裙亲自下厨，每天负责采办球队的饮食。偶尔来英格兰队驻地蹲守的外国记者很快就被眼前这一幕所震惊：英格兰队的日常训练，居然是由一个频繁进出酒店的厨子负责。

在这样的备战条件下，英格兰队迎来了对阵智利队的首场小组赛。比赛在里约热内卢的马拉卡纳球场举行。这座球场在世界杯开赛后仍未完工，球场内的多项硬件设施尚未投入使用。不少英格兰球员也无法适应里约热内卢当时的污浊空气，赛后多人都有呼吸困难的感觉。英格兰队的世界杯之旅就在这么一种诡异的气氛和环境下拉开了帷幕。

　　智利队是英格兰队历史上遭遇的首支非欧洲球队。不过，对于他们的队长乔治·罗布勒多，英格兰队却并不陌生。这位司职中锋的球员是智利和英国的混血，母亲是约克郡人，他自己也曾在英格兰联赛征战，先后为巴恩斯利队和纽卡斯尔队效力过。罗布勒多在当天的比赛中曾有一记任意球击中门柱，除此之外，智利队还曾将皮球轰中英格兰队横梁。而在马修斯仍未赶到巴西的情况下，英格兰队由芬尼和穆伦分居左右两翼。这场比赛现在已经找不到全场录像，只有双方球队出场和进球的录像剪辑资料可寻。每日以香蕉果腹的莫特森上半场以头球破门，而曼尼恩则在下半场远射得分。英格兰队最终以2比0战胜智利队，初战告捷。

更不靠谱的对手

　　英格兰队的第二场小组赛从里约热内卢移师巴西第四大城市贝洛奥里藏特，三狮军团将自己的驻地设在一座英属金矿公司的地盘里。这座公司有超过2000名的英国雇员，因此英格兰球员在贝洛奥里藏特的日子要明显好过里约热内卢。他们至少赛前不必再饿着肚子在环境恶劣的酒店里枯坐，而是可以将时间消磨在金矿公司所举办的各种酒会和派对之上，同时可以顺便好好享受一下贝洛奥里藏特清新干净的空气。

　　虽然生活得到了改善，但是主帅温特伯特姆在勘察了比赛场地之后却依旧怨气十足。比赛在当地的独立球场举行，这是一座造型诡异、三面被高墙环绕的凹字形球场，对于习惯了本土方形球场的英格兰队的球员而言，这里的高墙让他们感到气氛压抑，有一种被囚禁和束缚的感觉。而球场的硬件设施也一如既往地让人皱眉，球队的更衣室设在一座小木屋里，草皮状况更是一塌糊涂，"只比灌木丛稍好"。在温特伯特姆眼里，这里可以说是一无是处："这里的一切简直糟透了，最后我不得不让球队使用附近一家田径俱乐部的更衣室，你很难辨认出来这是一座球场。因为这里高墙环绕，我们就像是在一个斗牛场里比赛一样，而场地上的草参差不齐，疏于修剪。"

除了硬件设施差之外，让温特伯特姆头疼的还有球队的首发阵容。那个时代英格兰队主帅还没有自主选择球队首发阵容的权利，而是由英足总专设的一个国际赛事遴选委员会来决定出场球员名单，决定一场比赛的首发阵容往往会陷入耗日持久的争吵和博弈之中。这次远征巴西，该委员会倒是多少简化了首发阵容的遴选程序，因为他们只派出了一名委员随队，全权负责首发名单的制定。

这位出身格林斯比鱼贩家庭的英足总官员名叫德鲁里，他最终大笔一挥，将小组赛首轮对阵智利队的大名单原封不动地提交了上去。主帅温特伯特姆曾强烈建议他将刚刚从北美洲赶到巴西勤王的马修斯放进首发名单，但是未获德鲁里采纳。此事最后还惊动了时任英足总秘书的劳斯，但是不管温特伯特姆还是劳斯都没能说服德鲁里。他的固执回应也由此被载入史册："我的箴言是永远别去调换一支胜利之师的首发阵容。"

尽管德鲁里之后官运亨通，还曾一度成为国际足联掌门人，但是他在英格兰足球史上却因为这次有欠考虑的首发遴选而永远承受后人的指摘。当时一位名叫诺曼·吉勒的记者对德鲁里此战雪藏马修斯的行为极尽嘲讽之能事："这就像是在滑铁卢之战时，将威灵顿将军扔在板凳上一样愚蠢。"批评者认为这些首次跨洲作战的球员在打完第一场比赛之后其实已经相当疲惫，因此德鲁里的正确做法应该是轮换主力，让经验丰富的马修斯率领体能更好的替补阵容应战。不过，权威足球记者格兰维尔却认为，这些批评大多是事后诸葛的无稽之谈。因为事先根本没有人会认为这支美国队有考验英格兰队的实力，《每日快报》甚至在赛前甩出大话，认为英格兰队不让美国队在开场领先3球就有违公平竞赛精神。就连当时的美国队方面也承认他们毫无机会，"我们在他们面前就是一群待宰的羔羊。"美国队主帅杰弗里在赛前曾经如此形容自己的球队。

杰弗里的主动示弱并非矫情，因为在当时精英辈出的英格兰队面前，由一群非职业球员临时拼凑起来的美国队确实不值一提，不要说其他球队的队员和球迷对他们一无所知，就是大部分美国民众也并不认识这支国家队的球员。美国队队长哈里·基奥只是密苏里州的一名普通邮递员，而他的队友有的是汽车修理工，有的是商店售货员，主力门将博尔吉甚至是殡仪馆的灵车司机。而这场比赛中为美国队攻进名垂史册一球的乔·盖廷斯，当时持有的是海地护照，由于出生在一个海地人和德国人的混血家庭，他的父亲还曾在德国大使馆为他领取过德国公民的身份证件，但是盖廷斯就是没有美国护照，而这名球员自始至终也没加入过美国国籍。只不过，当时国际足联并没有精力调查每一名参赛球员的身份国籍，只需要美国足协认可自己球员的参赛资格即可。

和那些传奇故事中以弱胜强的角色不同，这支美国队的备战比初出茅庐的英格兰队还不如。这虽然已经是他们第二次参加世界杯，但是这支球队和20年前参加乌拉圭首届世界杯的那届国家队没有丝毫的联系。首届世界杯，美国队虽然杀入四强，但是山姆大叔却搞出了那届世界杯最为滑稽的一幕：对阵阿根廷队时，一名美国队队员在场上受伤倒地，裁判示意美国方面兼任队医的工作人员进场救治。队医进场之后，随手将自己随身携带的急救箱扔到了地上，结果导致药箱中的麻醉剂——氯仿药瓶打了个粉碎。而这位队医在手忙脚乱收拾药瓶残片的过程中，因为吸入了过量的氯仿而被当场麻翻在地。最后在全场观众的哄笑声中，这位晕厥的队医被担架抬回美国队教练组，等待自然苏醒。而那位可怜的美国队伤员最终也没有得到任何救助。这是前三届世界杯上最为出名的笑话段子。当时一提起美国队，大部分人脑海里的第一反应总是那位四肢瘫软、不省人事的赤脚医生。

由于美国国民当时对足球这项运动并不十分热衷，因此美国队之后也很少组队比赛，他们在世界杯前的7场比赛中7战7负，一共打进两球，却被对手灌进了45球。他们在世界杯前不久以0比9输给了意大利队，全队在获得世界杯入场券之后，一直处于缓慢的集结状态。最后直到出发前往巴西的前一天，主教练才终于凑齐了所有的球员，并在匆忙之中完成了世界杯前的唯一一次合练。

这么一支临时拼凑起来的球队，在巴西期间也没有枕戈待旦的严谨的作息规律。美国队在首战以1比3不敌西班牙队，由于输得并不算难看，比分也还在大家接受的范围之内，因此整支美国队在巴西期间都非常放松，甚至到了放纵的地步。事实是对阵英格兰队比赛那天的凌晨两点钟，不少美国队的球员还在当地的夜总会纵饮狂舞。在比赛开球时，美国队的更衣室里甚至能闻到一股浓重的酒气，不少球员甚至还没有完全脱离宿醉状态。从某种程度上讲，美国队队员和英格兰球员一样，对接下来的比赛毫无准备，也并不知道这场比赛的传奇程度在某种程度上要盖过本届世界杯最后乌拉圭队对阵巴西队的争冠决战。

离谱的比赛

现在已经年过八旬的格兰维尔虽然在那场比赛中并未身在巴西，但是他还清楚地记得当时英国记者对比赛天气的描述：乌云密布，阳光艰难的穿过云层，毫无生气地斑斑点点照耀在球场的草皮上。

美国队球员沃尔特·巴尔回忆，当时他们走进场地时并没感觉到大赛前的那种凝重气氛，看台上稀稀拉拉的坐着不到1万人，这些人虽然是冲着英格兰队的名声而来，但是却大多支持美国队。巴尔和他的队友忽然感到浑身轻松，觉得自己只是在打一场友谊赛而已，"大概有几百美国人赶来为我们助威，他们大多是来自军队在巴西驻地的勤务人员，看台上基本上都是巴西人，但是他们在整场比赛都站在我们这边，我们开始并没有意识到这一点。直到后来，我们才知道巴西队希望我们能击败英格兰队，这样他们就能避免在第二阶段的比赛中和英格兰队相遇。"

英格兰队的开场和人们预想中的差不多，他们很快就全数压进了美国队的后场。本特利开场仅90秒就轰出了第一脚射门，仅仅在比赛前12分钟，英格兰队已经完成了6次门框范围以内的射门，其中两脚射门被门柱挡出，还有一脚射门稍稍高出横梁。我们现在已经找不到这场比赛的全场录像，但是根据《人民报》记者的报道，英格兰队的攻势犹如密集的火力网一般罩住了美国队的球门，英格兰队全场比赛一共11次轰中美国队的门框。每名英格兰队的进攻球员的射门次数都要高于美国队的全队次数，这支毫无还手之力的球队只能靠门将博尔吉的神勇表现听天由命地勉力支撑。

尽管在进攻方面英格兰队占据了绝对的优势，但是美国队的密集防守和龟缩战术，让英格兰队两翼的威力无从发挥，再加上糟糕的草皮质量和狭窄的场地，芬尼等人在这场比赛中远远没能发挥出自己的真实实力，而在第一轮狂轰滥炸之后，英格兰球员发现自己仍然迟迟没有打破对手的大门，他们逐渐开始不安起来。就在这个时候，不可思议的一幕出现了。美国队巴尔接到队友掷出的界外球，看见前场只有盖廷斯在朝英格兰队球门方向奔跑，他放弃了带球，怀着纯粹碰碰运气的心理，在距离球门25码处拔脚远射。而盖廷斯以为这脚离谱的射门是传给自己的一记长传，因此也聊胜于无地做出了鱼跃冲顶的动作。盖廷斯并没有顶正皮球，反而阴差阳错地被皮球砸中了自己的后脑勺。这一下，皮球划出一道诡异的弧线，变线越过了倒地扑救的英格兰队门将威廉姆斯的头顶，坠入球门。1∶0。美国队意外地在第38分钟领先英格兰队。这粒进球的一些细节至今仍是个疑案：英格兰方面称盖廷斯当时根本没想鱼跃冲顶，整个进球是个阴差阳错的意外。美国方面则认为，虽然不无运气成分，但是这粒进球确实是球员之间默契配合的产物。双方直至今天仍然各执一词，但是这类争论除了涉及他们各自的面子问题，已经毫无意义。

这粒进球也让现场的气氛立刻发生了变化，不少收听当地广播直播的巴西人忽然意识到这可能将是一场出现奇迹的比赛，开始纷纷涌入球场。下半场的开球阶段，整座球场都开始为美国队助威。英格兰球员在这座球场本来就感到水土不服，在球迷的鼓噪声中，他们不擅长客场作战的毛病又开始发作，原本潮水般的进攻也开始逐渐衰竭。

而这个时候，体能开始严重透支的美国队也着实有些坚持不下去了。一名防守球员下半场在实在无计可施的情况下，在禁区内粗野地放倒了莫特森，然而裁判却并未判罚点球。之后为了稳住阵脚，美国队球员拿球之后开始频频故意将皮球踢向看台，因为支持他们的巴西球迷会将皮球在看台上扔来扔去，尽量帮他们消耗一些比赛时间。而对于好不容易赢得的任意球机会，美国队也尽其所能地磨磨蹭蹭，延长罚球时间。全场比赛他们只有两次有威胁的进攻，不过在足球比赛中，这已经足够改写比分。意大利主裁判最终吹响了比赛结束的哨音。美国队上演了当时世界杯历史上的最大冷门：一支由业余球员临时拼凑的球队，居然战胜了名将如云的英格兰队。

外界哗然

在美国队队员和看台上的巴西观众共同庆祝胜利之时，外界却对这场堪称奇迹的比赛一无所知。当时还没有卫星直播，那场比赛现场也只有8名文字记者参与了报道，其中仅有英国路透社的记者和外界有电子通讯联络工具。当比赛的最终比分从巴西传到伦敦，时任《每日镜报》记者的肯·琼斯如此形容当时自己同事的反应："当负责接收前线信息的助理编辑抄下0比1的比分时，他的第一反应并不是惊骇，而是微微一笑，他当时认为这一数字肯定是在传输时出了什么讹误，于是他找了支钢笔，将比分改成了更加合乎情理的数字：10：1。不过，经历了片刻的思索之后，他仍然保持着微笑转向自己的同事，轻描淡写地说道，嘿，我们竟然被美国队干掉了。"

并不是每个报社编辑都能如此镇定。据说那天误以为电报系统出现故障，而私自将比分改成10比0和10比1的报社编辑不在少数。美国那边也同样对这一结果猝不及防，由于世界杯在本土影响甚微，现场仅有一名自费前来的美国记者，因为报社不认为这项赛事有关注度和报道价值，拒绝给他报销旅费。美联社虽然赛后撰写了一篇报道，但是这篇被《纽约时报》转载的报道却让人哭笑不得地把进球归到了埃德·苏沙名下，并且全文都没有提到进球功臣盖廷斯的名字。

焦头烂额的并不仅仅只有文字记者，当天报道比赛的摄影记者同样开心不起来。因为预计到英格兰队会血洗美国队，因此所有的摄影记者上半场全都跑到美国队球门后方蹲守，这导致他们中没有一个人抓拍到盖廷斯以头球破门的瞬间照片。媒体之后普遍使用了一张英格兰队门将威廉姆斯和盖廷斯一同目送皮球"入网"的瞬间照片，但是最近这张照片也被证实和进球无关。图片中的皮球明显是在球网外侧而非门内。据当时在场的美国队队员回忆，头球冲顶之后的盖廷斯脸部朝下重重摔到了草皮上，他根本就没看到皮球入网的那一瞬间。

1950年6月25日，这对于英格兰体育而言仿佛是被诅咒的一天。除了足球队不可思议地被美国队击败之外，他们的板球队有史以来第一次在主场输掉了比赛，对手是西印度群岛队。而在温布尔登的网球比赛上，英国名将莫特拉姆也败给了澳大利亚人布朗。当时英格兰的报纸只有一个版面的体育赛事报道，因此最终占据体育版头条的并非世界杯，而是板球。大多数英国人虽然对世界杯并不热衷，但是在得知这一信息时却仍然一片哗然。队长赖特之后的很长一段时间都对当时的舆论压力心有余悸："那些批评和抨击我们的言论就像是烧沸的热油一样浇向我们。"

对于作为奇迹缔造者的美国队来说，这场胜仗的影响远没有人们想象中的大。美国队最后一场小组赛被智利队5比2横扫，惨遭淘汰。虽然很多人认为战胜英格兰队的比赛让很多美国人首次开始对英式足球产生了兴趣，但是事实是美国队从此之后40年无缘世界杯决赛圈。直到近年来美国足球逐渐崛起，战胜英格兰队的这一幕才又开始被人们频繁提起。有美国人将这场比赛视为他们足球史上最为励志的一场比赛，甚至在2005年的时候，将这场比赛搬上了银幕，拍摄了一部名为《奇迹之战》的影片。只不过这部影片的剧情不可避免地按照体育励志片的俗套推进，对那支美国队不乏美化和拔高，但最终并未产生太大影响。

值得一提的是攻进那场比赛唯一进球的海地籍球员盖廷斯。由于这粒进球的缘故，原本在一家餐馆洗盘子的盖廷斯在世界杯后获得了加盟欧洲球队的机会。他在法国联赛闯荡了几年之后，于1954年回到了海地成为了一名企业家。而在1950年的巴西世界杯之后，他仍然没有获得美国国籍，反而在1953年年底代表海地国家队在对阵墨西哥队的世界杯预选赛上出场。

不过，这位一战成名的球员，最后的结局却令人唏嘘不已。虽然他本人对政治毫无兴趣，但是盖廷斯家族和海地政坛却渊源颇深。结果1964年7月8日清晨，在看到杜瓦里埃操纵公决成为终身制总统之后，之前支持过杜瓦里埃政敌的盖廷斯一家秘密逃离海地。由于多次公开宣称无意涉及政事，盖廷斯天真地认为杜瓦里埃政权不会向自己开刀，因此并没有和家人一同流亡海外。然而就在当天上午，他被臭名昭著的海地国家安全志愿军逮捕，此后犹如人间蒸发一般再未现身。外界猜测他在当月的某一天被警察秘密杀害，但是人们至今没有发现他的尸体。1976年，美国足协宣布生死不明的盖廷斯入选国家足球名人堂。

再败于西班牙队

输给美国队的英格兰队并未彻底丧失晋级机会，他们在最后一场小组赛中必须以4个以上的净胜球优势战胜小组赛的最后一个对手西班牙队才能保证小组出线。对于此前习惯大比分战胜欧洲球队的三狮军团而言，这并不是一个不可能完成的目标。

这一次，德鲁里终于同意调整主力阵容，马修斯毫无悬念地在右翼首发，以速度见长的米尔伯恩担任中锋。米尔伯恩在第14分钟以头球破门，但却被边裁判为越位在先。裁判问题也成了那届世界杯英格兰队最大的托辞。输给美国队之后，主帅温特伯特姆愤怒地认为，那场比赛的意大利主裁判应该"终生禁赛"。而对阵西班牙队，他们又被另一位意大利主裁判加莱亚蒂的判罚尺度所激怒。球员埃迪·拜里事后认为加莱亚蒂执法尺度过于宽松："主裁判对所有那些阻挡犯规和球衣拉扯的动作都视而不见，我记得性格一向宽厚的阿尔夫·拉姆齐甚至都被他搅得火冒三丈，这可是球场上难得一见的景象。"英格兰媒体则因为加莱亚蒂在场上执法的宽松尺度，而在赛后促狭的称他为"虔诚的自由主义者"。下半场开场不久，西班牙队球员萨拉以头球攻进了全场比赛的唯一进球，被心理压力彻底摧垮的英格兰队在此后再无建树，他们就这样如同梦游一般地以0比1输给了西班牙队，最终屈居小组第二，无缘第二阶段的比赛。

在1950年巴西世界杯之前的50年时间里，隔离于国际足联之外的英格兰队一直以世界无冕之王自诩。1950年世界杯让三狮军团忽然意识到这种没有正规赛事支撑的所谓"无冕之王"其实一文不值。而在这期间，以0比1输给美国队的比赛，对英格兰足球的震动最为巨大。很多人将其称为"第一通将我们从迷梦中惊醒的电话铃声"。

不以为然

让人难以置信的是，英格兰足球圈内的大多数人士在被"电话铃声"惊醒之后，只是翻了个身，然后继续蒙头呼呼大睡。英足总将国家队在世界杯的两次输球看成"蚊蝇的叮咬"："一只强壮的马驹也许会被蚊蝇叮咬得抽搐那么一下，但是仅此而已。先生们，不要忘了，叮咬我们的永远是一群蚊蝇而已，而那只强壮的马驹现在仍然伫立在那里。"

球队在小组赛出局之后，不仅球员个个归心似箭，而且那些远道而来的英国记者甚至也对第二阶段的小组赛不感兴趣。当时英国特派记者每人的旅费高达750英镑，但是他们在英格兰队输给西班牙队之后立刻收拾行李打道回府，没有人对平时难得一见的南美洲感兴趣，更没有人留下来观看巴西队和乌拉圭队之间的最后决战。"他们就好比英国的那些顶尖的电影评论家，在戛纳电影节的英国电影展映活动一结束就郁郁寡欢地立刻赶回国内一样，这种态度实在让人无法理解。"一位奥地利记者如此讽刺当时自视甚高的英格兰记者。

　　球员方面，似乎只有马修斯和芬尼这两名主力球员认为这届世界杯值得总结和反思。不过，两人的声音在当时也甚为微弱。当英格兰队队长赖特和另一名主力球员穆伦从巴西返回他们所效力的狼队后，狼队主帅库里斯专门把两人叫去谈话："足球场上的不同风格原本没有高低贵贱之分，我们的问题并不在于球员缺乏技术，事实与有些人叫嚣的相反，我们的技术其实相当了得，而其他国家队很少有能在精神属性上与我们相匹敌的，因此你们完全不需要有太多的顾虑。"看到自己俱乐部主帅都如此宽慰自己，赖特自然不会认为国家队兵败世界杯需要反省，"我觉得我们在世界杯上所展现出来的状态并没有什么太大的差错，那些外国球队仍然惧怕我们。"赖特说。队长都是如此态度，其余球员更不会认为他们犯了什么错。

　　只有目光敏锐的外国记者对此洞若观火，瑞典记者林德当时撰文指出："英格兰队那些自满甚至自恋的球员仍然将这次世界杯的失利视为一起事故，他们似乎根本就没有搞清楚在巴西世界杯上到底发生了什么，这让人感到不无遗憾。"

　　1950年秋天，英格兰队上下仍然看不到任何程度的反思。原本世界杯就不被他们放在眼里，因此球队上下并没有检讨自己在备战方面的疏忽和业余，而是将一切归咎于外界因素。他们怪罪裁判，抱怨场地状况和酒店设施，屡次击中门柱而大呼运气不佳，最后甚至将球队的低迷状态归咎为球队大巴司机的糟糕的驾车技术上。

　　直到若干年后，英格兰人才发现这届世界杯对他们的影响是如此深远。主帅温特伯特姆对当时没有留下来观摩第二阶段小组赛追悔莫及："我当时应该留在巴西才对，当时世界杯还没有电视直播，报纸对这项赛事的报道也缺乏必要的细节。我当时错过了一个了解世界足球的绝好良机。"而马修斯也在之后反省道："我们原本应该从巴西人，甚至是乌拉圭人那里学到不少东西。但是让人感到悲哀的是，我们当时的相关机构对此却并不认同，我认为这对我们在未来十年，甚至更长时间里各个级别的国际比赛产生了决定性的影响。"

六、 英足总的黑斯廷斯之役
（1950—1954年）

英足总对国家队折戟巴西世界杯的事实缺乏警醒的一个重要的原因是，国家队的大部分主力球员当时仍然处于自己的巅峰状态，马修斯和芬尼等人仍然是当时世界足坛的顶级球员。因此巴西世界杯之后，英足总的国际赛事遴选委员会认为球队可以继续沿用之前的主力阵容。1950—1952年，真正补充进主力阵容的"新鲜血液"，其实只有前锋洛夫特豪斯和守门员梅里克两人。

"维也纳雄狮"

出生于1925年的洛夫特豪斯可谓年少成名，他14岁时就被博尔顿主帅福尔雷克签下。当时正值第二次世界大战期间，年纪尚轻的洛夫特豪斯不得不去英格兰东北部的煤矿，以义务劳动代替兵役。这段经历不仅磨炼了他的意志，而且最终塑造了他硬汉性格和绅士风度并存的君子之风。

二战后他在博尔顿的出色表现很快引起了英足总和主帅温特伯特姆的注意。1950年兵败巴西世界杯后没多久，他就首次入选国家队，在英格兰队以2比2战平南斯拉夫队的比赛中完成了自己的国家队首秀，并且包揽了那场比赛英格兰队的全部进球。

尽管国家队首秀已经足够耀眼，但真正奠定洛夫特豪斯在三狮军团地位的，是1952年5月英格兰队在维也纳客场对阵奥地利国家队的那次绝杀。当时距离终场仅有几分钟时间，双方比分仍然是2比2平，主场作战的奥地利队开始不断压上，希望能在最后时刻压垮英格兰队，一时间英格兰队后防险象环生。而就在这个时候，奥地利队的传球忽然被英格兰队断下，芬尼第一时间将皮球传给了洛夫特豪斯，这个身高接近1米8的前锋并没有选择那种不求有功但求无过的方式来拖延比赛时间，而是义无反顾地带球单骑冲向奥地利队腹地，他也由此开启了自己国家队生涯最为激动人心的一幕。

为了阻止洛夫特豪斯杀入本方禁区，奥地利队的防守队员可谓无所不用其极。他们在情急之下先后使出了肘击和背后铲球的招数，但是带球全速飞奔的英格兰队前锋似乎对对手招呼到自己面部和小腿上的犯规浑然不觉。眼看洛夫特豪斯距离球门越来越近，有些沉不住气的奥地利队门将选择了弃门出击。洛夫特豪斯在自传中以第一视角生动地还原了当时的场景："就在我准备起脚射门的时候，对方门将穆西尔忽然像飞奔的牡鹿一样，径直朝我冲了过来。就在那千钧一发的时刻，我用尽全力将皮球向奥地利队球门右侧捅去。几乎同时，我感觉到自己的右腿突然开始出现那种灼热的阵痛，原来穆西尔并没能碰到皮球，却和我重重地撞到了一起，而且他在解围时一脚踢中了我的胫骨。我先是被撞得飞了起来，落地之后在草坪上仍然连滚带爬了一阵才卸掉了所有的冲击力。在这个过程中，一开始我还能隐约听到看台上球迷们的惊呼声，之后就仿佛黑暗突然降临一样，意识逐渐模糊了起来。"

洛夫特豪斯被奥地利队门将穆西尔当场撞晕，但是他在晕厥前捅出的皮球却滚进了空门，英格兰队在最后时刻以3比2绝杀对手。而洛夫特豪斯因此也在赛后赢得了"维也纳雄狮"的美名。伤愈复出之后，洛夫特豪斯又代表英格兰联赛明星队对阵爱尔兰联赛明星队，那场比赛他独中6元，这更加奠定了他在英格兰队锋线上的地位。1953年，他当选年度英格兰足球先生，并且以30个进球拿到了联赛金靴奖。那一年的足总杯决赛，他所领衔的博尔顿队与马修斯的布莱克浦队相遇。洛夫特豪斯在比赛第2分钟就为球队首开纪录，博尔顿队直到第89分钟还以3比2领先对方，但是在第89分钟和第92分钟，布莱克浦连入两球上演惊天逆转。尽管如此，洛夫特豪斯仍然在国家队里逐渐盖过了在这场比赛中上演"帽子戏法"的莫特森，成为了英格兰队的新9号。

有人形容场外的洛夫特豪斯温顺敏感得就像一只仓鼠，但是一旦越过球场的那道白色边线，他会立刻像化身博士那样变成另外一个人。他在场上拼劲十足，虽然身体优势并不明显，但他却对对抗和拼抢情有独钟，那个时代最为凶悍的防守球员看到"维也纳雄狮"奋不顾身朝自己的防区袭来，也会未战先怯。有时人们甚至会怀疑洛夫特豪斯对身体冲撞的热爱甚至超过了进球。因为他曾经兴奋地说过，自己"极其享受那种五五开的拼抢，不管是争顶头球，还是就地放铲，当然如果对方是那种又高又壮的中卫，那就更好了"。

洛夫特豪斯这种在今天看来颇为难以理解的硬汉性格有相当程度来自战时的磨炼，同时也来自他在博尔顿队教练福尔雷克的影响。后者在一次训练中曾向他怒吼："你在比赛中只能做三件事：跑动，射门，还有头球。"而当时年仅十四五岁的洛夫特豪斯发现要想永不停歇地赚得射门和头球的机会，只能依靠自己的拼抢。不过，他虽然拼抢凶狠，却不是那种屠夫和恶汉性格的球员，他的圈中好友大都是和自己在场上"拼过刺刀"的对手，"那些和我在场上拼得越凶的对手，我们场下往往越能成为要好的朋友。"他说。

不管以哪个时代的标准要求，洛夫特豪斯都称得上是职业球员的典范。作家大卫·温纳和洛夫特豪斯交厚。他曾如此描摹洛夫特豪斯的日常生活："他最喜欢的食物是兰卡斯特火锅，平时没事的话喜欢远足和攀岩，而他的妻子阿尔玛平时最大的业余爱好则是在家编织地毯。"这几乎是英国维多利亚时代的老派模范生活，有人打趣地说洛夫特豪斯晚上大概从不出门。而这位英格兰前锋则幽默地反驳道："我每逢大日子也会出去喝上一杯，不过只喝一杯啤酒而已，而且一个礼拜绝对不会超过一次。"

由洛夫特豪斯代替逐渐老去的莫特森，让人们对英格兰队锋线的未来平添了几分期待。不过，在守门员位置上，威廉姆斯的淡出和梅里克的代替就没有那么让人激动。梅里克当时在为英格兰第二级别联赛的伯明翰队效力，毕生从未征战过顶级联赛。尽管他被认为是20世纪50年代中期英格兰本土的顶级守门员之一，但那恰好是英格兰队守门员天才匮乏的年代，情况和前些年罗宾逊和格林把守三狮军团大门那段时间有些类似。梅里克最终被人铭记的并非是他高超的扑救技术，而是23场国际比赛连丢45球的糟糕纪录。除了梅里克之外，英足总仍然没有找到在中后卫位置上能够代替富兰克林的合适人选，他们一度选择器重洛夫特豪斯在博尔顿队的队友马尔科姆·巴拉斯。不过，这位中后卫却因为场上的糟糕表现很快得了个"窘马尔科姆"的诨号，并且很快淡出了国家队。

在这一系列的人员变动和磨合过程中，英格兰队在巴西世界杯后的25场比赛中仅输两场，其中1952年11月26日在温布利以5比0横扫比利时队的比赛，让全国上下彻底恢复了对这支球队的信心。"重返巅峰！"是11月27日大部分报纸体育版的头条标题，两年前的巴西世界杯像是一场愈发模糊的噩梦，正在逐渐淡出人们的记忆。

英格兰媒体这种不可一世的心理仅仅持续了一年，一场史无前例的惨败正在等着他们。

足球界的"黑斯廷斯之役"

大概是多少意识到巴西世界杯时自己的眼界闭塞，英足总在

1953年夏天联赛结束之后，给国家队安排了远征美洲的一系列巡回赛。他们先是来到了布宜诺斯艾利斯，因为同年的早些时候，英足总曾以国内二线球员为主力，拼凑了一支名为"英足总11人"的球队访问阿根廷，结果被对手以3比1击败。阿根廷将这场被国际足联列为正式国际赛事名录的比赛视为对阵英格兰队的首场胜利，而英足总方面却并不承认这是一场官方赛事，更不承认自己的国家队被阿根廷队击败过。在这种情况下，英足总在这次美洲巡回赛上尽出精英。

然而让人哭笑不得的是，1953年5月，两队的这场比赛仅仅进行了36分钟（一说25分钟）就因为一场倾盆大雨而被迫中断。随后阿根廷足协宣布场地至少在五天之内无法完全恢复到比赛状态，因此这场至今没有完成补赛的"英阿大战"的比分定格在了0比0。英格兰队随即飞离阿根廷，接下来他们的三场友谊赛全部和巴西世界杯有关，其中智利队和美国队是英格兰队当时的小组赛对手，而乌拉圭队则是那届世界杯冠军得主。最终他们以2比0战胜智利队，1比2不敌乌拉圭队，最后在空旷的纽约扬基体育场以6比3大胜美国队，完成了所谓的复仇，当时现场仅有7千球迷观战。

对于主帅温特伯特姆而言，能够率队走出欧洲，和乌拉圭队这样的南美洲新贵过招，说明英足总唯我独尊的傲慢心理正在发生变化。然而让他苦恼的是，这支球队仍然不算是在自己的掌控之内。他再度联络劳斯，试图说服英足总的国际赛事遴选委员会顺应形势，能够重新分配当时主帅的权限。不过，英足总的高层始终不为所动，直到1953年11月25日这一天，东欧球队匈牙利队造访英格兰。

事实上直到赛前和匈牙利球员同在温布利大球场热身慢跑，英格兰队队员仍然没有意识到站在球场远端的是一支什么水准的球队。在热身结束走回球员通道时，一名英格兰球员指着不远处的匈牙利球星普斯卡什，轻蔑地对自己的同伴嘀咕道："我们一会儿会打得这个小矮胖子满地找牙。"

然而，比赛开场仅1分钟，希代古提在英格兰队禁区弧顶附近一个假动作晃开了英格兰队防守球员，将皮球往禁区里轻轻一捅，随即迅速起脚抽射破门。当时许多身在现场的球迷都回忆说自己清晰地听到了希代古提大力轰门时那"砰"的一声。事后英格兰媒体也借题发挥，给希代古提的这记射门赋予了特殊的意义：正是匈牙利人这"砰"的一脚轰门，在瞬间彻底震醒了英格兰人的所有迷梦。

尽管从比赛的第1分钟开始，英格兰队就被匈牙利球员精湛的球技以及远高于自己的战术素养搞得绝望不已，但是三狮军团在第13分钟居然挟主场之利顽强地一度将比分扳平。当时匈牙利队刚刚攻进第2球，不过却被边裁判罚越位在先。就在匈牙利球员为这一判罚分神的一瞬间，英格兰队突然发动了一次长驱直入式的进攻配合，莫特森在前场右侧为西威尔送出妙传，后者在禁区内直接推射球门右侧远角得手。英格兰队几乎全队都加入到了西威尔的进球庆祝之中，他们当时希望这粒进球改变比赛开局的被动局势。不过，从历史录像上看，反倒是当时温布利看台上庆祝进球的球迷笑容勉强而苍白，他们应该已经隐约察觉到，开场的被动局势并非是球队士气和状态方面出了问题。

扳平比分之后，英格兰队仅仅又支撑了7分钟。第20分钟，普斯卡什在禁区内拿球时被猛扑上来的英格兰队球员铲翻，然而这位匈牙利球星并没有倒地不起，而是在4名英格兰队防守球员的凶狠围抢之下，旁若无人地先用双腿夹住皮球，然后往赶来包抄补射的希代古提脚下轻轻一送，后者得球后又是顺势一脚精彩的怒射破门，让匈牙利队以2比1再次领先。

尽管英格兰队当时仍然还只落后1球，但是英格兰队主帅温特伯特姆已经察觉到了问题的严重性。最初让英格兰人感觉有些蹊跷的是匈牙利队球员的号码分配。看到希代古提身披9号球衣，英格兰队将帅都想当然地认为他和洛夫特豪斯以及莫特森的场上角色相同，都是那种平时习惯在禁区前游弋、随时准备攻城拔寨的传统中锋。然而，温特伯特姆随即发现，希代古提在场上踢的根本不是英格兰队"WM"阵型的中锋位置，他更多地回撤到中场组织进攻，和匈牙利队锋线一字排开的4名球员呈"U"字型，这一古怪的阵型和站位让原本应该负责盯防他的中后卫哈利·约翰逊手足无措。

约翰逊最开始还以为让一个频频后撤中场的球员身穿9号球衣，只是匈牙利队用来迷惑他的一个陷阱而已。脑筋死板的约翰逊根本看不出匈牙利队这套阵型的奥妙所在。他当时在场上只有一个疑惑：自己是否该用人盯人战术尾随干扰经常回撤拿球的希代古提？匈牙利队球星经常毫无顾忌地回撤到本方半场拿球，这让约翰逊非常郁闷。因为如果他跟着匈牙利队9号潜入对方后场，英格兰队的防守阵型将门户大开；如果他老老实实待在自己防区，任由希代古提在中场往返穿梭，球队的防守又只能束手待毙。约翰逊退役之后在自己的自传中对当时防守希代古提的那一幕仍然心有余悸："我经常看着他在无球状态下悠闲地撤回自己的后场，然后再眼睁睁地看着匈牙利队把皮球连倒了五六脚之后，这个人又毫无征兆地突然在我们禁区内现身，他从未消失，但是你却似乎总也抓不住他，那是一种彻头彻尾的仓惶和无助感，那是一出悲剧。"

在约翰逊两侧驻防的赖特和迪金森也看出了队友的两难境地，他们在上半场开始更多地上前钳制希代古提，希望能分担队友的防守压力。然而如此一来，普斯卡什又在前场获得了充足的空间。看到英格兰队的后场一时间被自己的队友如此轻松地搅得乌烟瘴气，匈牙利队的守门员格罗希奇事后承认说，自己也被这一幕感到暗暗心惊："老实说，当时看到英格兰队被我们所谓的中锋回撤的战术搞得如此忙乱和不适，站在半场之外的我都有些不敢相信。"

第二粒进球也彻底摧垮了英格兰人的信心，效力于布莱克浦队的泰勒重新开球之后在中圈一脚球都没传出去，很快就又被匈牙利人用灵巧的脚下技术断下了皮球。希代古提和普斯卡什在中前场愈发自由的跑位让英格兰队的整条防线越来越无所适从，普斯卡什在3分钟之内连进两球。其中他在第24分钟射入的第一粒进球最为出名。当时有世界最佳后卫之称的英格兰队队长赖特在这粒进球前被普斯卡什玩弄于股掌之间。两人交手不到30分钟，普斯卡什似乎就已经对赖特的所有防守习惯和招数都烂熟于胸。匈牙利队球星在小禁区右侧边缘拿球之后，似乎预感到赖特会心急火燎地冲上来干扰自己，普斯卡什并没有急着内切射门，而是用他的左脚将皮球往回轻轻一拉，灵巧地避开了赖特的飞铲，随即猛抽英格兰队球门近角。等赖特狼狈地爬起来时，普斯卡什已经在和队友庆祝进球。整场比赛赖特甚至很难贴到普斯卡什跟前施展自己最为擅长的身体对抗。而英格兰队队长被普斯卡什在小禁区前沿戏耍的那一幕画面实在太过深入人心，以至于40多年后，当普斯卡什和赖特在一次聚会中重逢，两人并立在台上互致问候时，看台上还有一位球迷大声地高喊："比尔（赖特），干得漂亮！这算是你职业生涯贴身防守普斯卡什中距离靠得最近的一次吧！"

在小禁区内戏耍赖特之后仅仅3分钟，普斯卡什又将队友的一脚直接任意球垫进英格兰队球门死角，英格兰队在比赛不到半小时的时间里以1比4的大比分落后对手。不过，三狮军团虽然在战术运转上陷入瘫痪，但是前场球星的实力仍然让他们可以将零星的"局部战役"转化为进球，效力于热刺队的罗伯接马修斯的传中头球顶向匈牙利队球门右上方死角，球被格罗希奇奋力扑出，之后莫特森终于在第38分钟为英格兰队又扳回一球，双方以4比2的比分结束了上半场比赛。

在温布利的主场更衣室里，英格兰队将帅仍然对上半场的落后局势不得要领。马修斯爵士后来回忆说，温特伯特姆当时并未在更衣室对球队做出有针对性的部署："即便被（希代古提）这样一个天才球员压制了45分钟，我们中场休息的时候仍然没有怎么谈及他，甚至也没有人被要求下半场专门对付他，我认为这是一个糟糕透顶的失误。"

在中场休息错过了最后的调整机会之后，英格兰队下半场的遭遇可想而知，他们的防守被解说员描述成"被屡屡撬开的生蚝壳"。主帅温特伯特姆在帅椅上眼睁睁地看着匈牙利队球员接二连三地将皮球送进一片混乱的英格兰队禁区。而他当时唯一能做的，"只有在自己的位置上双手掩面"。博日克在下半场开场7分钟时将比分扩大为5比2，而希代古提则在3分钟后完成了自己本场比赛的"帽子戏法"。当温布利球场上的巨大的记分牌上打出6比2的比分之后，现场的10万英格兰球迷知道，他们这次再难翻盘。

虽然拉姆齐在第57分钟罚进了一粒点球，将比分最终扳为3比6，但是英格兰队在数据对比上输了个体无完肤。匈牙利队全场比赛射正35脚，而英格兰队威胁到对方球门的射门次数则只有对手的零头：5次。这几乎是一支职业球队和一支业余球队之间的数据对比。而在希代古提的最后一粒进球前，匈牙利队旁若无人地用连续10脚传球将整支英格兰队耍得团团乱转。

就这样，三狮军团引以为自豪的国际比赛主场不败战绩就此彻底作古。英格兰人首次在温布利输给了外国球队，而且还是以如此屈辱和绝望的方式。这场3比6的比赛甚至被很多人称作足球界的"黑斯廷斯之役"（1066年，当时的英王哈罗德在黑斯廷斯战役中中箭身亡，来自诺曼底的"征服者"威廉此后逐渐统一英格兰全境，那也是英格兰本土最后一次被外敌征服）。

遍地哀鸿

这场惨败带给英格兰人的震动要远远大于3年前的兵败世界杯。几乎所有英格兰媒体都在比赛次日大唱挽歌。著名足球记者格兰维尔写道:"每个人似乎都在奔走哭喊,狼来了!每个人似乎都在为这次惨败寻求解释和寻找可供鞭笞泄愤的替罪羊。然而谁曾想到,这个突然暴露在人们面前的危机,其实原本已经潜伏了30年之久。"而以《每日镜报》为首的小报也立即从赛前的妄自尊大变得自卑不已:"你可以把自己的积蓄全都压在匈牙利队上,他们昨天让英格兰一夜之间变成了足球世界的二等公民,他们明年肯定将在瑞士夺得世界杯。"唯一让英格兰人聊以自慰的是,那一天他们足球之外的体育项目并没有上演1950年那样的大溃败,"至少我们当天在一场国际乒乓球挑战赛中以5比4击败了匈牙利人"。

然而,在震惊之余,却很少有人能立即意识到英格兰队和匈牙利队的差距究竟在何处。对于英格兰队的场上球员而言,匈牙利队当时使用的战术和阵型都已经远远超出他们的理解范围,更别说媒体和英足总的官僚了。英足总的国际赛事遴选委员会这次用罢黜球员来表达自己的震怒,包括为球队打进最后一球的拉姆齐在内,一共6名球员在这场比赛之后再没有获得过国家队的征召。反倒是城门6次失守的守门员梅里克获得留用。为此,拉姆齐一直颇有不满,他一直坚持认为自己给梅里克背了黑锅,因为作为守门员的梅里克至少应该救出匈牙利队6球中的3球。"我们的6粒失球中有4粒都是对方在禁区外远射打进的。我们其实压根就不应该输。"拉姆齐说。

拉姆齐的态度和观点在一些英格兰人那里颇有共鸣,他们错以为匈牙利队充沛的体能和精湛的个人技术才是获胜的关键,而这一切完全可以通过意志和状态来弥补。直到英格兰媒体获知匈牙利队在这场比赛前的备战过程,英格兰队才首次在外敌面前彻底服输。

　　和英格兰人事先想象的不同，匈牙利队主帅谢拜什在接到将和英格兰队对阵的指令时，对三狮军团的了解着实有限。不过，由于当时特殊的政治背景，匈牙利政府对谢拜什的这支球队在各方面都大开绿灯。因此，谢拜什首先求助于匈牙利驻伦敦大使馆的文化教育处专员，在掌握了这支球队的一些基本外部信息之后，他在1953年10月专程前往英国观看了英格兰队对阵欧洲明星队的比赛，那场比赛三狮军团和对手战成4比4平，但是谁都没有留意在看台上冷眼注视着场上一切细节的谢拜什。

　　谢拜什随后对比赛场地的考察功课令英格兰人汗颜。他首先是仔细丈量了温布利球场的场地尺寸和种种地理细节，甚至记录下了不同比赛时间阳光在球场的不同照射角度。然后他集中勘察了温布利球场的草皮状况。因为注意到这里的草皮的弹性不如东欧，所以他让助手试着在球场频繁地踢出长传球，然后测量皮球在温布利球场草皮上落地之后的方向以及弹离距离。此外，他还找英足总的秘书劳斯要走了3个英格兰队主场比赛所使用的比赛用球。因为他注意到和欧洲大陆的用球相比，当时英格兰队的皮球质地更硬，被操控时的灵敏度也稍低。回到布达佩斯之后，谢拜什立刻开始了有针对性地训练，政府拨给了他一块和温布利球场的大小完全一样的草坪，他率领球队每周集训3次，使用的正是劳斯送给他们的那3个比赛用球。

　　和谢拜什细致到恐怖的备战情况相比，英足总的准备工作则充满了他们特有的官僚气息。匈牙利队当时刚刚在1952年奥运会的男足项目上折桂，截至1953年11月，已经长达三年半的时间未尝败绩，然而就是这样一支球队却仍然没有得到英足总的重视。英足总只在11月15日、距离比赛还有10天的时候在布达佩斯观看了一场匈牙利队对阵瑞典队的比赛。那场比赛最终双方战成2比2平，普斯卡什在比赛中射失了一粒点球。英足总的考察团因此对匈牙利队做出了"不过尔尔"的判断，没有人意识到这支球队的阵型和英格兰队的阵型截然不同，也没人对身披9号球衣的希代古提的场上位置和跑动产生兴趣。

在英足总考察团这种态度的影响下，英格兰媒体才在赛前做出了历史上最为狂妄和滑稽的一次预测。"球员们将痛扁匈牙利队！"《每日邮报》赛前的头条新闻在赛后看来显得格外讽刺，文中还预测英格兰队将以两三个净胜球完胜对手。而让现在的英格兰人回首更加羞赧的是，3比6大败之后，他们仍然冥顽得没有察觉出自己的真正落后之处，直到一场更加惨痛的大败再次降临，英格兰队才不得不开始彻底反思。

回访再战

为了赶赴温布利和英格兰队一战，匈牙利全队在1953年秋天乘坐火车横跨了大半个欧洲，他们甚至在巴黎停留时还和法国雷诺公司工人所组成的球队打了一场热身赛（最后的比分为17比0）。在温布利大捷之后，匈牙利媒体立刻指出，如果不是球队劳师远征，英格兰队将会在比赛中输得更惨。

事实上，在温布利的比赛一结束，匈牙利队主帅谢拜什就和英足总的秘书劳斯对1954年5月双方再战一场的问题达成一致。虽然主场惨败，但是这场比赛英足总仍然在经济上赚了个钵满盆盈，照例他们要和客队分账。不过，谢拜什却对金钱毫无兴趣，他只提出了一个条件：希望两支球队能在匈牙利首都布达佩斯再踢一场。英足总当时可能还存着客场"复仇"的想法，因此欣然应允。

英格兰队即将做客布达佩斯的消息一经传出，匈牙利全国立刻陷入疯狂，全国100多万人立即开始争抢比赛的10万张球票。谢拜什和他的球员几乎每隔几分钟就会接到亲朋打来的求票电话，普斯卡什最后不堪其扰，不得不在比赛前两个月更换了自己家里的电话号码，以防止永无休止的电话侵扰。

和半年前"闭着眼睛"备战相比，已经领教过匈牙利队厉害的温特伯特姆终于在两队这次相遇时做出了有针对性的战术部署。他让顶替约翰逊首发的新中卫赛德·欧文全场比赛不惜一切代价紧紧粘住希代古提，干扰匈牙利队9号的进攻组织和传球，其余战术和阵型则一切照旧，只是中后场更换了一批新球员而已。

应该说欧文在那90分钟对希代古提的死缠烂打还算见效，这次匈牙利队9号在比赛中表现得相对安静，他的进球数从温布利的3粒降低到了1粒，但是就在欧文被希代古提牵着鼻子团团乱转之际，英格兰队洞开的后防破绽被匈牙利队牢牢抓住。这次在开场之后不到一小时的时间里，英格兰队就已经以0比6落后于匈牙利队，梅里克平均不到10分钟就要回身从球门里将皮球捞出。

匈牙利队原以为经过半年的卧薪尝胆之后，英格兰队的面貌就会焕然一新。比赛开场没几分钟，普斯卡什就意识到这支更换了多半数主力的英格兰队毫无长进。"交手没几分钟，我们就意识到英格兰队压根就没有更改自己的战术，他们仍然按照上次的路数和我们在过招，这开始让我们大吃了一惊。不过随后我就明白，这是他们唯一通晓和熟悉的战术，他们只能将此坚持到底。"他说。既然英格兰队以不变应万变，那么以普斯卡什为首的匈牙利球星也乐得清闲，继续祭出半个月前的战术来应对："他们原封不动的沿用上一场的战术，我们自然也更加熟练地将他们的阵型拆了个七零八落。"

1比7，这也是英格兰队到今天为止历史上所遭受的最大比分失利。而这次大败之后，英格兰球员终于开始收敛起之前傲慢和强硬的态度，队长赖特更是首次承认球队在1950年巴西世界杯之后毫无长进。"我们从1950年开始就什么都没学到。就拿防守来说，我们仍然是凭借个人能力在防线上和对手单打独斗，而不是讲求整体。匈牙利队在两回合的比赛中都发挥得极其精彩，但是我们（自己的错误）让他们在场上太过轻松。"他说。

和球员的垂头丧气不同，英足总和温特伯特姆在这场大败之后陷入了焦虑之中。因为此时距离瑞士世界杯仅有不到一个月的备战时间，这场1比7的大败足以影响三狮军团在世界杯上的表现。

出征瑞士

两回合4比13负于匈牙利队，让英格兰队上下对1954年瑞士世界杯灰心丧气。回想四年前出征巴西世界杯，举国上下还将这一赛事视为囊中之物。而通过一系列的国际友谊赛，三狮军团也终于认识到，以自己现在的实力，不仅敌不过乌拉圭队这样的南美洲劲旅，而且就是匈牙利队这样的东欧新贵也已经悄声无息地将自己甩在身后。

和上届世界杯一样，国际足联仍然拨给了不列颠系两个参赛名额。由于有了正式的预选赛制度，不列颠系的四支球队被整体编入了世界杯预选赛的第三小组。不过，国际足联并没有单独组织预选赛，而是仿照1950年的旧例，直接将预选赛和1953—1954赛季的不列颠锦标赛合并。

虽然在时间上仅仅过去了四年，但是不列颠系的傲慢之气却大为挫减。苏格兰队这次依旧屈居不列颠锦标赛亚军，但是在两回合总比分以3比7不敌英格兰队之后，苏格兰足协这次再也不敢赌气弃权，而英格兰队的士气则被世界杯前三周在布达佩斯的那场1比7的比赛摧垮。两支不列颠系球队各怀心事地踏上了他们的世界杯之旅。

经过了巴西世界杯的混乱备战，这一次英足总没有再犯此前的错误。况且阳光灿烂、湖光山色的瑞士当时本来就是不少英国人首选的度假胜地，因此英足总在后勤方面没出什么差池，球队驻地拥有一座漂亮的古典庭院，不管是食宿条件，还是平日里的热身和训练设施，都和巴西世界杯时有着天壤之别。此外，这届世界杯在英国国内的热度也堪称空前，三狮军团首次有了随队远征的球迷。而在两场热身赛上领教了匈牙利队的厉害之后，英格兰国内媒体也对这支东欧新贵的成绩格外关注，因为这关系到英格兰队在世界列强中的最终定位。

　　那届世界杯英格兰队和意大利队、比利时队、东道主瑞士队分在第四小组。英格兰队虽然四年前在巴西阴沟翻船，最终以两负一胜的成绩在小组赛惨遭淘汰，但是随着国际足联大幅度更改了赛会规则，英格兰媒体并不担心球队小组晋级的前景。因为根据新的规则，小组赛的两支种子球队彼此之间不需要相遇，他们只要分别和另外两支非种子球队打满两场比赛即可，最后仅按照各自这两场小组赛的积分多少判定能否晋级，小组前两名的球队自动晋级。如果出现积分相同，则在小组赛结束后安排附加赛决出胜负。由于小组赛赛制并非单循环，国际足联还要求即便是小组赛阶段的比赛出现平局，仍然需要进行加时赛。

　　根据这一奇怪的赛制，英格兰队不需要和同为小组赛种子队的意大利队对垒，他们小组赛的赛程只有6月17日对阵比利时队和6月20日对阵东道主瑞士队这两场。其中，比利时队是英格兰队当时的手下败将。在1952年年底的温布利，正是当时以5球溃败的比利时队给了三狮军团重回巅峰的幻象。而当匈牙利人戳破这一幻象之后，英格兰人在比利时人面前也不再威风。

　　首战在巴塞尔对阵比利时队，英格兰队给人的最大印象是攻守脱节。以马修斯和洛夫特豪斯等人领衔的前场攻击组合似乎已经从惨败匈牙利队的阴影中走出，然而英格兰队的后防却被匈牙利人打成了惊弓之鸟。英足总基本沿用了布达佩斯1比7惨案中的主力防守球员，队长赖特是其中唯一还能够让人信赖的球员。两场比赛被灌进13球的门将梅里克被认为是英格兰队防线的最大不稳定因素之一。随英格兰队出征的记者芬恩认为，缺少顶级联赛经验的梅里克早已信心全失。而事后马修斯也回忆说，全队当时也能感受到梅里克在场上的惊惶："当你的守门员在场上丧失自信，在禁区里不再有统治级别的信心时，整支球队都能立刻明确地感受到其中的差别。"

比利时队虽然首开纪录，但是英格兰队随后由布罗迪斯和洛夫特豪斯连入3球，一度在第63分钟将比分扩大到3比1。不过，英格兰队的后防终究付出了代价，他们在4分钟内连丢两球，被比利时队将比分扳为3比3。两队不得不进入加时赛阶段，洛夫特豪斯在加时赛第1分钟就取得了进球，但是迪金森3分钟后的乌龙球又让这一优势迅速付诸东流，两队最后以4比4的比分战成平局。在比赛的最后阶段，温特伯特姆将赖特调至中卫位置取代欧文，英格兰队队长成为球队四年之内的第12名中后卫。由于世界杯后英格兰队仍然没有出现富兰克林级别的中卫，因此赖特不得不在这个位置上连续效力了45场比赛，直至最后挂靴。

次战对垒东道主瑞士队，更换了中卫的英格兰队在后防上没有出现什么致命的纰漏。尽管此战马修斯因伤缺阵，但是三狮军团的"火力"仍然绰绰有余，在伯尔尼傍晚的酷热天气下，凭借着穆伦和威尔肖上下半场的进球，他们以2比0力克瑞士队。由于同小组另一支种子队意大利队此前1比2不敌瑞士队，因此一胜一平的英格兰队以小组头名的身份顺利出线。而意大利队由于和瑞士队积分相同，在6月23日不得不以附加赛的形式决定最后一个出线名额，1比4惨败的意大利队最终未能晋级淘汰赛。

和英格兰队相比，心高气傲的苏格兰队在小组赛上先是以1球小负奥地利队，次战被乌拉圭队7比0横扫，以零积分零进球、两场比赛净吞8弹的糟糕战绩打道回府。而刚刚将苏格兰人送回家的卫冕冠军乌拉圭队也立刻在淘汰赛中和英格兰队相遇。

6月26日瑞士巴塞尔的圣雅各布球场，当乌拉圭队的博尔赫斯在开场仅5分钟就攻破了梅里克所把守的大门时，不少英格兰媒体都认为苏格兰队几天前的悲剧将再度上演。不过这个时候，圣雅各布球场突然变成了英格兰队的主场。因为当时欧洲球队和南美洲球队之间泾渭分明，现场的5万名瑞士当地球迷自然而然地旗帜鲜明地在这场比赛上支持英格兰队。

第16分钟，马修斯发起进攻，威尔肖在禁区外轻巧地将皮球传到了洛夫特豪斯脚下，"维也纳雄狮"在禁区内怒射破门，将比分扳为1比1。之后士气大振的英格兰队似乎一下子甩掉了包袱，开始向乌拉圭队的腹地发动猛攻，威尔肖奋不顾身的挑射差之毫厘。然而，经验丰富的乌拉圭队并未被英格兰队的进攻声势唬倒，他们十分清楚英格兰人的弱点——防守。

第39分钟，乌拉圭队队长瓦雷拉在禁区外重炮轰门，梅里克扑救反应过慢，让皮球窜入网窝。下半场刚刚开球仅1分钟，英格兰队后卫伯恩送给对方一次前场任意球的机会，乌拉圭队迅速将球传入英格兰队禁区，梅里克再次因为稍显犹豫而让对手射门得手，3比1，英格兰队看似大势已去。

然而，连失两球的英格兰队并未溃败，司职中后卫的赖特开始不断压上助攻。乌拉圭队在领先之后反而被这股攻势所压制。第67

分钟，马修斯在右路凭借着精妙的球技甩开了两名乌拉圭队防守球员将球传给芬尼，后者在禁区内又晃过了一名乌拉圭队后卫，把皮球吊向远门柱附近。在一片混战之后，洛夫特豪斯的射门被乌拉圭队门将挡出，之后芬尼上前补射破门，将比分扳为2比3。

这粒进球在一定程度上开始动摇乌拉圭队球员的信心，丢球后的乌拉圭队后卫恼怒地撕扯着球网。当他们刚刚重新开球，英格兰队的进攻又压了过来，马修斯的射门击中球门立柱，英格兰队错过了将比分扳平的最佳良机，也错过了一粒足以让乌拉圭队彻底陷入惶恐的进球。之后洛夫特豪斯和乌拉圭队的克鲁斯在拼抢时发生冲突，一向绅士的英格兰队9号被克鲁斯背后的小动作激怒，转身将对手推搡倒地。双方发生冲突时，一名身穿衬衣、背带裤的球迷也乘乱冲进场内试图谴责克鲁斯，他在被主裁判阻挡之后，随即被安保人员带离了球场。英格兰队的这股攻势仅仅维持了10多分钟，就随着场上的混乱局势逐渐消减。第78分钟，乌拉圭队的安布罗伊斯的远射进球将比分锁定为4比2。

输给卫冕冠军乌拉圭队，英格兰队出局，英格兰媒体并未出现四年前那样的惊诧。毕竟世界杯前对匈牙利队的两场比分悬殊的惨败，已经彻底摧毁了英格兰队在本届世界杯争雄的信心。不过，看到匈牙利队在最终决赛中居然输给了实力并不比自己强多少的西德队，英格兰队在震惊之余还是有些不甘心。要知道西德队和匈牙利队曾在之前的小组赛上相遇，当时以3比8惨遭蹂躏的西德队输得比英格兰队还惨。然而仅仅两周过后，西德队居然能在开场落后两球的情况下最后实现3比2逆转，创造所谓的"伯尔尼奇迹"，这让温特伯特姆的英格兰队在震惊之余开始真正的自省。

西德队当时之所以能够在决赛上压过匈牙利队，多少要归功于其事无巨细的周密准备工作，尤其是下半场在雨天泥泞的场地作战，西德队事先准备的长钉球鞋起到了重要的作用。而天性胆大心粗的英格兰人在准备工作这方面似乎永远也不会有长进。1962年智利世界杯，当时已经多次做客南美洲的三狮军团仍将自己搞得和难民一般凄惨。

最终，英格兰足球在12年后的崛起，依靠的是温特伯特姆未雨绸缪的青训计划和国家队年轻化换代工程。可以说，1966年英格兰世界杯的辉煌，其肇始正是1954年瑞士世界杯兵败之后，英国足球圈以温特伯特姆为首的一批人士锐意革新，积极、主动地提前完成球队换代所打下的基础。只是温特伯特姆不会想到，他精心培养的数名国家队未来脊梁会在4年之后遭遇一场英国足球圈前所未有的劫难。

七、慕尼黑之殇（1954—1958年）

　　和之前两度大比分惨败匈牙利队相比，1954年瑞士世界杯出局给英格兰队上下带来的冲击要相对小得多。三狮军团的世界杯表现仍旧是从电视广播到街头酒肆里最为热门的话题。不过从媒体和球迷那边，英格兰队主帅温特伯特姆却很少能听到什么建设性意见。事实上，温特伯特姆自己也对瑞士世界杯夺冠不抱太大希望，他早已悄悄地将目光放在了1958年世界杯上。

改弦更张

　　经过对阵匈牙利队的两次惨败，温特伯特姆下定决心，要让国家队在1958年瑞典世界杯前彻底完成换代。在他的建议和坚持之下，英足总在1953年年底就开始将国青队和B级国家队的建设提上了议事日程。

1954年1月，英格兰U23队首次登场。他们在大雪覆盖的博洛尼亚和意大利队踢了一场友谊赛，结果以0比3告负。不过，英足总仍然对出师不利的这支青年队寄予厚望："我们现在终于能够尽早地给我们最好的年轻人创造国际比赛机会。"

而就在这个时间，英格兰俱乐部的青训也开花结果了。这其中最为出名的莫过于曼联队当时由主帅马特·巴斯比所着力提拔的那一群绰号为"巴斯比宝贝"的年轻球员。1954年瑞士世界杯时，温特伯特姆就从巴斯比那里征调了汤米·泰勒和罗杰·伯恩两人。淘汰赛对阵乌拉圭队的比赛中，伯恩在半场休息的前后阶段各送给对手一次任意球机会，最终导致了乌拉圭队的两记进球。不过，伯恩这样年轻球员的朝气和冲劲却让温特伯特姆在世界杯后更加坚定了国家队换代的计划。

从瑞士归来之后，温特伯特姆立刻开始敦促英足总大刀阔斧地对国家队的年龄结构进行调整。英格兰队在世界杯后的首场国际比赛是1954年10月2日对阵北爱尔兰队。比赛名单一公布，媒体一片哗然。参加过瑞士世界杯的球员中，只有队长赖特、马修斯、洛夫特豪斯以及小将伯恩还留在阵中，其余7名首发球员全部是联赛中的新秀球员。温特伯特姆此前也已经向英足总提交了一份30人的大名单，明确表示将以这份大名单为班底，遴选其中的精英备战1958年瑞典世界杯。而英足总那低效的国脚遴选制度却仍旧保留，平常比赛的国家队名单，继续由某个委员会漫无边际地讨论产生。

在那7名新秀中，以富勒姆年仅19岁的小将约翰尼·海恩斯最为引人注目。他为球队攻进首球，并助攻队友打进了第二粒进球，将比分锁定为2比0，一射一传，完成了自己在国家队的完美首秀。海恩斯拥有英格兰球员所罕有的开阔视野，左右脚都非常出色，他拥有精准优秀的传控球技术。在那个崇尚兜圈的年代，海恩斯是英格兰足坛少见的完美主义者。他对自己的每脚触球都挑剔不已，甚至当他的传球因为场地原因而造成线路和力度的些许偏差，海恩斯都会自责不已。温特伯特姆原本想在瑞士世界杯时就带海恩斯去见见世面，他因此也成功地入选世界杯的22人大名单，但是由于最后英足总决定将人员从22人精简到18人，海恩斯才抱憾出局。

尽管温特伯特姆的换代工程开了一个好头，但他的计划仍然不时被英足总的官僚习气搅得混乱不堪。海恩斯首秀如此出色，但这位天才小将却在之后比赛的阵容中突然消失，不但落选了之后对阵威尔士队和西德队的比赛，而且英足总甚至没有让他入选更低一级别的联赛全明星队。"那种情况持续了一年，我极其不喜欢（当时英足总的做法）。我非常愤怒，因为我觉得自己首场国家队赛事一个进球和一个助攻的成绩应该足够体面，而且这两粒进球还帮助球队获得了胜利，我相信自己至少没差到从此就和国家队无缘的地步。"海恩斯说。海恩斯之后以"度日如年"来形容国家队首秀之后被冷落的那段时间，他足足等了1年，才在1955年11月再次入选国家队。

和海恩斯相比，效力于桑德兰队的老将沙克尔顿则在瑞士世界杯后只收到了一次征召令，这位当时已经33岁的老将在对阵西德队的比赛中进球。然而这次经历却并不愉快。赛后沙克尔顿在媒体面前明确表示，自己今后不希望再收到英足总的征召："英格兰足球圈里面的谬误和荒唐之事实在太多了，你几乎找不出什么正确的事情来，因此我非常诚恳的宣布，这一切都够了，我实在不想再代表国家队出战了。"

海恩斯和沙克尔顿的离奇遭遇和国际赛事遴选委员会的内部矛盾有关。当时的国际赛事遴选委员会按照委员的出身被泾渭分明地划分成了南北两派。南部帮派以伦敦诸强的俱乐部官员为主，他们互相支持，每当提名国家队队员，总是推荐伦敦球队的球员。而来自北部球队的委员则和他们互不相让。在南北矛盾的夹缝之中，还生存着一股"中土球队"的势力，这主要是来自英格兰中部球队伯明翰、阿斯顿维拉以及狼队的委员。更加混乱的是，他们并不总是争抢国家队名额，当看到国家队赛事和自己球队联赛某场重要比赛时间接近时，他们甚至还会挟私雪藏自己的球员。英足总的秘书劳斯回忆说，国际赛事遴选委员会里一名叫史密斯的委员曾在他的球员被选中时大叫："我的球员这次需要休息，给其他人一些机会好了！"

虽然温特伯特姆在这个委员会的影响力一直在逐步上升，但是每次讨论大名单，温特伯特姆总是需要不断在会场上向那些对足球一窍不通的委员解释为什么他要同时招募两名左脚球员、为什么被委员同时挑中的两名球员的风格太过相似，在场上不能共存。诸如此类，不胜其烦。倒是沙克尔顿对球队总监和主席敢于大加讽刺。他后来出版的自传有那么一章名为"俱乐部总监对于足球的平均智商"，章节名称之后是一张白纸，以此来讽刺当时俱乐部高层的智商为零。

约战诸强

在连续惨败给匈牙利队之后，英足总就在酝酿通过一些友谊赛来恢复人们对国家队的信心。在这种情况下，英格兰队1954年12月1日在温布利主场对阵西德队，这成了世界杯后三狮军团最受全球媒体关注的一场比赛。西德队当时刚刚在世界杯决赛上演了"伯尔尼奇迹"，不可思议地击败了实力明显占优的匈牙利队。英足总安排这场比赛的潜台词不言自明，英格兰队只要击败身为世界杯冠军的西德队，就意味着三狮军团仍然在世界顶级球队的行列。

比赛被安排在了周三的下午，这在当代都是上座率最低的比赛时段，然而温布利的10万张球票还是在顷刻之间售罄。7000名德国球迷甚至跨海赶来观战，这一规模在当时那个交通并不算便利的年代，是无法想象的。看到球票售罄，大批球迷仍然有集体观看比赛的需求，8家伦敦电影院也借机赶来凑趣，他们用电影院的大屏幕播放BBC的直播画面，最终居然也赚了个钵满盆盈。

西德队在世界杯之后受伤病困扰，不少主力在这场比赛无法成行。因此，他们的主帅赫尔贝格在赛前面对媒体时也不停地给这场比赛降温："我们的球队到时应该没什么机会，我们只希望比分的差距能够控制在一个合理的范围内。"

最终出现在温布利的这支西德队，一共只有3名球员是世界杯决赛对阵匈牙利队的原班人马。而由于锋线缺人，赫伯格最终派出了小将乌维·席勒。英格兰媒体随即发现，当马修斯代表英格兰队在1935年对垒德国队时，这员小将还没有出生。

那场比赛照旧被老将马修斯主宰。第27分钟，马修斯为切尔西前锋本特利送出一记传中，由后者以头球攻门打破僵局。下半场开场仅3分钟，沙克尔顿为老将芬尼送出妙传，后者的射门被阻挡之后，由艾伦将比分扩大为2比0。之后，沙克尔顿又错过了一次将比分进一步扩大的机会。德国人在温布利处于明显的劣势之中，虽然贝克在第50分钟扳回一球，但是沙克尔顿的进球很快又将两队比分的差距保持在两球。英格兰人最终以3比1的比分击败了新科世界杯冠军。

这场比赛带给温特伯特姆和整个英格兰足球圈的积极意义无可估量，被匈牙利人彻底摧毁的信心终于逐渐恢复。《每日邮报》次日的头条是"英格兰正在重返世界之巅的路上"。

在国家队元气渐渐恢复的同时，英格兰俱乐部也开始了和欧洲大陆豪门的较量。如今已经跌到英格兰第三级别联赛的狼队在当时如日中天，他们率先发威，在主场击败了匈牙利以国家队主力为班底的洪维德俱乐部，三周后又力克莫斯科斯巴达克队。两场比赛下来，看见昔日在温布利不可一世的匈牙利国脚败在狼队脚下，英格兰媒体给这支球队冠以了"世界冠军"的美誉。

俱乐部"外战"连捷，恢复信心的英格兰队也接连打出大比分胜仗。他们先后以7比2和5比1的比分战胜了苏格兰队和丹麦队。温特伯特姆在这两场比赛中试用了大量的年轻球员，邓肯·爱德华兹也在此时横空出世。

出生于英格兰中部达德利市的爱德华兹在年仅12岁时就被多家球队的球探盯上，最后曼联队在与狼队以及阿斯顿维拉队的争夺中胜出，在1952年与这名少年天才签约。爱德华兹是温特伯特姆青训计划中的首批天才球员，他顺利入选英足总在1954年年初所组建的首支U23国家队，之后他又代表英格兰B队多次出场。原本英足总的国际赛事遴选委员会有意将他招入瑞士世界杯的国家队阵容，但由于1953—1954赛季他在曼联队的表现不够稳定，且在英足总犹豫不决之际，他又在1954年3月对阵阿森纳队的比赛中表现不佳，最终导致他未能成行。

不过，在世界杯后温特伯特姆发起的青春风暴中，爱德华兹很快就脱颖而出。1955年，他在英格兰队主场对阵苏格兰队的比赛中完成了自己在国家队的首秀，以18岁183天的年龄成为三狮军团当时历史上最年轻的国脚。这一纪录直到1998年才被迈克尔·欧文打破。

除了年轻球员脱颖而出之外，温特伯恩在国家队保留下来的几名老将也毫无老态。马修斯虽然年过四旬，但是在状态上却依旧老当益壮。32岁的芬尼和29岁的洛夫特豪斯正当壮年，两人仍是国内联赛和杯赛赛场的主角人物。国家队队长赖特自从世界杯期间被调至中后卫位置之后，也在新的位置上焕发出了职业生涯的第二春。温特伯特姆认为自己到1958年瑞典世界杯时，将拥有一支年龄搭配空前合理的阵容。

1956年5月，英格兰队在温布利约战巴西队。英格兰队这套新老结合的班底表现得非常出彩。开场仅两分钟，当时不到20岁的爱德华兹就为年过四旬的马修斯在边路送出妙传，后者与海恩斯通过配合，把皮球送到了爱德华兹在曼联队的队友——另一名小将泰勒的脚下，完成了最后一击。3分钟后，马修斯又在角旗附近策划了一次进攻，最终由当天首次代表国家队出场的小将格兰杰将比分扩大为2比0。

虽然落后两球，但是巴西队下半场仅用了3分钟时间就凭借一脚折射和一脚远射将比分扳平。第60分钟，球场上出现了冲突。英格兰队在巴西队禁区外获得任意球机会，海恩斯快速将球开进巴西队禁区，这个时候巴西队后卫桑托斯忽然抱住皮球向裁判抱怨说他并没有听见哨声，主裁判不仅没有理会，而且吹罚了点球。不服判罚的巴西球员因此和裁判产生争执，场面也因此一度失控。最后还是一名巴西助教入场调解谈判，说服巴西队球员照常进行比赛。由于受这一段插曲的影响，亚泰欧的点球被巴西队门将扑出。

不过，点球未进也同样没有成为比赛的转折点。不久之后，马修斯的传中被海恩斯头球摆渡给泰勒，后者稳妥地完成了这次头球接力，将皮球顶进巴西队球门。之后英格兰队再获点球，不过代替亚泰欧站在点球点上的伯恩同样射失点球。两失点球的英格兰队在第80分钟由马修斯助攻格兰杰头球破门，将比分最后定格在4比2上。继西德队之后，巴西人也在英格兰人面前称臣。

不久之后，温特伯特姆又率队北上柏林，在客场对阵西德队。而这支逐渐磨合成军的三狮军团以3比1的相同比分再次战胜了世界杯冠军。三员小将爱德华兹、海恩斯和格兰杰相继破门。

爱德华兹不仅拿到了当场最佳球员，更是凭借这场比赛的表现在欧洲一战成名。"他的铲抢就像狮子一样凶猛，不放过任何一次进攻的机会，他只有20岁，现在就已经成长为一名世界级球员了。"队长赖特赛后对这位年轻球员的表现颇为欣慰。而当时英格兰国内也一致认为爱德华兹将在未来接过赖特的衣钵，戴上国家队队长袖标。

世界杯预选赛

在连续两次以不列颠锦标赛代替世界杯预选赛后，国际足联终于在1958年瑞典世界杯前，开始将不列颠系的球队拆编进了整个欧洲区预选赛的体系。英格兰队和丹麦队、爱尔兰队一组，三狮军团最终以三胜一平的战绩顺利晋级。温特伯特姆着意提拔的这群年轻人不负众望，泰勒在预选赛中两次上演"帽子戏法"，英格兰队最终在4场比赛中攻进15球，仅丢5球，昂首晋级。

在这四场世界杯预选赛期间，另一个重大事件是当时42岁的老将马修斯开始淡出国家队阵容。在帮助球队在预选赛第三场比赛中以4比1大胜丹麦队之后，看到球队出线已成定局，这员1956年以41岁高龄捧得首届金球奖奖杯的老将终于告别了服役长达23年的英格兰队。

马修斯在退出国家队的同年封爵，可谓是功成名就。和其他高龄退役的球员不同，他在年过4旬的情况下还帮助球队力克巴西队和西德队这样当时世界的顶尖强队，并且完美地完成了对年轻球员传帮带的任务。退出国家队之后，马修斯居然又在俱乐部踢了8年，直到50岁时才在斯托克城正式挂靴。

1985年，马修斯在70岁高龄时还曾披挂上阵，代表英格兰元老队对阵巴西元老队。2000年病逝之后，他的骨灰被安葬在斯托克城主场的中圈草皮之下。而在马修斯的英灵庇佑之下，斯托克城的不列颠尼亚球场在今天仍然是英超最难攻克的堡垒之一。

马修斯这种级别的巨星淡出阵容，通常球队总会多少出现波动。然而，温特伯特姆对此毫不担心，因为爱德华兹和泰勒等新秀已经在国际赛场彻底站稳了脚跟，英格兰队最终也没有经历所谓"后马修斯时代"的阵痛。他们在1957年世界杯预选赛后的表现依旧出色。在以4比0的相同比分大破威尔士队和法国队之外，他们只在主场以2比3不敌北爱尔兰队。全年的7场比赛英格兰队取得了5胜1平1负的战绩。而在年底客场大胜法国队的比赛中，6名球员出自由温特伯特姆最早筹划的U23国青队，这位英格兰主帅正期待着1958年瑞典世界杯的早日到来。

当时已经成为球队主力的海恩斯能明显察觉到温特伯特姆掩藏在心底的那份喜悦和激动。他说："他虽然从没在媒体面前提及，但是我觉得他在（1957年）那个冬天，是以一种迫不及待的心情期盼着1958年夏天的早日到来。他急于证明自己在瑞士世界杯后这三年时间的成果。"赖特回忆说，在大胜法国队之后的一次酒会上，温特伯特姆忽然将他拉到一边，激动地嘟囔道："比利，我想我们现在真正拥有一支可以角逐世界冠军的阵容了！"

和温特伯特姆一样，当时英格兰举国上下也都在期盼着1958

年瑞典世界杯的早些到来。几乎所有人都相信，三狮军团将在那届世界杯上正式加冕。

慕尼黑空难

和英格兰队一同憧憬1958年瑞典世界杯的，还有当时成绩迅速蹿升的曼联队。红魔在1956年夺得英格兰顶级联赛冠军，队内球员的平均年龄仅有22岁。经过两年的磨砺，队内主力球员已经纷纷在国家队大放异彩。前锋泰勒在19场国际比赛中打进16球，曼联队队长伯恩在国家队的出场次数已经超过30场，而横扫各项赛事的爱德华兹，只需要等待在世界杯舞台上证明自己。巴斯比这支球队的目标已经直指欧洲战场，打破皇马当时称霸欧洲大陆的局势似乎只是时间问题。

1958年2月6日，曼联队在贝尔格莱德结束了欧洲冠军杯四分之一决赛的比赛，红魔以总比分5比4淘汰红星队，晋级半决赛。全队准备搭乘英国欧洲航空公司的609次航班返回伦敦。由于曼联队球员伯里临时找不到自己的护照，因此飞机延误了一小时才起飞，于中午13时15分抵达中转站慕尼黑加油补给。

逗留了一个多小时之后，下午14时19分，飞机在准备返航时突然出现了状况。在接连两次起飞都因为引擎方面的问题而宣告失败之后，包括所有曼联球员在内的乘客被请到候机厅等候进一步通知。这时慕尼黑又开始下起大雪，当天返程的机会十分渺茫。爱德华兹这时乘机给自己在曼彻斯特的房东发去了一封电报："所有的航班均已取消，明日回程。"

此时球员们还并未意识到一场空难正在悄悄临近。15分钟之后，爱德华兹等人突然接到了返回飞机准备第三次起飞的通知。当时有不少球员突然预感到飞机在这种恶劣天气下强行起飞可能凶多吉少，因此在重新登机之后，包括爱德华兹、泰勒、琼斯、科尔曼以及当天以记者身份随队报道的前英格兰国门，斯威夫特在内的几名乘客专门把座位换到了飞机的尾部，他们认为一旦出事，那里会稍微安全一些。

14时56分，飞机开始再度在跑道上滑行。8分钟后，机长泰恩开始尝试第三度起飞。此时雪越下越大，当飞机滑行到跑道末端时，那里还没来得及清除的积雪让飞机的时速由217千米瞬间锐减到194千米。这一时速并未达到起飞所需要的最低时速，而跑道此时也没有剩余的空间让飞机减速缓冲，逐渐终止起飞。曼联球员所乘坐的这趟航班在冲出跑道后先是撞毁了机场围栏，然后彻底失控，在撞到附近一幢民房之后，机身断为两截，其中一侧的机身撞向了一辆装满轮胎和燃料的卡车，随即发生了大爆炸。

后来幸存的伍德还记得他当时和队长伯恩的最后一段对话。飞机失控之后，惶恐无助的伍德向队长伯恩喊道："这到底是出了什么事？"伯恩只向他惨然一笑说："我们看来今天都没法幸免了。"之后大爆炸发生，20名乘客当场罹难，其中包括泰勒和伯恩等7名曼联球员、3名曼联俱乐部职员、7名记者、1名机组人员以及2名其他乘客。和泰勒等人一起坐在飞机尾部的斯威夫特在被送往医院急救的路上伤重去世，副机长雷蒙特则在医院被抢救了3周之后因为脑部重伤离世。

和泰勒一同坐在飞机尾部的爱德华兹虽然幸免于难，但是腿部和肋骨多处骨折，肾脏也受损严重。慕尼黑当地医生一开始对他的情况还表示乐观，认为爱德华兹虽然未必能再次踏上球场，但是康复问题不大。不过，在人工肾脏移植之后，爱德华兹的凝血功能出现问题，他开始出现内出血的状况。在抢救了15天之后，爱德华兹在2月21日因为肾功能衰竭病逝。

慕尼黑空难让当时的英格兰举国震动。很多人都以为曼联队会就此解散，因为队内的主力非死即伤，就连主帅巴斯比也重伤住院。然而这支传奇俱乐部却咬牙硬撑了下来，代理主帅墨菲大量提拔俱乐部的预备队球员，坚持打完了那个赛季。不过，元气大伤的曼联队将原本已经快要到手的联赛冠军拱手让给了狼队，他们在欧洲冠军杯半决赛中也很快出局，最后球队奇迹般地杀进了足总杯决赛，但是以0比2输给了博尔顿队。红魔足足用了10年的时间休养生息，才重回欧洲之巅。

对于温特伯特姆而言，这次空难不亚于晴天霹雳。空难中损失的伯恩、爱德华兹和泰勒三名主力，正是他苦心经营的这支新英格兰队的中轴，这三人的英年早逝也意味着温特伯特姆过去三年的努力几乎就此毁于一旦。

1958年世界杯

瑞典世界杯的赛制和上届世界杯类似，唯一的区别是小组赛实行真正的单循环赛制，两支种子队不再避而不见。而小组赛平局之后的加时赛也被取消，如果最后小组出现两支球队积分相同的情况，则另外以一场附加赛决定出线球队。

这届世界杯也是参赛的不列颠系势力最为壮大的一次。除了英格兰队之外，苏格兰队、北爱尔兰队也都晋级，威尔士队当时在小组赛名列第二，但最终在附加赛战胜以色列队之后，也顺利晋级决赛圈。

英格兰队被分在了当时的死亡之组，同组的对手除了有相对较弱的奥地利队之外，还有巴西队这样的夺标热门和带着一丝神秘色彩的苏联队。

这已经是英格兰队第三次参加世界杯，但是三狮军团的备战仍然莫名其妙的一片忙乱，球队不可思议地在世界杯开幕前两天才抵达瑞典。等球队在哥德堡市中心的一家酒店安顿下来之后，主帅温特伯特姆才开始在那座城市四处寻找训练场地。而球员也对这届世界杯冷淡的气氛表示不满，他们参加的大部分比赛上座人数都不到5000人，有时甚至还不到2000人。这种上座率在英格兰球员看来，是不可想象的，因为当时即便是英格兰俱乐部非正式的训练比赛，也会有上千人入场围观。

6月8日，英格兰队在小组赛首战对阵苏联队。由于政治原因，苏联队多年来和欧洲诸强不通音信，因此这支苏联队被看成那届世界杯最为神秘的一支球队，尤其是外界对于该队门将雅辛近乎超能力的渲染，更让苏联队的实力变得不可捉摸。

英格兰队对于苏联队倒是并不陌生，他们在世界杯前一个月刚刚在列宁体育场和苏联队打了一场友谊赛。那场比赛苏联队发挥不佳，最后凭借着运气才勉强保住了一场平局。赛后有未能随队观战的英格兰记者询问海恩斯，苏联人是否有想象中的那么厉害。海恩斯调侃道："他们不是装备着秘密武器来自外太空的超人，即便是的话，那些武器似乎也没有让他们变成什么超人级别的球员。简而言之，他们仍然是人类，而在比赛那天，他们似乎只是一群还算优秀的球员而已。"

不过在瑞典，苏联人可并不客气，他们在开球一小时的时间里已经以2比0领先。英格兰人发现自己陷入了身体对抗的苦战之中，尤其是老将芬尼，在这场比赛中频频被苏联后卫轮番侵犯。英格兰队好不容易扳回一球，但却被判对苏联队守门员雅辛犯规在先。最终还是苏联队后卫自己在防守时出现疏漏，没能及时解围赖特送出的任意球长传，被效力于西布朗的德雷克·凯文将皮球捅入苏联队球门。

之后苏联队逐渐被英格兰队压制。罗布森攻入一球，再次被裁判吹罚无效，直到比赛结束前6分钟，海恩斯切入禁区为英格兰队赚得点球。雅辛对这次判罚表示愤怒，他追着裁判申诉，在最终无果的情况下一把将自己的帽子扔在地上泄愤。而当芬尼站在12码处准备罚球时，就连身经百战的英格兰老队长赖特也背过身去，不敢注视队友罚球的全过程。最终芬尼顶住巨大的压力，将皮球罚进了球门右侧。英格兰队最后艰难地将比分扳为2比2平。

芬尼虽然拯救了英格兰队，但这位36岁的老将却在对阵苏联队的比赛中受伤不轻，等到比赛次日，他甚至已经无法正常行走。

一名国家队的队友回忆说，芬尼在第二天"拖着两条满是淤青的伤腿，光是从起床到去盥洗室就用了足足10分钟。"温特伯特姆只好让这名老将在余下的比赛里休息养伤，而这记点球也成了芬尼个人在世界杯上的最后一粒进球。

在3天之后对阵巴西队的比赛中替代芬尼位置的，是效力于利物浦队的阿考特。利物浦队当时还在第二级别联赛中挣扎，因此阿考特被普遍认为缺乏经验，他仅仅在世界杯前入选过一次国家队。那场比赛还是1957年英格兰队唯一输球的一场比赛：主场以2比3输给了北爱尔兰队。

这场比赛的场面乏善可陈，英格兰队在芬尼缺阵的情况下进攻萎靡。除了阿考特之外，英格兰队进攻线上的博比·史密斯、布拉布鲁克及布罗德本特在世界杯前都没有在国家队出场的经验。依靠这样一套略显平庸的阵容，要想攻破巴西队的防线，其难度可想而知。这场比赛中只有海恩斯的远射威胁到了巴西队的球门，不过好在巴西队的射门先后击中了横梁和立柱，英格兰队的控球仍然略占优势，比赛最终以0比0宣告结束。

这是世界杯历史上首场互交白卷的平局，也被很多人认为是那届世界杯夺冠局势的一次转折。因为在90分钟未能攻破英格兰队球门的巴西队在赛后开始调整阵容，当时年仅17岁的贝利在膝盖伤势痊愈之后被巴西队主帅费奥拉进入主力阵容，这位日后的"球王"很快就在对阵苏联队的第三场小组赛中助攻队友得分，并且在四分之一小组赛对阵威尔士队时攻进绝杀对手的一球，他以17岁239天成为当时世界杯最年轻的进球者，紧接着半决赛上对阵法国队，贝利上演了"帽子戏法"，并在决赛对阵瑞典队的比赛中梅开二度，最终帮助巴西队以5比2战胜东道主夺冠。

而英格兰队这边，以0比0战平巴西队的比分似乎并没有对温特伯特姆产生任何触动。英格兰队阵中当时并非没有贝利那样的少年英雄，在慕尼黑空难中幸存的博比·查尔顿当时仅有20岁，是英格兰媒体和球迷眼中最具有希望的新星。然而，温特伯特姆和英足总的国际赛事遴选委员会最终却没有将查尔顿放入主力行列。他被排除在主力阵容之外的理由有两个：一个是"缺乏经验"，另一个则是温特伯特姆等人当时认为"查尔顿并不是一个能够支撑90分钟全场的球员"。

6月15日，两战皆平的英格兰队在小组赛末战中对阵奥地利队。三狮军团当时的出线命运仍然牢牢掌握在自己手中。不过，实力明显占优的英格兰队在这场比赛中的进攻却混乱不堪，他们从比赛一开始就出现各种传球失误，中前场球员几乎都在疲于奔命地进行丢球后的反抢，很少能打出连贯和持续的进攻。第16分钟，奥地利队依靠禁区外的一脚远射以1比0领先，英格兰队直到下半场才由海恩斯抓住奥地利队门将的门前失误补射空门扳平比分。

虽然在扳平比分之后，英格兰队在进攻上继续占优势，但是奥地利队已经稳住阵脚，开始耐心与三狮军团周旋。在距离比赛结束还有20分钟时，奥地利队在禁区混战中再度打出一脚远射想碰碰运气，这一次视线被阻挡的麦克唐纳扑救不及，只能目送皮球在弹到球门右侧立柱后滚进球门。濒临绝境的英格兰队这才开始反弹，凯文再度将比分扳平，而在比赛的最后时刻，英格兰队大梦初醒却为时过晚，罗布森的绝杀进球被一名匈牙利边裁吹罚手球在先，比赛最终定格在了2比2上，英格兰队不得不和苏联队通过附加赛争夺一个小组出线名额。

在对阵苏联队的附加赛前，英格兰队仅有48小时的备战时间。而那已经是他们在5个礼拜之内第三度面对这支东欧球队。这是一场典型的英格兰败仗：球队在攻守两端都表现得并不糟糕，但是唯一糟糕的是英格兰队的运气。有"黑蜘蛛"之称的雅辛被普遍认为是20世纪最伟大的守门员，而布拉布鲁克的射门先后两次让雅辛无计可施，但是这两记原本有可能成为绝杀的射门都被门柱挡出门外。英格兰队在1950年对阵美国队之后，再一次感受到了命运女神的嘲弄。第69分钟，英格兰门将麦克唐纳的解围质量低劣，苏联球员阿纳托利·伊雷因在截下皮球后随即似传似射地起脚，皮球在击中英格兰队立柱之后直接弹进了球门，比分变为1比0，这也是全场比赛的唯一一粒进球。

英格兰队第二次在世界杯小组赛阶段被淘汰，英格兰媒体对温特伯特姆和英足总在世界杯中的表现极为不满。《每日快报》更是直接向英足总和主帅问责："现在每一位英格兰球迷和我们一样，都想知道为什么博比·查尔顿会被一直排除在首发阵容之外，他的天才就这样被英足总和温特伯特姆所扼杀。"

队长赖特对英格兰世界杯之旅的总结也让人绝望："1950年巴西世界杯，我们一无所知，1954年瑞士世界杯，我们懵懵懂懂，似懂非懂，直到1958年瑞典世界杯兵败，我们似乎才明白了些什么。"

主帅温特伯特姆在率队返回英国时，也在伦敦希斯罗机场遭遇到了尴尬。英格兰队主帅的妻子带着他们的一对儿女前来迎接丈夫，不过在和妻子、女儿握手拥抱之后，温特伯特姆准备和自己的儿子握手时却遭到了拒绝。小温特伯特姆愁眉不展地注视着父亲，在众人注视之下，问出了那句令老温特伯特姆尴尬至极的问题："爸爸，你究竟为什么不用博比·查尔顿？"

八、温特伯特姆的谢幕
（1958—1962年）

　　征战1958年瑞典世界杯的英格兰队的主力阵容，在世界杯后仅剩下队长赖特和芬尼这两员老将。而在世界杯结束之后的一年时间里，这两名功勋老将也先后隐退，1946年二战后组建的那支首批国家队，所有球员至此全部淡出了国家队阵容，温特伯特姆也在1962年智利世界杯前，正式完成了国家队的换代工作。

告别老将

　　芬尼仅仅在世界杯首战苏联队的比赛中出场一次，就被对方球员踢伤，告别了世界杯剩余的比赛。等到世界杯结束之后，芬尼虽然在下半年的三场国际比赛中两次入选首发阵容，但是这两次入选明显是温特伯特姆和国际赛事遴选委员会对这名老将的最后礼遇。芬尼最后一次代表国家队出场是友谊赛主场对阵苏联队，他在攻进1球后将自己的国际比赛总进球数增加到了30球，也打破了之前由伍德沃德保持的29球的国际比赛进球纪录。10月22日，芬尼12年的国家队生涯也正式画上了句号。

和芬尼前后退役的还有洛夫特豪斯。这名老将未能随队出征1958年瑞典世界杯，不过国际赛事遴选委员会同样在世界杯后给了他两次首发机会，他在11月26日对阵威尔士队的比赛中追平了芬尼刚刚创造的30球纪录。"维也纳雄狮"也从此退出了国家队。

"46班"至此在国家队仅剩队长赖特一人。1959年4月11日，英格兰队对阵苏格兰队，依旧以队长身份首发的赖特成为世界足球史上首位代表所在国家队打满100场国际比赛的球员。

赖特收到了足球圈里的上千封贺电。不列颠系的英足总和各家足协全部为赖特献上了百场贺礼。赖特所效力的狼队所在的沃尔夫汉普顿，也在这一天授予他荣誉市民的称号。不过，最让英格兰人感到骄傲的是，西德队主帅赫尔贝格也在4月11日亲自来到英格兰向赖特致贺，他的贺礼是一对名贵的纯银烛台。之后赖特甚至收到了来自白金汉宫的请柬，女王特意邀请他前去参加王室的晚宴。布拉巴松勋爵在贺词中称他为"我们这个时代的英雄"。

在备受恩荣的同时，赖特也开始筹划起自己的挂靴事宜。当时他已经为狼队效力了541场比赛，整个20世纪50年代，赖特仅仅缺席了俱乐部的31场比赛，而在13年的国家队生涯里，赖特居然一度连踢了70场比赛才获得轮休机会。和马修斯等人退出国家队之后又在俱乐部征战多年不同，当时35岁的赖特已感疲惫，准备在那个赛季结束之后彻底挂靴。

1959年春天，他率领狼队第三次夺得顶级联赛冠军，就此宣布在俱乐部功成身退。不过，在英格兰队，赖特似乎并不想让自己的出场次数就此定格在完美的100场上。恰好英足总在5月初联赛结束之后组织了第二次的美洲之旅，因此经过和英足总的沟通，赖特最终决定在参加完美洲巡回赛之后，再正式向公众宣布退役。当然，赖特如果知道自己会在美洲之旅卷入一场巨大的公关危机中，那么他多半会选择立刻结束自己的国家队生涯。

公关危机

在出征美洲之前，英格兰队5月6日先在温布利迎战意大利国家队。英格兰队在上半场很快就以两球领先对手，不过下半场这些刚刚结束联赛征战的球员似乎在场上开起了小差，结果他们被意大利队连扳两球，最终以2比2被对手逼平。

在英足总和球员眼里，这本来只是一场结果略有遗憾的普通友谊赛，但让所有人始料未及的是赛后媒体对此的反应。在此之前，英格兰媒体对国家队的态度一向温和，一般位于报纸末版的体育版面，除了对比赛本身的报道之外，即便有针对某个球员或教练的评论，也大都是风格诙谐幽默的嘲讽，很少出现直接针对某个人的尖锐批评。1958年世界杯前当英格兰队在友谊赛上以0比5大败于南斯拉夫队时，媒体在愤怒之余一度蠢蠢欲动，一度将矛头对准了当时球队的前锋德雷克·凯文。效力于西布朗的凯文并不以技术见长，因此在成为媒体的靶子之后，他脚底粗糙的技术成了媒体疯狂嘲笑的话题："和凯文相比，大概同样以身体对抗著称的洛夫特豪斯也是达·芬奇那个级别的艺术大师了。"不过，凯文在世界杯小组赛打进两球之后，见风使舵的媒体很快又将他捧为"永不言败的英雄"，那场口诛笔伐因此也并未形成旷日持久之势。

"还有48个小时就要飞往两万英里以外的南美洲，但是英格兰队却令人悲哀地以一个屠弱战俘的姿态跃入了无底深渊，而造就这场耻辱平局的正是我们的队长赖特。这是他的第101场国家队比赛，也是他踢得最为差劲的一场比赛。"也许在今天看来，这段文字的抨击力度并不算如何有力，但是在当时的英格兰，这已经算是大尺度的批判文章了。文章的作者萨姆·里奇供职于《每日先驱报》，这份报纸正是今天《太阳报》的前身。

里奇在当时的记者圈中，以撰文写稿时经常狂暴地猛敲打字机而闻名。不过，和在他笔下被抨击的球员相比，他对打字机的态度已经要温柔得多了。他被看成英格兰体育媒体发展史上的转折人物。从他开始，英格兰体育媒体的报道态度开始转向，从温和转向冷酷和挑剔。由于这样的报道更能赢得当时球迷的眼球和回应，因此整个体育媒体圈也都逐渐转舵，开始一致地痛批国家队。一夜之间，仿佛每份报纸的体育版都突然开始咆哮起来。

如果英格兰队能够在南美之旅的比赛中初战告捷，也许他们会和世界杯前的凯文一样，最终也能安然度过这次公关危机。然而抵达南美之后，三狮军团竟然开始了史无前例的三连败。他们先是被巴西队2比0击败，之后竟然1比4不敌秘鲁队，然后又被墨西哥人以2比1战胜。里奇等人在笔下也丝毫不给国家队留情面："英格兰人在巴西人面前溃败，被秘鲁人的进攻碾成了齑粉，之后又在墨西哥狼狈地挨了一顿痛殴。"尤其是对阵秘鲁队一战，里奇等人更是在报刊上将自己渲染得和战地记者一般："就在我现在打字的时候，身旁这道足有12英尺高的围栏正被看台另一侧的秘鲁人疯狂地敲击着。他们得意洋洋地朝着我喊道，这真的是你们国家的一线队吗？此时此刻，我就像置身在9年前的贝洛奥里藏特一样，当时美国队1比0击败了我们，而秘鲁人原本可以8比1将我们撕个粉碎，英格兰足球的美名美誉，今天就这样陷于淖泥之中。"这类报道将球迷煽动得怒不可遏，几乎人人在阅读报纸时都会拍案而起，怒斥国家队球员的尸位素餐和毫无血性。三狮军团被空前的负面舆论气氛所笼罩。

里奇等人很快就将火力集中在了赖特和海恩斯这一老一少两名球员身上。赖特之前的一世英名几乎被这三场比赛的表现彻底摧毁，他从一个月前的"时代英雄"变成了一个暮气沉沉的老朽之人，而海恩斯则因为表现不佳，被里奇等人描述成了一个喜怒无常、暴躁任性的庸碌之人。

5月28日，英格兰队抵达洛杉矶，再度约战老冤家美国队。里奇等随队记者当时已经磨刀霍霍，一旦三狮军团再度兵败，他们似乎准备就地审判全队球员。这是英足总美洲之旅的最后一场比赛，也是老队长赖特最后一次代表国家队出战。他们最终在客场以8比1横扫美国队，总算出了一口胸中的恶气，而里奇等人只能悻悻作罢。

为期三周的美洲巡回赛，英格兰队看上去没有收获半点场上的积极因素，反倒彻底打开了媒体的"潘多拉盒子"，在返程之后成了国人千夫所指的对象。返回伦敦之后，英足总经过内部磋商之后，决心对里奇这样的随队记者开刀。英足总的国际赛事遴选委员会主席米尔斯亲自发表声明，希望国家媒体委员会介入调查此事："和许多球员一样，这次和英足总一同前往美洲的一些记者也经历了他们人生中的第一次长途旅行。然而，他们的报道却和期待中的相差甚远，这些报道远离事实，错误的误导读者和球迷。这些记者以及他们的报道已经伤害了英格兰足球和不少球员的名誉。我们在此郑重请求国家媒体委员会介入此事，以避免今后类似的事件再次发生。"

然而，国家媒体委员会对英足总的提议并不积极，此事最终不了了之。而经过英足总这次的打击报复之后，媒体对待英格兰队的态度更加尖酸刻薄。在两者一度对立的情况下，大部分球迷也在不知不觉中站到了媒体这一边，他们选择让媒体通过报道的方式来承载自己的期待、焦虑和愤怒。

美洲巡回赛结束之后，老队长赖特正式宣布退役。这名老将在退役之后第二年就被英足总任命为英格兰的青年队教练。1962年，他接过阿森纳的帅印。1962—1963赛季，他率领"枪手"阿森纳拿到了联赛第七名，帮助球队历史上首次晋级欧洲赛场。然而之后，赖特的执教成绩开始逐年下降，阿森纳最终在他执教期间的胜率还不到四成。1966年夏天，英格兰队在赖特的老队友拉姆齐的率领下夺得世界杯冠军，而赖特却在世界杯前因为俱乐部战绩不佳（阿森纳队当年仅在联赛排名第14位）被董事会解雇。阿森纳球迷、资深记者格兰维尔认为，赖特在阿森纳队的帅位上"手无实权，而面对外界的批评，却每每会做出孩子般的幼稚反应"。从兵工厂挂印之后，心灰意冷的赖特再也没拿起过教鞭，他在1994年9月3日病逝，终年70岁。和之后于2000年葬于不列颠尼亚球场的老友马修斯一样，他也选择将自己的俱乐部球场作为了自己的归宿，赖特的骨灰被洒在了狼队魔力纽克斯球场的草坪上。

否极泰来

赖特退役之后，效力于布莱克本的克莱顿接过了队长袖标。他也是英格兰队历史上最为倒霉苦命的队长之一。在作为队长为国家队效力的前四场比赛中，英格兰队一胜两平一负，只在不列颠锦标赛上赢了北爱尔兰队，却先后被威尔士队和苏格兰队逼平，并且在友谊赛中输给了瑞典队。媒体对克莱顿在场上作为队长和右中场的表现都颇为不满，一场针对新队长的抨击运动开始酝酿。

媒体原本想在1960年5月11日国家队打完对南斯拉夫队的比赛之后集体再来找克莱顿的晦气。然而偏偏就在这个时候，克莱顿在俱乐部以队长身份率领布莱克本队在足总杯决赛和狼队相遇。结果布莱克本在温布利被狼队3比0痛击，克莱顿因为表现糟糕提前遭到了媒体的集体炮轰。他首先被插上的罪名是"在场上没有激励队友的能力"，批评一直持续到国家队对阵南斯拉夫队的赛前。那场比赛英格兰队虽然在落后3球的情况下最终将比分扳为3比3平，但是克莱顿的命运已经注定。隔岸观火的外国媒体称英格兰记者已经凶神恶煞一般地"将他们的队长推上了审判席"。类似"克莱顿必须走人"这样的标题充斥着英格兰大小报刊的体育头版。而这一次，他们如愿所偿，克莱顿不仅队长袖标不保，而且在这场比赛之后再没有入选过国家队。这也是英格兰队史上第一次因为媒体所制造的影响而轰走自己的队长。

克莱顿被英足总抛弃之后，当时不到26岁的海恩斯被任命为队长。新队长依旧气运不佳。海恩斯履新后的前两场比赛，英格兰队先后输给了西班牙队和匈牙利队。这样，在1958年瑞典世界杯结束后的两年时间里，英格兰队的输球场次已经多达6场，他们仅仅赢得了4场比赛，如此糟糕的战绩是英格兰队历史上前所未有之事。1960—1961年，海恩斯等人的精力又被国内关于球员最高工资限额的争论所分散。

一些球员认为他们的过低薪金才是英格兰足球这两年陷入萎靡的根本原因。1960年夏天，英格兰联赛的球员一周最多仅能赚取17英镑的薪金，到了1960—1961赛季，这一标准被提高到20英镑。此后在媒体的曝光下，球员工会开始逼迫联赛委员会就范。到了赛季末，联赛委员会发现大势已经不可逆转，他们只能被迫取消球员工资限额，否则就将接受法庭的裁决。而在咨询顾问律师之后，他们被告知在法院获胜的机会微乎其微。这样，到了1960—1961赛季结束之后，球员的工资在限额被取消后连翻数倍。英格兰队队长海恩斯更是成为了球员中的金领，他也是英格兰球员中首个达到100英镑周薪的球员。

　　不过，这场工资限额之争仍然在一定程度上干扰了英格兰足球。在限额被宣布取消之前，一部分丧失耐心的优秀球员开始选择转会海外俱乐部效力，而英格兰俱乐部当时对意大利俱乐部狂挖墙脚的行为也并不排斥。以当时效力于切尔西的格里夫斯为例，在他转会AC米兰的交易中，切尔西拿到了8万英镑的天价转会金额，而格里夫斯自己则有1万5千英镑的签字费入账，他的周薪也瞬间从20英镑暴涨到了120英镑。

　　格里夫斯是温特伯特姆未来计划中的重要人物，他的转会一度让英足总相当抓狂。因为按照当时的相关规定，即使英足总对他发出征召，AC米兰俱乐部也没有放他参加国家队比赛的义务。好在国内的球员工资限额问题随即解决，而格里夫斯在意甲过得也并不顺心。4个月后，他在为红黑军团出场12次打进9球之后又回到了英格兰联赛。

　　英格兰队队长海恩斯将格里夫斯远走意甲称为是打击国家队的"一场小小悲剧"，因为格里夫斯是这支年轻的英格兰队重新磨合和找回状态的关键人物。他是那种天生拥有禁区嗅觉的射手，总是能打出那种力量十足却在门将扑救范围之外的低射。和前辈洛夫特豪斯相比，格里夫斯在场上的斗志可能比"维也纳雄狮"稍逊，但是他拥有速度方面的优势，大部分贴身盯防他的后卫总是会被他在10码之内轻松甩开。

　　1956年以17岁的年龄加盟切尔西青年队后，格里夫斯因为在青年队一个赛季打入114球，立刻被选入切尔西成年队。他在1957年8月24日首次登场，就在对阵热刺队的比赛中进球。之后的三年时间里，格里夫斯两年称霸联赛射手榜，年仅20岁就上演了"帽子戏

法"，并在同年让自己在顶级联赛的进球数突破100个。1960—1961
赛季，他在英格兰顶级联赛的入球数高达41个，这一纪录切尔西至
今无人能破。

1961年，在AC米兰短暂逗留了4个月后，热刺队主帅尼克尔逊
以99 999英镑的奇怪价格将他带回了英超。关于他的身价，一直有
说法称是因为尼克尔逊善解人意，不希望格里夫斯成为史上首个
身价达到10万英镑的球星，因为这通常会让球员背上巨大的心理包
袱。不过，格里夫斯却在近年否认了这一说法。他透露说，尼克尔
逊其实是为了缓解自己的压力，因为热刺队主帅也不想成为历史上
首个斥资10万英镑购买某个球员的主教练，因此才提出了这一古怪
报价。不管怎样，格里夫斯在1961年重回英格兰之后势不可挡，他
在之后的8年时间里4度荣膺联赛金靴，在英格兰队被温特伯特姆器
重是顺理成章的事情。

让当时的球迷和媒体更加兴奋的是，格里夫斯并不是一枝独
秀。和他前后进入国家队的还有右后卫阿姆菲尔德和左后卫雷·威
尔逊。阿姆菲尔德当时效力于布莱克浦队，他所体现的能力和信心
并不让人惊奇，因为在俱乐部，他在右路的搭档正是马修斯爵士。
在马修斯的调教和影响下，阿姆菲尔德不仅铲抢精确而凶狠，而且
助攻欲望旺盛，很快就成为了一名攻守兼备的球员。

威尔逊的伯乐则是日后率领利物浦成就霸业的名帅香克利。在
1960年接到国家队的征召令之前，威尔逊白天是一名铁道学徒工，
在铁路上巡查维护，晚上则随哈德斯菲尔德队训练。香克利在1956
年开始执教哈德斯菲尔德，仅仅用了三年时间，威尔逊就被调教成

了英格兰的顶级左后卫。他在防守中从来不用依靠丑陋的犯规和小动作，而是喜欢用干净利落的滑铲瞬间解决战斗。英格兰媒体称赞他在左后卫这一角色上的表现是"艺术殿堂级别"的。

格里夫斯和阿姆菲尔德都是在英格兰看似一无是处的美洲巡回赛中上演的国家队首秀。格里夫斯在对阵秘鲁队的比赛中攻进了英格兰队唯一的进球，而阿姆菲尔德则在之前那场对阵巴西队的败仗中首发。威尔逊进入国家队时间稍晚，是1960年4月对阵苏格兰队的比赛中首次代表国家队出场，那正是克莱顿作为英格兰队队长的倒数第二场比赛。

三人的首秀比赛都在赛后被愤怒的媒体说得毫无亮点，但这3名球员的迅速成长很快就证明了媒体的短视。随着以他们为代表的本土年轻球员在国家队站稳脚跟，英格兰队突然再次跃身成为了世界强队之一。

在新秀悄悄冒头的同时，英格兰队也终于止住了他们的连败势头。1960年10月8日，他们在客场对阵北爱尔兰队的比赛中5比2胜出。11天后，英格兰队开始征战世界杯预选赛。小组第一个对手是卢森堡队，三狮军团在客场一口气攻进9球，格里夫斯和查尔顿都各自上演了"帽子戏法"。英格兰队的士气随着这场大胜开始回升，之后他们在友谊赛中4比2战胜西班牙队，后者刚刚在一年前3比0完胜英格兰队。这场比赛宣告被温特伯特姆看中的这群年轻人已经初步完成了磨合。11月下旬，随着他们5比1横扫威尔士队，英格兰队在仅仅4场比赛的进球数已经高达23个。格里夫斯在赛后兴奋地对媒体说道："沃尔特（温特伯特姆）已经铸造出了一支年轻的英格兰团队，球队现在的各个位置都非常均衡。"

1961年4月15日，一年一度的不列颠锦标赛上，英格兰队在温布利主场对阵拥有丹尼斯·劳的苏格兰队。温特伯特姆此时已经对球队的磨合程度基本满意，因此他排出了与之前4场比赛近乎一样的阵容，而在温布利的贵宾包厢里，伊丽莎白二世女王也携其丈夫菲利普王子亲自督战。

开场仅10分钟，罗布森就在禁区弧顶附近抬脚怒射破门。9分钟后，格里夫斯将比分扩大为2比0。上半场结束前，苏格兰队门将海弗在阻挡海恩斯的传中时门前脱手，将皮球笨拙地碰到了格里夫斯的脚下，后者轻松捅射破网，英格兰队带着3球优势回到了更衣室。

苏格兰队并非全无还手之力。上半场戴夫·威尔逊的进球被判无效，而麦凯则在下半场刚刚开球后任意球直接破门扳回一球。7分钟后，威尔逊又在禁区里奋不顾身地鱼跃冲顶，将队友的传中顶入英格兰队网窝，把比分改写为3比2。被对手连扳两球的英格兰队有被翻盘的危险。

不过，这个比分仅仅保持了1分钟，格里夫斯就快速开出前场任意球，道格拉斯的劲射打破了苏格兰队门将海弗的十指关。英格兰队再次将领先优势扩大到了两球。然而最为重要的是，这粒进球也彻底冲垮了苏格兰队门将的信心。最后15分钟，苏格兰队的防线一溃千里，英格兰队竟然连入5球，平均每三分钟，海弗就得垂头丧气地从球门里捞出皮球，格里夫斯完成了本场比赛的"帽子戏法"，而海恩斯也在3分钟内独中两元，另外两球则由博比·史密斯攻进，苏格兰队虽然再次扳回一球，但是9比3的比分已经让他们颜面扫地。这也是当时英格兰队在温布利所取得的最为悬殊的胜场比分。

距离狂胜苏格兰队还不到一个月，英格兰队又在主场以8球横扫墨西哥队，而这还是在主力球员格里夫斯和史密斯缺阵的情况下。之后他们在预选赛中对阵葡萄牙队一胜（2比0）一平（1比1），并在主场4比1再次大胜卢森堡队，顺利拿到了智利世界杯的入场券。在友谊赛中，他们也在罗马以3比2力克欧洲另一支劲旅意大利队。这一系列的胜利又让见风使舵的媒体躁动了起来，几乎每个人又都重新开始憧憬这支球队能在智利世界杯上给人以惊喜。

远征智利

自从巴西世界杯后，英足总已经数次组队奔赴南美洲进行夏季的巡回赛拉练。应该说和12年前相比，英格兰球员不管是对南美洲球队，还是天气地理，都已经相对熟谙。然而在1962年的智利，三狮军团的备战仍然远远谈不上完美。

首先是智利当时刚刚经历了一场大地震，整个国家还没有完全从灾祸中恢复。虽然他们为了世界杯兴建了新球场，但是四座比赛场馆所在城市之间的距离遥远且交通不便，参赛球队在路上吃尽了苦头。此外贵得离谱的票价让这些球场在比赛时空空如也，当地居民的生活还普遍处于物资匮乏的贫困线上，而球场和球队驻地外的屋子设施也让英格兰媒体咋舌，他们用"原始"（primitive）来形容当地的生活质量。

英格兰队这次的驻地设在智利哥雅山区的一座隶属于美国布

莱登铜矿公司的营地。这里是世界上最大的地下铜矿所在地，英格兰队将驻地选在这里，确实能够最大限度地避开外界的干扰。而且在智利这样的南美洲国家，一家大规模矿产公司的营地通常要比当地酒店的设施好得多。尽管如此，不少球员还是无法适应这里的生活。当时格里夫斯和博比·穆尔两个人共住一间矿工宿舍，那是南美洲的那种简陋的瓦片小屋。此时正逢雨季，密集的雨点砸在房顶的瓦片上，格里夫斯说他每天晚上都会被这种声音吵醒。而一到开饭时间，球员们都得心惊胆战地穿过一座狭窄而年久失修的危桥。在习惯了豪奢生活的现代球员看来，1962年的英格兰队与其说是去征战世界杯，不如说是被发配到边远矿区去劳动改造。而在南美洲这种地区常驻，英足总居然没为国家队配备专门的队医。效力于谢菲尔德星期三队的后卫彼得·斯旺，在随队出征前患上了普通的扁桃体炎。由于没有得到正确和及时的医治，斯旺抵达智利后一病不起，之后又染上了痢疾。据当时的国家队队友回忆，斯旺的病情一度非常危重，别说训练和比赛，最后能够活着随队返回英格兰，已经算是他的造化了。

在世界杯前，英格兰队只打了一场热身赛。他们做客利马对阵秘鲁国家队。那场比赛格里夫斯上演了"帽子戏法"，三狮军团4比0大胜对手。这场比赛的历史意义直到4年之后才逐渐被人们意识到，因为一位来自西汉姆的年轻人上演了自己的国家队首秀，这就是日后成为英格兰队功勋队长的博比·穆尔。穆尔在当时的年轻才俊中并不算突出，"头球优势不足，又毫无国家队出场经验，性格犹疑的庸碌之辈"，这是当时足坛名记肯·琼斯对穆尔所下的考语。只有温特伯特姆慧眼识珠，不仅坚持让穆尔入选最后的22人大名单，而且在小组赛首战匈牙利队时，力排众议，让穆尔进入了首发阵容，顶替在国家队更有经验的罗布森。

自从1953年和1954年的那两场惨败之后，英格兰队只和匈牙利队在1960年的布达佩斯交手过一次。那场比赛英格兰队依旧以0比2的比分落败，而在智利世界杯的小组赛中相遇，英格兰人发现昔日那支匈牙利队中的主力球员大多已经退役，只有守门员格罗希奇一人经历过温布利的那场6比3比赛。随着黄金一代球员的凋零，眼下这支匈牙利队已经今非昔比。不过，时任匈牙利队主帅的包罗蒂斯仍然对战胜英格兰队信心十足，甚至在小组赛前面对媒体，他都毫不隐晦自己的主要战术："英格兰队的10号球员（队长海恩斯）要干的事情实在是太多了，角球由他主罚，界外球他也去掷，场上什么事情都要由他包办，这样的话我们还有什么选择？我们只要找一个人盯死他，英格兰队就该打道回府了。"

尽管匈牙利队赛前就已经明白地将自己的战术公之于众，但是海恩斯似乎在比赛中仍然有些准备不足。在匈牙利队防守球员的死缠烂打之下，这位心思敏感的富勒姆球星完全迷失了状态，英格兰队的进攻大部分时间处于哑火状态，匈牙利队得以在上下半场各入一球。而英格兰队在0比2落后的情况下，只能依靠弗劳尔斯的点球扳回一球，最终以1比2再次负于匈牙利队。

英格兰队的第二个小组对手是阿根廷队，他们之前刚刚3比1战胜保加利亚队。阿根廷队和保加利亚队的那场比赛被演成了一出肉搏战，双方的犯规从未停歇，从开场持续到伤停补时，最后90分钟的比赛里，主裁判竟然一共吹罚了69次任意球。全场比赛结束后，一位保加利亚球员被场边的媒体叫住现场验伤，结果记者发现他的双腿被鞋钉印的淤青所覆盖，鼻梁也在争顶头球时被撞断，其状甚惨。英格兰人听闻这则消息后，对对阵阿根廷队的次战更加忐忑。

也许是首战保加利亚队的肉搏战使其体能损耗严重，6月2日出现在英格兰人面前的阿根廷人并未在开场展开对攻，反而是在中后场死守，很少轻易进攻。这支英格兰队对铁桶阵并不畏惧。第17分钟，英格兰队皮考克的头球攻门被阿根廷队中卫在门线上用手挡出，主裁判果断判罚了点球。弗劳尔斯连续第二场比赛12码劲射破网，为英格兰队拔得头筹。而在上半场结束前，博比·查尔顿在禁区外的远射直挂球门右下角，英格兰队在中场休息时以2比0领先对手。

下半场开场不久，格里夫斯又锦上添花，让英格兰队以3球领先阿根廷队。而此时阿根廷球员的体能似乎已经完全枯竭。英格兰队此球从后场突破，再到前场起脚射门，沿途竟然没有一名阿根廷队防守球员上前贴身干扰。终场前10分钟，阿根廷队攻进挽回颜面的一球，比分定格在了3比1。

由于匈牙利队和阿根廷队在6月6日的小组赛上战成0比0平，因此英格兰队对阵保加利亚队的小组赛末战仅需一场平局就能依靠净胜球的优势顺利出线。这场比赛仅有5700名观众，海恩斯之后调侃说富勒姆预备队比赛的观众数都比这要多。而这场比赛的过程也无趣至极，已经出局的保加利亚队无心恋战，而英格兰队又缩手缩脚，担心贸然进攻会遭到偷袭，结果两队谁都不愿意全力出击。《每日镜报》的随队记者威尔逊赛后抱怨道："我在这场比赛的90分钟里一共喝了

6杯咖啡，但是即便这样，我还是没法让自己清醒起来。"

最终英格兰队如履薄冰，但有惊无险地以小组第二名的身份顺利出线，匈牙利队以一胜两平的战绩排在小组赛第一名，和英格兰队平分的阿根廷队则因为净胜球劣势惨遭淘汰。英格兰队在淘汰赛首轮的对手正是四年前的小组赛对手巴西队。只不过这一次，巴西队顶着的是世界杯卫冕冠军的头衔。

四年前和巴西队相遇，贝利因为缺乏经验而没能被巴西队列入首发。在智利世界杯上，贝利则在第二场小组赛中因肌肉拉伤，再次无缘这场英巴之战。不过，阵容强大的巴西队还有加林查坐镇。绰号"小鸟"的加林查当时正值职业生涯的巅峰，他天生脊骨变形，左脚向外弯曲，且要比右脚短6厘米，但是身体残疾并不影响他在场上的身体对抗和速度，他的射门力量在世界足坛更是屈指可数。温特伯特姆赛前就早早警告弟子，要千万提防加林查在前场的威胁。不过在准备会上，就有球员绝望地问道："我们要怎样才能阻挡这个事实上根本阻挡不住的家伙？"此时的英格兰队在对阵顶级球队时已经没有了12年前的傲慢之气，而是开始未战先怯。

这场比赛果然成了加林查个人表演的舞台。英格兰队中后场的球员轮番上前防守，但是加林查大部分时间仍然能将皮球牢牢黏在自己脚下，直到完成传球和射门为止。在全场90分钟的比赛时间里，英语解说大部分时间都在描述加林查的盘带和传球。上半场第31分钟，加林查接队友开出的角球以头球破门。7分钟后，逐渐进入状态的英格兰队顽强扳平了比分，但是加林查却在比分被扳平之后越战越勇。第53分钟，他的任意球被队友瓦瓦攻进英格兰队大门。6分钟后，加林查在禁区外兜出一脚弧线球，皮球绕过飞身扑救的英格兰队门将斯普林格特，直坠球门右上角。英格兰队最终以1比3不敌巴西队。

将帅谢幕

第四次世界杯兵败，英格兰队回国之后所受到的抨击要比前三次大得多。一方面媒体已经脱胎换骨，一个个都以鞭笞队长海恩斯为乐。根据一些媒体的逻辑，如果不是海恩斯小组赛首战匈牙利队发挥失常，英格兰队不至于屈居小组第二名，也不会这么早就遭遇最终成功卫冕的巴西队。而海恩斯面对如同黑云压城一般的批评，却表现冷静，因为英格兰队长清楚，现在国家队中的大部分队友将在四年后英格兰本土举办的世界杯迎来自己职业生涯的巅峰，而到时自己也不过32岁，怀着对1966年率领英格兰队在本土夺取世界杯的期待，他对媒体的那些抨击并不在意。

然而，从智利回国刚刚两个月，海恩斯在布莱克浦突然遭遇车祸，他两只脚的踝骨全部骨折，膝盖也受伤不轻。这次车祸让海恩斯缺席了整整一个赛季，躺在病床上的他仍然认定脚踝伤势并没有想象中的严重，自己将会很快重返赛场。然而这次车祸重创了海恩斯的职业生涯。他在康复之后再也没能找回之前的状态，再也没能入选过国家队。车祸最终毁掉的，并不仅仅是海恩斯的职业生涯。2005年10月17日，海恩斯71岁生日的当天，他在爱丁堡驾车时再次遭遇车祸，而这一次医院经过30多个小时的抢救，最终还是没能挽回这位英格兰队前队长的生命。

就在海恩斯1962年8月遭遇车祸的同时，国家队主帅温特伯特姆也向公众表示，自己将在当月从三狮军团的帅位上卸任。其实早在国家队出征世界杯前，英足总和温特伯特姆已经就下课达成了一致意见。温特伯特姆的下课和英足总内部的人员变动有关。这要追溯到1961年3月，当时以英足总主席身份兼任国际足联掌门人的德鲁里突然去世，这位德鲁里正是在1950年巴西世界杯未将马修斯列入对阵美国队比赛首发名单的那个"格林斯比鱼贩"。他的去世让国际足坛当时最有权势的两个位置出现空缺。最终英足总主席的空缺由剑桥大学的格雷厄姆·道根填补，而国际足联的掌门人位置则由温特伯特姆的老友、当时英足总秘书长劳斯接任。劳斯则希望自己就任之后，空出的英足总秘书长一职，能够让温特伯特姆补缺。这在英足总内部一度已经形成了默契，温特伯特姆被告知在1962年智利世界杯结束之后准备进入英足总担任高层行政职务。

然而就在此时，英足总副主席汤普森爵士突然发难。他认为劳斯接任国际足联掌门人之后，又在英足总安插自己的亲信，将来难以节制，因此暗中游说英足总各部委的官员之后，坚持要以票选的方式决定秘书长人选。温特伯特姆在投票中毫无悬念地以20对50的悬殊劣势败给了汤普森挑选的候选人弗洛斯。不过，对这类政治斗争一向兴趣寥寥的英格兰队主帅并未和汤普森争执。他被安置到一个名为中央理事会（CCP）的机构担任总秘书长，1965年成为体育理事会的首位总监。1978年年逾65岁的他宣布退休。2002年2月16日，温特伯特姆去世，享年88岁。

九、拉姆齐掌印（1962—1966年）

选帅风波

随着1962年世界杯后温特伯特姆辞职下课，英足总也开始着手准备国家队的选帅工作。按说温特伯特姆的离任早在智利世界杯前就已确定，英足总应该早早开始和新帅候选人暗中接洽才对，但是英足总却在这几个月的时间里按兵不动。这倒也怨不得英足总的管理层效率低下，唯一熟悉国内足球事务的劳斯已经前往国际足联主席的位置上赴任，温特伯特姆如果成为新的秘书，可能会提前着手进行帅位的交接工作，但是偏偏温特伯特姆被排挤出了英足总。剩下的一众官员一个个精于派系内斗，对于足球事务却难称内行。因此，在温特伯特姆宣布辞职之后，英足总足足花了将近三个月才敲定新主帅人选。

英足总先是按照其固有的习惯，成立了一个6人的选帅委员会。这个小组最初考察的候选人只有两个——吉米·亚当森和丹尼斯·威尔肖。

亚当森当时年仅33岁，还是伯恩利的现役注册球员。他刚刚在1962年当选赛季最佳球员，并且以队长的身份率领伯恩利打入了足总杯决赛。亚当森从未入选过英格兰队，只在1953年被招入过一次英格兰B队，不过温特伯特姆倒是一直对他印象不错，甚至在智利世界杯期间将他招入教练组见习。这让人一度觉得英格兰前任主帅似乎有意将衣钵传给这位伯恩利球员，毕竟温特伯特姆当年被劳斯任命为英格兰队主帅时，恰好也是33岁。

威尔肖则和16年前的温特伯特姆更加类似。他在球员时代效力狼队，曾经12次入选国家队。退役之后的威尔肖醉心于足球理论和战术的研究，他比亚当森年长20岁，当时已经以足球理论家的身份在几所名校担任体育运动科学的讲师。和亚当森一样，威尔肖也没有任何执教经历，温特伯特姆对他的理论颇为欣赏。在亚当森和威尔肖的竞争中，温特伯特姆最终也倒向了威尔肖。他告知英足总，浑身散发着学术气息的威尔肖是他更为看好的英格兰队帅位继承人。

然而，媒体和球迷却对这两个人选都不以为然。经过这几年和其他欧洲强队主帅的比较，公众早已对英格兰队新帅形成了一套自己的标准：世界足球知识渊博；个人履历上必须有体面的执教经验和成绩；拥有发掘新星的眼光；有约束球员、管理球队的手腕。以这四项标准对照，亚当森和威尔肖都可以说是无一符合。而英足总的犹疑不决也给了媒体大肆炒作此事的时间。《每日快报》为此发起了新帅人选的投票，结果亚当森居然只获得了1%的选票。这也导致伯恩利球星在10月初宣布退出这项竞争："我还想再踢几年球。"亚当森此后又在伯恩利效力了两个赛季才正式挂靴。他直到8年之后才战战兢兢地拿起了教鞭，10年之间辗转执教于四支球队，最长的6年，最短的1个月。1980年从利兹联队下课之后，他再未涉足教职，直到2011年去世。而威尔肖之后则成为了斯托克城一所中学的校长，余生从事教学和科研工作，一直没执教过任何球队。

英足总最早圈定的这两个候选人让人感到莫名其妙，也许这类没有任何执教经验和背景的主教练会让高层觉得更易于相处和管理，就像当年的温特伯特姆一样。然而，随着两人的相继退出，英足总不得不将目光放在当时的几位本土教练身上。

在《每日快报》的调查投票中，呼声最高的当属伊普斯维奇的主教练阿尔夫·拉姆齐，这位10年前因为惨败匈牙利队而被英足总踢出国家队的前国脚一共拿到了17.5%的读者投票，位列第一。因为公众在各种对比和比较之下，发现拉姆齐几乎符合他们之前制定的全部标准。

拉姆齐在国家队一共效力5年，征战过巴西世界杯，是第一批认识到国际足球真实环境的英格兰球员。他在1955年从热刺队退役之后立即开始执教伊普斯维奇，7个赛季中，成绩斐然。伊普斯维奇当时在他的率领下，已经从第三级别联赛连升两级，冲入了顶级联赛，并且在英甲的第一个赛季，就以升班马的身份夺得联赛冠军。

　　除此之外，拉姆齐还以擅长挖掘球员的潜力而著称，他在伊普斯维奇的所有转会花销只有区区3万英镑，整支球队只有克劳福德入选过英格兰队的智利世界杯阵容，且属于国家队的边缘人物，并未有过什么出场机会。而在联赛冠军争夺中败北的热刺队，在一个格里夫斯身上的投入就将近10万英镑。因此，以《泰晤士报》为首的媒体对拉姆齐的执教能力大加赞赏："他击败了那些投资巨大的豪华军团，完成了几乎不可能完成的任务，他糅合了这个国家的足球传统和团队精神，再辅以简约有效的战术，最终夺得了联赛冠军。拉姆齐是这个领域当之无愧的天才。"

　　拉姆齐本人对英格兰队帅位的态度也很微妙，他并没有通过媒体向英足总示好，而是借着9月份接受《每日快报》采访的机会，向英足总摊出了自己的条件："英格兰队的新任主帅需要拥有俱乐部主帅那样的权力，他必须拥有对球队首发阵容的唯一决定权，同时他也必须可以独立制定球队的战术。这样才有意义，不管一名球员有多聪明和灵巧，他都终究只是一个个体而已。如果他不准备接受团队的纪律，那么我是不会选择这样的大牌明星入队的。"

　　拉姆齐的这次采访更像是一个候选人的个人陈述，他甚至专门提到了备战1966年在本土举办的世界杯："我们到时将没有任何借口，我们不能再说气候影响了球队的发挥，或是不洁的食物让球员状态受损。尽管如此，我们还是需要比以往更多的备战时间，英格兰队现在在大赛中缺乏的是解决各种问题的一套'程式方法'，如果能够在备战中解决这个问题，我相信我们能够在本土夺冠。"

1966年世界杯正是最令英足总不安的事情，因为在此之前，只有法国和瑞士这两位东道主没能在各自举办的世界杯上拿到前三的名次。而英格兰队参加的这四届世界杯，最好的成绩不过是8强而已，还有两次小组未能出线，现在拉姆齐喊出夺冠的口号，让当时的媒体和球迷为之一振。

最终磨蹭到1962年10月底，英足总才正式宣布任命拉姆齐为史上第二任英格兰队主帅的决定。英足总方面对拉姆齐的要求是：1966年世界杯夺冠。除此之外，拉姆齐享有制定球队大名单以及选择首发阵容的唯一决定权，不过他必须和英足总之后任命的教练总监合作。

拉姆齐的薪水也水涨船高，此前温特伯特姆一年只能领到2000多英镑，和地区警察局的一位警长收入相仿，而拉姆齐的年薪则高达4500英镑。温特伯特姆对自己的继任者非常看好："他肯定会圆满完成自己的任务。我对此非常确定，他是一位有着丰富国际比赛经验的俱乐部主帅，同时天性聪颖、喜欢思考，他是非常理想的人选。"

身兼两职

拉姆齐并没有立刻去英足总报到。由于当时作为联赛卫冕冠军的伊普斯维奇开局打得极为糟糕，因此拉姆齐决定要先帮助自己的俱乐部渡过难关。他在年底的最后一天去英足总履新，但是这只是走一走过场而已。因为双方有言在先，英足总将允许他率领伊普斯维奇打完赛季剩余的所有比赛，在1963年5月1日再正式上任。所以，虽然帅印从1962年10月开始就攥在拉姆齐手中，但是在1963年5月之前，并没有一位真正意义上的全职主帅负责国家队的日常事务。11月，英格兰队对阵威尔士队的比赛由于没有主帅负责，已经卸任的温特伯特姆甚至回到国家队担任了一次救火主帅。

新主帅人选确认之后，英足总开始逐步调整内部的高层结构。首先是那个"臭名昭著"的国际赛事遴选委员会，在拉姆齐成为国家队主帅6周之后就被裁撤。由于拉姆齐人在伊普斯维奇，无暇分身国家队事务，而国家队在1963年的前5个月还有比赛任务，这样英足总决定任命一位临时主管，并且借机恢复了国际赛事遴选委员会的建制。1963年1月底，英足总任命乔·理查为过渡期负责人，领导临时成立的国际赛事遴选委员会，负责当年上半年3场国际比赛的事务，而拉姆齐也是这个委员会的挂名委员。英足总仅仅要求他在委员会确定阵容之后，在赛前3天前往国家队和队员会合，等到赛后才能回到伊普斯维奇料理他的俱乐部事宜。

1963年年初，英格兰遭遇了百年不遇的严寒天气。泰晤士河面居然结冰，数千人由于无法适应严寒气候而死亡，整个英国社会也因为这一天气而秩序大乱：火车停运、机场关闭、公交系统濒临崩溃。在这种情况下，联赛也无法照常进行。一些俱乐部因为长期没有比赛日收入，甚至接近破产。因此在2月底，英格兰队队员前往法国征战欧洲杯时，队内不少球员都严重缺乏比赛锻炼，不少人在两三个月里只打了屈指可数的几场比赛。尤其是来自北方俱乐部的球员，那里的严寒天气更加恶劣，球员缺席的比赛也最多。以埃弗顿后卫拉波尼为例，他在1962年12月22日到次年2月12日将近三个月的时间里，一场比赛未打，因为这期间埃弗顿的所有主、客场赛事都因为天气原因而被取消。

欧洲杯是三年前刚刚创建的赛事，欧足联此举是为了填补世界杯之间这4年欧洲国家队的赛程空白。当时的赛制还较为古怪，从第一回合开始就在两支球队之间采取主、客场淘汰制。第二届欧洲杯首次参赛的英格兰队和法国队抽到了一起。1962年10月的首回合比赛，两支球队在英格兰希尔斯堡球场战成1比1平，当时的国家队还处于换帅阶段的混乱状态。首发阵容的锋线彼此未曾配合过，全队一共有4名球员是首次入选国家队，因此球员配合生疏，在门前也欠缺机会，以至于最终英格兰人被自己一向轻视的法国队逼平。

好不容易等到次回合，急于复仇的英格兰人又被国内的严寒天气所困，半数球员缺乏比赛状态。开球仅仅3分钟后，英格兰队的球门就宣告失陷，等到中场休息的时候，法国队已经领先3球。英格兰球员在踢了半场比赛之后似乎终于找到了感觉，下半场一开球，博比·史密斯和博比·坦布林就各进一球，将比分扳为3比2。然而就在这个时候，英格兰队的后防却突然崩盘，守门员斯普林格特噩梦一般的低级失误让法国队在短时间内连续再进两球，比分变为5比2。英格兰队球员在剩余的时间里再怎么鼓足余勇，也无法逾越两队之间的3球差距。

输给法国队让英格兰媒体颇为震动，这一方面是由于两国之间的历史宿怨，法国队是英格兰队最不能输的对手之一；另一方面则是英格兰长久以来在足球方面对法国人的心理优势。20世纪二三十年代，英格兰队几乎每年都要对阵法国队，战无不胜。那时媒体将两队之间的比赛称为"我们为法国人所开设的一年一度的足球课程"。如今英格兰队以大比分惨败给对手,拉姆齐自然被推到了前台:"没人能预料到法国队在今晚的比赛中能攻进5球,当我们打进第2球的时候,我还认为我们能够逆转对手,但是1分钟后法国队攻进的第4粒进球彻底毁灭了我们。"在从法国飞回伦敦途中,拉姆齐屡次遭受球迷的当面指责,他们认为英格兰队主帅不招老队长海恩斯归队是球队惨败的根源。而让拉姆齐尴尬的是,海恩斯偏偏和他乘坐同一架飞机返英。不过这一次,英格兰队的老队长只是以一名普通球迷的身份追随球队,为国家队助威。

和他的前任温特伯特姆不同,拉姆齐在伊普斯维奇执教时就已经熟谙和刁钻的英格兰媒体打交道的诀窍。事实上,如果不是媒体在选帅过程中为他造势,拉姆齐也不会这么容易接过国家队帅印。这场惨败并没有让拉姆齐丧气,他仍然开始在各种场合吹风,高调宣称英格兰队世界一流强队的地位。"英格兰球员是世界上最棒的,除此之外,我相信英格兰、英格兰人以及英格兰足球都是如此!"1963年8月21日的一次英足总新闻发布会上,拉姆齐的演说更是让英格兰媒体感到亢奋:"我再重申一遍,我认为英格兰队将在1966年的世界杯上夺冠,我们有夺冠的实力。这样的信念我必须通过媒体传递给公众,尤其是让球员确认。我平时给他们的鼓励并不是装装样子,他们必须通过这样的信念来建立自己的信心。"

在球员面前,拉姆齐又是另外一幅形象。伊普斯维奇的克劳福德回忆说:"如果一名球员实在达不到他所要求的标准,他知道自己即便是朝我们大喊和咆哮也没用,他从来都不会向我们提那些我们自己达不到的要求，他也从来不在公众面前让我们陷入尴尬的境地。"和文质彬彬、对谁都和颜悦色的温特伯特姆相比，拉姆齐更受球员的爱戴。他被球员看成那种完美的主教练：他从来都不抨击自己的球员，哪怕退休之后，他也仍旧在公众前对更衣室的秘密守口如瓶。

拉姆齐对球员的保护换来的是球员对他的忠诚，当然这还因为他在球员时代征战国家队时所取得的江湖地位。英格兰队更衣室的秩序建立了起来，他在极短的时间里树立了更衣室内的绝对权威，这大概是温特伯特姆在任16年都没有取得的。到了1963年5月8日，英格兰队在温布利主场迎战世界冠军巴西队。英格兰队最终和桑巴军团1比1握手言和，这也是拉姆齐在彻底离开伊普斯维奇帅位之后指挥的第一场国家队比赛。他很快就踢开了国际赛事遴选委员会配给他的另外两名委员，取得了对国家队名单和首发阵容的完全支配权。英格兰队在建队90年之后，终于第一次被一位职业主教练全面接管。

查漏补缺：更换队长和守门员

从1963年5月份开始，拉姆齐就已经是英格兰队的全职主帅，但是让人不解的是，这位出身东伦敦的主教练却拒绝将自己的家搬到伦敦。他仍然坚持住在自己位于伊普斯维奇的住所，每个工作日和一名普通的上班族一样，乘坐火车抵达伦敦的利物浦街火车站，然后再换乘地铁的中央线，去英足总位于兰卡斯特门的总部上班。好在他一个星期只需要在总部上三四天的班，隔天前往伦敦一次即可。

那个时候绝大多数俱乐部主教练的办公室已经颇为气派，而拉姆齐身为国家队主帅，办公室却寒酸得让人不敢相信。他的办公室只有最为简朴的家具陈设：一张写字台和两把椅子，以至于来拜访过他的主教练都对此大感不解。"拉姆齐，我办公室里用来堆放行李的储藏室都比你这气派。"不止一位主帅这么惊讶地对他嚷道。

在逼平巴西队之后，拉姆齐在1963年的那个夏天还要带着球队去参加3场欧洲巡回赛，对手分别是捷克斯洛伐克队、东德队和瑞士队。由于当年年初天气严寒，大量被临时取消的比赛全都堆在了赛季末，因此整个赛季将近一半的赛程是在赛季末的两个半月里打完的，球员们的疲惫程度可想而知。拉姆齐只能尽量不给球员在这趟巡回赛中施加压力，让他们放松心情参赛。

巡回赛的首站是捷克斯洛伐克的布拉迪斯拉发，但是刚刚抵达这里，英格兰队队长吉米·阿姆菲尔德就在训练中受伤。拉姆齐必须要选出一位新队长率领球队出战，当时英格兰媒体普遍认为拉姆齐可能会选择一位国家队经验丰富的老将应急，人选集中在1955年就曾入选国家队的老将弗劳尔斯，和虽然沉默寡言但却在队内广受人尊敬的博比·查尔顿这两个人身上。

然而，拉姆齐最后的选择却让所有人大吃一惊。他既没有选择查尔顿，也没有选择弗劳尔斯，而是破格提拔了一位年轻人——来自西汉姆的博比·穆尔。这位年仅22岁的后卫一下成为了英格兰队有史以来最年轻的队长。

博比·穆尔在1962年世界杯前才被温特伯特姆选进国家队，之后虽然逐渐成为国家队主力，但却因为各项能力过于平庸而屡屡遭人诟病。他在西汉姆的队友赫斯特很为他抱不平："他们说他跑得不够快，但是他从来都没有因此丢过球，他们说他跳得不够高，但是他也从来都没在争顶时输给过谁。他其实比谁都清楚自己在哪些方面还有不足，这些所谓的弱项他都通过自己在训练场上的加强练习得到了弥补。"

穆尔的确不是那种弹跳力惊人、铲断凶狠的传统英式后卫，他的防守看上去似乎平淡无奇。但是只有眼光高远的主教练和评论家才能跳过那些对穆尔基本功的嘲讽，看到这个年轻人身上的真正强项，那就是他阅读比赛的能力以及防守时的预判能力。他能够在防守时处处料敌机先，极大地弥补了身体素质方面的不足，准确的预判能力也让穆尔总是能在最为恰当的时机做出最为高效的铲断。由于自己也是后卫出身，因此拉姆齐对自己挑选后卫的眼光非常自信，他认定穆尔一定是英格兰队长期的后防中坚。

西汉姆后卫的成长经历也让拉姆齐坚信这是一个能够委以重托的年轻人。穆尔职业生涯的两次转折点都是被主帅突然提拔。1958年西汉姆对阵曼联队，身穿6号球衣的穆尔代替埃里森完成了自己职业生涯的首秀，由于当时埃里森被肺结核所困扰，因此此战之后穆尔立刻坐稳了西汉姆主力后卫的位置，并且很快被提拔为队长。4年之后在国家队，穆尔也是毫无征兆地突然被温特伯特姆和国际赛事遴选委员会从U23国家队选入成年国家队，在没有任何国家队出场经验的情况下随队出征南美洲，凭借着对阵秘鲁队的一场热身赛，就让温特伯特姆力排众议，让他担任1962年世界杯的主力中后卫。这两次机会都来得极其突然，但是穆尔却表现得毫不怯场，似乎对此早有准备，在俱乐部和国家队的首秀表演沉着镇定，丝毫看不到一般新人所惯有的慌张和毛躁。这让拉姆齐暗暗将穆尔视为自己这届国家队队长的主要人选之一。

很多媒体猜测，拉姆齐之所以对穆尔青睐有加，还因为穆尔和他年轻时颇为相像。两人都出生在东伦敦，一样在平时寡言少语，一副谦谦君子的样子，他们性格偏向保守，外表朴实，不像当时那些开始沉迷于时髦发型和前卫穿着的球员。穆尔和此前英格兰队历史上最伟大的队长赖特一样，是一个不喜欢虚张声势地大嗓门吆喝、在场上严于律己、以身作则的领袖型球员。在将队长袖标亲手交给穆尔时，拉姆齐郑重其事地对他说道："从今往后，不管你在场上做了什么，只要你认为是必要的决定，我都会无条件的支持。"拉姆齐对此说到做到，而穆尔也在之后10年的时间里最大程度地回报了主帅的信任。

不过，这次任命毕竟是因为阿姆菲尔德临时受伤，因此等这位老将归队之后，穆尔又将队长袖标一度交还给了老队长。直到一年之后，也就是1964年夏天，穆尔才终于被正式确定为国家队队长。那一年他率领西汉姆举起了足总杯冠军奖杯，个人当选年度最佳球员。而与此同时，他虽然被检查出罹患睾丸癌，但是通过积极治疗，已经在赛季末痊愈。从各个层面来看，穆尔都初步达到了个人职业生涯的第一个巅峰。因此，在1964年确定他为正式的国家队长时，英格兰上下都认为是实至名归，毫无异议。

除了任命一个忠诚可靠的优秀队长之外，拉姆齐还在上任的第一年解决了另一个英格兰队的老大难问题，这就是三狮军团的守门员问题。他最终选择了莱斯特城队的戈登·班克斯来代替几个月前在巴黎大出洋相的斯普林格特。

在自己的国脚时代，拉姆齐对无能的守门员有着锥心之痛。他代表国家队最后一次出场是主场以3比6惨败匈牙利队的那场比赛，尽管他为球队打进挽回颜面的一球，但是在赛后仍然被国际赛事遴选委员会当作替罪羊彻底弃用。一向厚道少辩的拉姆齐当时对这一决定极为不服，甚至公开表示当时球队的6个失球，至少有一半是门将梅里克反应过慢的责任。结果梅里克最终安然无恙，反而参加了1954年瑞典世界杯，最后在四分之一决赛对阵乌拉圭队的表现糟糕，再次连累球队出局，因此拉姆齐执教时，对守门员这个位置的人选格外苛刻和用心。

在英格兰乃至全世界的一众传奇门将中，班克斯的成长历史是最不可思议的。因为在球员时代早期，他身上根本看不到任何成为顶级门将的潜质。最早在约克地区联赛的一家球队试训，班克斯得到了两场比赛的出场机会，结果短短的180分钟里，他的球门被对手15次洞穿，惨不忍睹。这样的表现自然没有任何转正的机会，他后来又跑到谢菲尔德去踢业余联赛，结果仍然没有成为职业球员的希望。回忆起那段时间，班克斯后来曾自我解嘲地说道："我当时也不是一无是处，门将的各项技术，我也有练得最好的一项。那就是每当丢球之后，我从自己球门网窝里往外捡球的技术总是比谁都敏捷，我觉得自己在这方面的天赋甚至超过了自己的扑救技术。"

就这样在业余足球圈混了一段时间，班克斯也发现自己不是什么当门神的材料。于是他开始自谋生路，先是在一个煤矿给人做运煤工，之后又改行当上了泥瓦匠。不过在业余时间，性格豁达的班克斯仍然在业余比赛中继续担任门将，也就是在这个时候，命运女神突然对他睁开了眼睛。

虽然通常在场上总是被对手打得洋相百出，但是班克斯的某场表现较好的比赛恰好引起了看台上切斯特菲尔德球探的注意。这位球探似乎并没有过问班克斯平时的正常水平如何，很快就在1953年3月给了他一份为期6周的试训邀请。班克斯在试训时的表现得到了主帅戴维森的认可，于是他和切斯特菲尔德签下了一份周薪为3英镑的兼职球员合同，为球队的预备队效力。

可是在正式加盟切斯特菲尔德之后，班克斯再次成为预备队所在的中部分区联赛的笑柄。1954—1955整个赛季，他一口气丢了122球，球队的后防被打成了筛子。球队的成绩自然好不到哪去，仅胜三场，排名联赛倒数第一。然而在1956年，从一次骨裂中康复的班克斯像是突然被门神附体一般，帮助球队一路杀到了青年足总杯的决赛，他们的对手是以后来"巴斯比男孩"为班底的曼联青年队，博比·查尔顿当时也在阵中。最终切斯特菲尔德以3比4惜败对手，但是班克斯却因此被破格选入一队。在没有守门员教练指导的情况下，班克斯竟然自学成才，在1959年7月被顶级联赛的莱斯特城队以7000英镑的价格引进。

到了莱斯特城队，班克斯才发现，自己是当时球队的第6门将。

他一开始仍然在预备队守门，不过有了专业守门员教练的正规指导，班克斯身上的守门员天赋似乎开始逐渐苏醒，他很快升到了一队替补门将的位置，并在英甲获得了上场机会。他不时仍旧会在一场比赛中被埃弗顿这样的球队6次洞穿球门，但是他的表现却明显一场比一场好，尤其是经过一个赛季的加强训练，他出击摘高球和应对对方传中的弱项都得到了显著改善。1960年夏天，在连续一个赛季的训练课坚持加练的情况下，他终于在一年之内连续跃过5名竞争队友，正式获得了正选门将的位置。

1961年和1963年，班克斯两次帮助球队晋级足总杯决赛，由此跻身英格兰顶级门将的行列。1961年，他被温特伯特姆选入U23国家队。而在斯普林格特在国家队屡屡犯错的情况下，拉姆齐终于忍无可忍，决定启用一位年轻门将提前加以培养。25岁的班克斯最终被列入了拉姆齐的首发阵容。虽然首战苏格兰队，球队以1比2败北，但是这两粒进球一粒是队长阿姆菲尔德的个人失误所致，另一粒则是点球，班克斯没有因为初战不利而遭到外界的责备。第二场比赛对阵巴西队，他面对全明星阵容的对手在90分钟内仅丢1球，这场比赛彻底奠定了他在拉姆齐心中1号门将的位置。这位当年在业余联赛中远近闻名的"烂门将"，居然在短短10年时间里成为了国家队的1号门神。

蜜月期终结：贿赛丑闻的打击

上任之前，拉姆齐就曾指出英格兰队平时缺乏备战时间，赛季间隔之间也缺乏更多的比赛锻炼。因此，从1963年5月他正式上任开始，英格兰队的赛程突然变得密集起来。

在和巴西队1比1战平之后，英格兰队在1963年夏天的三场欧洲巡回赛中全数告捷。他们以4比2力克一年前的世界杯亚军捷克斯洛伐克队。拉姆齐赛后得意地对媒体说道："你们可能觉得我们今天的踢法老派，但是我要指出的是，这种风格既有观赏性，又足够有效率。"

之后球队2比1战胜东德队，8比0横扫瑞士队。下半年回国参加不列颠锦标赛，拉姆齐的球队又以4比0和8比3的比分轻取威尔士队和北爱尔兰队；下半年在温布利对阵来访的世界明星队，英格兰队又以2比1的比分胜出，实现了6连胜的佳绩。1963年正好是英足总成立100周年，当时英格兰上下都对拉姆齐的主帅工作倍加肯定。

作为一名主教练，拉姆齐知道主帅和球队的蜜月期通常不会很长，但是他没有预料到自己会在来年遭遇如此之大的危机。1964年4月11日，球队在不列颠锦标赛上客场对阵苏格兰队，拉姆齐只需要一场平局就能拿到自己上任之后的首座冠军奖杯。

结果那场比赛，英格兰队在比赛的绝大多数时间里都没创造出什么像样的机会。苏格兰队在第72分钟打破僵局，而英格兰队这边只有诺曼在终场前的一次头球略有威胁，其余整场比赛，三狮军团都像是在梦游一般。

赛后英格兰媒体的抨击之声很快如期而至。"拉姆齐就像是给我们看了90分钟的慢动作特效电影一样，所有球员的控球和跑动似乎都比正常人慢了好几倍，他活该遭受全场球迷的嘘声和责骂。"

比赛次日的《每日电讯报》如此揶揄道。

但是，真正在比赛次日让拉姆齐不安的并不是《每日电讯报》和《卫报》的嘲讽，而是他在《周日人民报》上看到的一条令人震惊的报道。该报点名揭露了彼得·斯旺、大卫·雷恩和托尼·凯三名球员在1962年12月谢菲尔德星期三队对阵伊普斯维奇队的比赛中收取贿赂，在比赛中放水故意输球。为报纸爆料的正是这桩贿赛案当时的经手人吉米·高尔德，他以7000英镑的价格将这桩交易的秘闻卖给了媒体。

《周日人民报》的这一独家消息立刻引爆了整个英格兰足坛。首先，当时伊普斯维奇队的主教练正是拉姆齐本人；其次，这三名收受贿赂的球员当中，斯旺曾在温特伯特姆时代的国家队出场19次，而托尼·凯则刚刚被拉姆齐选进过国家队，而且还在一年前英格兰队8比0大胜瑞士队的比赛中有进球入账。不过，与此同时让媒体感到疑惑的是，那场比赛从表面看不出任何人有放水的嫌疑。伊普斯维奇队赢得非常艰难，而这三名球员的表现不仅可圈可点，而且托尼·凯还被评为当场最佳球员，就连《周日人民报》都承认，凯在那场比赛中的表现非常出色。

拉姆齐本人的嫌疑被首先排除，他被证实和收买球员的高尔德没有任何关系。英格兰队主帅表示自己实在无法想象那场比赛会涉及这样的丑闻："要知道那场比赛我们打得艰苦极了，因为当时我们正在联赛的榜尾挣扎。"而随着此事越闹越大，英国司法界也开始介入。《周日人民报》将高尔德提供给他们的贿赛证据全都提供给了司法机关，涉案的3名球员和高尔德本人也被调查组控制。9个月后，法庭宣判，3名球员被判处4个月监禁的有期徒刑，各自处以150英镑的罚款，并被英足总终生禁赛，而爆料者高尔德则要在监狱里呆上整整4年。

虽然拉姆齐本人和这桩官司无关，但是这起风波还是让刚刚经历在苏格兰输球的英格兰队主帅心神不宁了大半年。而更让他恼火的是托尼·凯原本是他为1966年世界杯重点培养的对象，他非常看好这名技术出色、拼抢积极、意志顽强的中场球员，甚至已经将凯列入1964年夏天前往南美洲征战"小世界杯"的球员名单之中。这起突如其来的丑闻让凯从此终生告别了足球，也让拉姆齐少了一名中场好手。

"六君子"事件

尽管被贿赛丑闻弄得心烦意乱，但拉姆齐还得照常安排1964年夏天的备战。应他的要求，英足总在这个夏天给他安排了空前密集的赛事以供试阵和练兵。在短短一个月的时间里，拉姆齐要率队跨越大半个地球，连打7场比赛，其中包括在巴西举行的"小世界杯"。英格兰队主帅认为只有这样频密的赛程，才能真正培养球员之间的默契，也让他自己找到这支球队的最佳组合。

魔鬼赛程的第一场比赛是在主场迎战乌拉圭队。这支早期叱咤风云、曾在瑞典世界杯上淘汰英格兰队的南美洲霸主早已不复当年之勇，他们在做客温布利之前刚刚以0比3惨败给了北爱尔兰队。因此对阵英格兰队，他们在后场集结重兵，老老实实打起了防守足球，乌拉圭队安插在后场的7名防守球员甚至在反击中也不敢越雷池一步，拉姆齐的球队在经过耐心的阵地战进攻之后，最终以2比1的比分小胜对手。

战胜乌拉圭队之后，英格兰队准备启程前往里斯本客场对阵葡萄牙队。当时球队下榻在温布利附近的北伦敦亨顿旅馆，球队在行前的最后一场训练课结束之后回到了酒店。吃完晚饭之后，球员各自回到自己的房间早早休息。这一切似乎没有任何异样。

然而，就在晚饭结束后一小时，拉姆齐也回房间休息之后，6个黑影忽然悄悄地从各自的房间摸了出来。他们从消防通道迅速离开了酒店，随即跳上一辆出租车，直奔夜晚最为繁华的伦敦西区。

午夜12点之前，拉姆齐叫醒自己的助教，开始对几个球员的房间进行例行巡视，他们很快就发现有球员未经允许外出。虽然被气得七窍生烟，但拉姆齐当晚并未声张，他在冷静地确定了外出球员的名单之后，一言不发地回到了自己的房间。而午夜过后，这6名球员蹑手蹑脚地匆匆赶回自己房间时，发现自己的护照赫然摆放在了枕头上。所有人都知道，这是拉姆齐独有的暗语，他以这种方式告诉球员，他已经知道他们干了什么，也以这种方式暗示违纪球员，这种非职业行径足够将他们各自驱逐回家。

虽然保持沉默，但是拉姆齐当晚仍然一夜未眠。因为这份违纪球员的名单足够让他寒心，穆尔、查尔顿、班克斯、威尔逊、伊斯特姆、伯恩，这6人全部都是三天后比赛首发名单上的主力球员，这其中既有自己即将正式任命的队长（穆尔从南美洲回来之后才被正式任命为国家队队长），也有班克斯这样他不顾外界质疑而始终信任和提拔的年轻球员，还有查尔顿这种原本应该成为全英格兰队表率的国家队老球员。拉姆齐知道自己必须控制情绪，选择一种对国家队伤害最小的处理方式。因为稍有不慎，这件事情就会让自己好不容易建立起来的更衣室秩序坍塌，而一旦这一丑闻被媒体得知，这些球员在外界铺天盖地的口诛笔伐声中，可能会从此一蹶不振。

第二天，所有球员都按原计划启程飞往里斯本。拉姆齐看上去一切如常，只是比以往更加沉默寡言。他的沉默是对"六君子"最为残酷的处罚，这6名球员后来回忆说他们在这一天里如坐针毡，根本不敢直视拉姆齐的眼睛，好像是已经被推到断头台上引颈待戮的死刑犯人，不知头顶悬挂的铡刀什么时候会突然落下。

在"六君子"的心理防线被彻底摧垮之后，抵达里斯本的次日，拉姆齐在早餐之后突然向所有球员宣布："我需要和你们中的一些人谈谈，他们自己心里清楚谁应该现在跟我出来。"这6名球员一言不发地跟着拉姆齐走出了餐厅。"我丝毫不赞赏你们的所作所为，你们应该知道，如果我手上有足够多的优秀球员，你们早就已经在回国的飞机上了，但是我知道我不能这么做，你们必须向我保证这一切永远不会再发生。"拉姆齐虽然没有失态地怒吼，但是这一番话足够让这6名球员陷入极度的内疚和悔恨之中。穆尔在退役后曾和一位亲近的朋友透露，自己整个职业生涯最为不堪回首的一幕就是那一刻，如果拉姆齐当时像一般主教练那样动怒的话，穆尔根本无法成为1966年的国民英雄。

两天之后对阵葡萄牙队，"六君子"果然全部首发。这帮球员踢出了可能是他们职业生涯中最为玩命的一场比赛，球队以4比3获胜，"六君子"之一的伯恩上演了"帽子戏法"。拉姆齐赛后在媒体面前公开表示对这场比赛满意，只有"六君子"知道这意味着主帅已经初步原谅了他们。而在之后拉姆齐担任英格兰队主帅的时间里，他所建立的更衣室秩序一直被以这6人为首的球员誓死捍卫，从来没有人敢挑战他的权威，也没有人再敢违反他所制定的队规，球员对他既是尊敬又是畏惧。

远征里斯本也开始了英格兰队那年夏天的全球拉练，他们在都柏林3比1战胜了爱尔兰队，之后飞往美国，在纽约以10比0狂胜美国队。美国队当时的主力门将施瓦特是英格兰队下榻酒店的服务员，这场比赛照例又是现场只有5000多人捧场。效力于埃弗顿的皮克林和效力于利物浦的亨特更是在赛前打赌，在这场比赛中大搞个人进球比赛，结果攻进4球的亨特以1球优势胜出。

在热身赛四战四捷之后，球队飞往巴西，参加由巴西足协为了纪念1950年巴西世界杯15周年所举办的一项赛事。由于这项赛事云集了葡萄牙队、英格兰队、阿根廷队和巴西队四支强队，因此当时也被人们称为"小世界杯"。

这项赛事采取单循环制，积分规则和世界杯小组赛相同，最后积分最高的球队夺冠。英格兰队首战对阵东道主巴西队。这一次巴西队没有像一年前那样客气，他们以5比1的悬殊比分横扫英格兰队，贝利在这场比赛中掌控全局，成为了英格兰队后防的噩梦。赛后格里夫斯留下了一句慨叹，"贝利大概是从其他星球来的外星人吧"。拉姆齐的球队在之后的两场比赛中也一蹶不振，他们先是被葡萄牙队以1比1逼平，然后又以0比1的比分不敌阿根廷队，三战仅积1分，排名垫底。

　　整个1964年的拉练可以说是虎头蛇尾，英格兰队最后在南美洲所踢的三场比赛堪称灾难，以至于球队刚刚返回英格兰，拉姆齐就收到了伊普斯维奇俱乐部主席的电话，英格兰队主帅的老东家颇念香火之情。他宽慰拉姆齐说，如果英足总那边难为他，伊普斯维奇仍然愿意为他提供一份邀请，请他重新回来执教。拉姆齐当时苦笑地拒绝了这一邀约。

不断试验

　　在1964年从巴西惨败而归到1965年之间，拉姆齐开始了疯狂的阵容试验。他对于球队面对强队时的进攻并不满意，前前后后使用了14套前场和锋线的组合，但始终收效甚微。

　　1964年10月，英格兰队做客贝尔法斯特对阵北爱尔兰队。格里夫斯上半场在12分钟内就上演了"帽子戏法"，之后皮克林再入一球，帮助英格兰队以4比0领先北爱尔兰队。然而到了下半场，乔治·贝斯特所领衔的北爱尔兰队竟然连追3球，英格兰队最终极其狼狈地以4比3保住了胜果。之后在年底对阵比利时队、威尔士队和荷兰队的三场比赛中，英格兰队仅仅以2比1战胜了威尔士队，在其他两场比赛中分别被对手逼平。当日历翻到1965年时，已经没有多少英格兰球迷再将拉姆齐之前要在世界杯上本土夺冠的豪言壮语当一回事了。

　　眼看距离世界杯只有18个月了，拉姆齐在英格兰队被荷兰队1

比1逼平之后就开始游说英足总和各家俱乐部，要他们配合自己，在1965年的2月开设一届国家队的冬季集训营。最终除了博比·查尔顿和彼得·汤姆森因为足总杯的比赛缺席之外，其余所有国脚都悉数集中。拉姆齐开始关起训练场的大门，让成年国家队和U23青年队之间进行一场教学热身赛。在这场比赛中，英格兰队将自己的阵型换成了4-3-3。由道格拉斯、伯恩和伊斯特姆所组成的中场三人组让拉姆齐最终十分满意，他们在中场所形成的屏障作用看上去十分坚固，而且更加灵活、敏捷，全队在中场组织得力的情况下，踢得也十分轻松自如。

从1965年4月10日对阵苏格兰队的不列颠锦标赛开始，拉姆齐率领球队全年一共打了9场热身赛。英格兰队主帅在这期间又提拔了一批新人。4月10日比赛那天，两名球员第一次身穿国家队战袍出场，他们是杰克·查尔顿和斯泰尔斯，这也是拉姆齐在世界杯前一年最为成功的一次新星发掘，也是他在国家队任上最受争议的一次新人提拔。

杰克·查尔顿是博比·查尔顿的胞兄，不过杰克从小就生活在弟弟的阴影之下，博比年少成名，早早成为全民追捧的偶像，而杰克却连家乡球队阿什顿俱乐部的青年队都进不去。1958年，博比入选国家队，当时已经23岁的杰克为弟弟的成就兴奋得手舞足蹈，"我当时完全没有嫉妒的那种感觉，就是单纯为弟弟的成就感到骄傲和激动。因为我们两个人之间的差距实在是太大了，我压根就不敢有代表英格兰队比赛的梦想，我知道自己的天赋和弟弟差得有多远。"他说。

15岁的时候，杰克也曾接到过利兹联队的试训邀请，但是他想都没想就拒绝了。在杰克看来，顶级球员都是博比那样的，自己既然没有博比的天赋，不如安安心心做个普通人。他跟着父亲开始在家乡附近的煤矿工作，但是在矿井没干两天，恶劣的环境和繁重的工作就让杰克放弃了这一职业，他开始重新考虑利兹联队的邀请，此外他还申请进入当地警察局工作。最终警察局的面试和利兹联队的试训比赛在时间上撞车，杰克还是选择去埃兰路球场效力。

当时的利兹联队还籍籍无名，混迹于英格兰第三级别联赛，正处于"革命前的蛰伏期"。不过，等杰克1955年服完兵役回到球队时，利兹联队已经开始在英乙冲击顶级联赛的席位，并且最终在同年如愿。杰克和害羞文静的博比不同，他性格外向，喜欢大声说笑，有时候还不乏粗鲁举动，他在1956—1957赛季下半段很快因为沉迷于各种深夜派对而被弃用，直到1957年成家之后才彻底安定下来。而利兹联队这段时间也一直在苦苦保级，直到1961年里维上任，杰克才逐渐受到重用。里维一开始可能想当然地认为他应该和自己的胞弟一样，多少有那么一点进攻天赋，因此一度将他放在锋线上，直到全队都无法忍受杰克的低效射门和进攻，才将他撤到中后卫位置上。

在经过几年的磨炼后，杰克在1964—1965赛季开始大放异彩，帮助利兹联队创造了25场不败的纪录，球队最终在争冠的关键之战中输给了博比所在的曼联队。而在足总杯半决赛的重赛中，杰克终于率领利兹联队击败了博比的球队，这也是他第一次战胜胞弟。不过，他们在决赛中1比2不敌利物浦队，在联赛和杯赛的争冠道路上双双功亏一篑。在这个过程中，他被拉姆齐相中，他被招入国家队时，外界还对同胞兄弟一同入选国家队指指点点。4月10日，查尔顿兄弟一同为英格兰队首发出场，博比为球队在锋线打进一球，但杰克却成为了次日的新闻人物，"没有人能像杰克那样在国家队首秀中如此出色！"不少报纸的体育版头条都和《足球星报》的这条标题类似。他出色的头球和门前的拦截能力得到了外界的认可，最终在1965年的9场国家队热身赛中，他全部首发，和穆尔一道成为了拉姆齐这届国家队的主力中后卫。

4月10日和杰克一起首发的还有斯泰尔斯。这名球员效力于曼联队，他身材单薄矮小，眼睛高度近视，牙齿在早年的比赛中被对手打落得所剩无几，以至于他在比赛中经常要佩戴假牙出战。斯泰尔斯效力于利物浦的国家队队友亨特说过，"大概在顶级联赛这个足球圈里，没有人的敌人比斯泰尔斯的敌人更多"。这名绰号"无牙虎"的球员之所以人缘如此之差，和他在中场不惜一切代价和手段死缠烂打的风格有关。拉姆齐其实早就想为英格兰队中场选择一位拥有斗犬精神的"恶汉"型球员，让他在四名后卫前方起到屏障作用。他开始一度相中了托尼·凯，结果仅仅试用了一场比赛，凯就因为赌赛案银铛入狱。在联赛中仔细考察了半个赛季之后，拉姆齐决定提拔斯泰尔斯。而他的首秀也顺利过关，曼联队中场在1965年为国家队出场8次，很快成为拉姆齐的嫡系球员之一，英格兰队主帅在一年后为了保护他，甚至以辞职要挟英足总。

十、温布利荣耀（1966年）

金杯失窃

1966年1月，英足总方面宣布从国际足联那里临时接管世界杯冠军奖杯——雷米特金杯。金杯一开始被存放在位于兰卡斯特门的英足总部。从3月份开始，雷米特金杯在伦敦市中心的威斯敏斯特中心大厅进行公开展览，英足总给这座金杯以3万英镑的价格投保。

这个展览在3月19日（星期六）开幕，一共有两个安保人员负责看护金杯。不过主办方并没有为金杯安排24小时的警卫。更要命的是，威斯敏斯特中心大厅每个周日将进行宗教仪式，展览不对外开放。

3月20日中午，在大厅巡视的安保人员发现雷米特金杯被盗。这时候距离世界杯开幕还有不到4个月，伦敦警方立刻撒下了天罗地网，但让人丧气的是，警方的搜查没有找到任何有价值的线索。反而是偷盗者的电话打到了英足总主席米亚斯的家里，自称杰克逊的盗贼开出1万5千英镑的赎金价格，并且将雷米特金杯顶部的一角卸下来用包裹寄到了米亚斯家中，以示自己并非凭空勒索。

3月21日，警方成功地追踪到了"杰克逊"，并将其逮捕到了肯星顿警察局，此人的真实姓名叫爱德华·布莱奇利，以偷盗和销赃为生。他声称自己并没有偷盗金杯，只要被保释的话就能帮助警方寻回金杯。不过，这一条件被警方当场拒绝。之后他又供认说一个绰号为"波兰佬"的人给了他550英镑，雇用自己在这起盗窃事件中扮演中间人的角色。警方并不是很相信他的口供，于是让威斯敏斯特中心大厅的安保人员和当事人对他进行指认，结果只有一个人认出布莱奇利就是自己那天在大厅所看见的陌生人，其他安保人员的指认则全部失败。

就在警方焦头烂额之际，在金杯失窃8天之后的南伦敦，一位名叫大卫·考伯特的普通市民牵着自己的宠物小狗在诺伍德一带散步，这只被考伯特起名为"泡菜"（Pickles）的苏格兰牧羊犬突然对扔在篱笆下的一个包裹产生了兴趣，嗅个不停。考伯特随即对这个包裹产生了兴趣，他将这个报纸包裹打开，发现里面正是雷米特金杯。

考伯特立刻将金杯送到了就近的警察局，警方随即找英足总确认这尊金杯确系失窃的真品。警方曾经短暂怀疑过考伯特，但是这位南伦敦居民有令人信服的不在场证据，嫌疑很快宣告解除。警方将雷米特金杯修复之后，又将它作为案件的证物保存到了4月18日，之后将其还给了英足总。英足总再也不敢搞什么展览，立刻将金杯重新锁进了总部的保险箱。

对于布莱奇利，法院最终宣布他有罪，判决两年有期徒刑。不过，法院在罪名一栏含糊其辞，并没有直接写明是他盗窃雷米特金杯，因此关于金杯失窃案的窃贼是否落网，一直存在两种说法。那些相信布莱奇利口供的人，认为金杯失窃案并未真正告破，布莱奇利只是个替罪羊而已，真凶仍然逍遥法外；而认定布莱奇利撒谎的人则认为他就是本案的真凶无疑。

考伯特最终收到了6000英镑的赏金，而"泡菜"则成了当时的国民英雄。世界杯结束之后，考伯特还牵着"泡菜"参加了英格兰队的庆功宴会。不过，"泡菜"在出演了几部电视和电影之后，在1967年追赶一只猫时被勒带缠住，窒息身亡。考伯特将"泡菜"埋在了自己的后花园，并将它的项圈捐给了最初设在普雷斯顿的国家足球博物馆，国家足球博物馆于近年迁至曼彻斯特，这个特别的项圈现在仍然被存放在新馆的陈列厅内。

最后的备战

1966年的前6个月，英足总和拉姆齐依旧没有让球员休息的意思，他们一口气在7月10日的揭幕战之前安排了多达8场热身赛。三狮军团在这8场比赛中取得了7胜1平的不败战绩，而拉姆齐的主力阵容也在这8场比赛中正式成型。

拉姆齐的阵容在当时的世界足坛里独树一帜，他在四名后卫身前专门安插了斯泰尔斯这样一位专门负责防守的中场球员，负责在穆尔和杰克·查尔顿身前起到保护和屏障的作用。而在斯泰尔斯身前，则是一字排开的三名中场，博比·查尔顿稳居中路，他左右两边的搭档，拉姆齐一般会使用彼得斯和鲍尔，但是也不时会进行轮换。其他位置的主力也都得到了确定，后防线上班克斯作为1号门将镇守龙门，雷·威尔逊和乔治·科恩分居后防左右两边，锋线上则是格里夫斯和亨特搭档。虽然拉姆齐的主力阵容人选越来越稳定，但是所有的英格兰队主力球员仍然不敢有丝毫懈怠。不止一位球员事后回忆说，世界杯期间在拉姆齐宣布首发名单之前，自己从来都没有过稳进首发名单的安全感。

当年的联赛匆匆结束之后，英格兰队很快在驻地集结，备战世界杯。球员每天过着训练、吃饭和休息的单调生活。这帮与世隔绝的球员每天唯一的娱乐是傍晚的电影放映。不过，眼看距离世界杯揭幕战越来越近，拉姆齐越来越对球队队长穆尔的俱乐部事务感到不安。

按理说穆尔这样的球员不应该出现任何影响球队军心的状况，但是偏偏他在联赛结束的时候仍然没有和西汉姆联队谈妥自己下赛季的去向问题。穆尔自己原本很想转会同在伦敦的托特纳姆热刺俱乐部，因此一度拒绝和西汉姆联队签署新的合同。这件事拖到赛季末段其实已经宣告解决，穆尔转会热刺的可能性基本不复存在。但是英格兰队队长却仍然在生西汉姆的闷气，因为他觉得俱乐部为了逼自己就范，故意将双方矛盾的种种内情透露给了媒体。因此，穆尔索性冒着合同到期后失业的危险，继续对西汉姆不理不睬。

穆尔看上去并不着急，但是拉姆齐却真的急了。因为穆尔和西汉姆的合同将在6月30日过期，一旦合同过期，穆尔不仅和西汉姆俱乐部的注册关系不复存在，而且按照当时英足总的规定，和俱乐部合同到期后没有找到新东家的球员和英足总之前的附属注册关系也将不再有效。这也就意味着，如果两边的冷战持续到7月还未解决的话，那么英格兰队队长在理论上将不再具有代表国家队参赛的资格。

拉姆齐紧急和双方磋商，最终西汉姆主帅格林伍德让俱乐部为穆尔拟了一份临时合同，将原来双方的合同期限从6月底延长到了世界杯结束之后，这样两边冷战的僵局虽然没有打破，但是至少不会耽误国家队的比赛。在国家队集结的第一天，拉姆齐就同时将格林伍德和穆尔叫到了亨顿旅馆的一个会议厅，勒令双方在60秒之内在临时合同上签字，不要把各自的私怨带到国家队里来。看见穆尔在临时合同上签字，拉姆齐长出了一口气，队长的参赛资格终于就这样保住了。

开局不利

1966年7月10日晚上10点半，英格兰队球员的房间已经全部熄灯。自从"六君子事件"发生之后，英格兰队内的宵禁纪律一向执行得非常严格。不过，躺在床上的球员没有几个人能够一下子真正睡着。因为在当天的最后一次准备会上，拉姆齐拒绝公布次日揭幕战的首发名单，即使不少身为主力的球员，也多少对自己能否列入首发心名单怀忐忑。

　　7月11日上午11点，拉姆齐在酒店宣布了对阵乌拉圭队的首发球员名单，和6天前对阵波兰队的首发阵容相比，英格兰队主帅只更换了一名球员：马丁·彼得斯被效力于曼联队的约翰·康奈利换下。

　　球队当天早早就抵达了温布利，在简短的开幕式结束之后，博比·穆尔向出席开幕式的女王献上了一束以英国国旗为主色调的鲜花，女王则回祝穆尔好运。1966年世界杯的决赛圈比赛正式拉开了帷幕。

　　英格兰队小组赛的首战对手乌拉圭队曾在两年前造访温布利，当时他们就曾在这里祭出过铁桶阵迎敌。这次两队再度相遇，乌拉圭队的战术没有丝毫变化，他们的大多数球员全都呆在后场防守，即便是有反击机会，也通常是以一脚远射草草收尾。和这样一支似乎对进攻丝毫不感兴趣的球队对阵，看台上观众的无聊可想而知。

　　这场比赛英格兰队一共获得了16次角球，射门次数也高达15脚，但是数据占尽优势只是表象，英格兰队的进攻似乎一直都离进球甚远。查尔顿、格里夫斯和亨特多数时候都在处理队友吊进乌拉圭队禁区内的长传，但是由于这里密布着对方防守球员，因此这几名球员在前场根本无法获得拿球和突破的空间。

　　第65分钟，博比·查尔顿的左脚打出了一脚极具威胁的射门，但却被乌拉圭队门将飞身扑出。这也是英格兰队在全场比赛中看上去唯一有威胁的一脚射门。

　　这场比赛看得英格兰球迷无趣之极。要知道两年前面对对方的铁桶阵，英格兰队最终还以2比1的比分胜出，而到了真正的世界杯舞台上，全队却如此束手无策。赛后媒体发现这已经是英格兰队打过的第15场世界杯比赛了，但是在这15场比赛中，三狮军团居然只拿下了其中的3场，效率之低令人发指。《观察家报》在地铁站采访了两名从埃塞克斯赶来观看英格兰队比赛的小球迷：

"你们对这场比赛有何看法？"

"垃圾比赛！"

"那你们认为英格兰队还有可能夺得世界杯冠军吗？"

"一堆垃圾！"

不过在球迷抱怨的同时，拉姆齐却在赛后将所有球员召集在一起，对他们的表现给予了肯定："你们也许没能赢球，但是请记住，你们也没有输球。更重要的是，你们也没有任何丢球，所以不管别人说什么，请千万记住，我们没有输球，而且也没有丢球，我们仍然握有绝对的晋级机会。"

除了鼓励球员，拉姆齐还得在媒体前面鼓舞全英格兰人的士气。第二天的报纸头条标题很多都用了拉姆齐之前所说的那句，"我们仍然能赢得世界杯！"媒体以此来对比揭幕战的沉闷和乏味，嘲讽拉姆齐的大言不惭。然而让人没想到的是，英格兰队主帅在之后的新闻发布会上居然好不尴尬地接招说道："那句话我是说错了，我其实当时的原意是，我们肯定会赢得世界杯！"

小组出线

7月16日，英格兰队第二场小组赛迎战墨西哥队，拉姆齐更换了两名首发队员。他让彼得斯替换康奈利，用佩恩代替脚踝受伤的鲍尔。有媒体质疑拉姆齐这种频繁轮换的做法，是否意味着他没有一套首发阵容的最佳人选，但是拉姆齐不予理会，他看重的只有球队整体的状态。

然而对阵墨西哥队的比赛上半场，英格兰队的攻势看上去仍然没有太大起色。原因是墨西哥队竟然比乌拉圭队还要保守，英格兰队作为东道主本来就被视为那届世界杯的夺冠热门，和他同组的三支球队自然不太敢直缨其锋，平局是他们的比赛目标。既然乌拉圭队的铁桶阵能够奏效拿到1分，墨西哥队当然也乐得模仿，以铁桶阵御敌。

上半场半小时过后，墨西哥队有八九名球员从不越过中线一步，英格兰队绞尽脑汁想从人群中找到一条进球的线路，但却屡次被对手破坏。开场最为清闲的莫过于英格兰队的门将班克斯，他只做出了一次扑球，开过几脚球门球，其余时间只能静静地看着场地另一边密集而混乱的攻防。

关键时刻，博比·查尔顿站了出来。第38分钟，彼得斯截下了墨西哥队的一次传球，然后随即将皮球传给了亨特，后者第一时间找到查尔顿。查尔顿带球往墨西哥队禁区挺进。墨西哥队球员大多认为查尔顿会选择直传禁区，因此没有人上前封堵干扰，而是尽量向本方禁区内退去，查尔顿以一个漂亮的晃动闪出了射门路线，随即在距离球门30码处拔脚怒射，皮球直挂墨西哥队球门左上角，比分变为1比0。英格兰队在本土举办的世界杯以一个绚烂至极的进球打开了进球账户。

这个进球也让英格兰队球员瞬间放松了下来，而比赛却没有随着这个漂亮的进球而变得好看。墨西哥队并没有像人们预料的那样在比分落后的情况下攻出来，他们依旧缩在自己的后场，似乎并没有因为落后而焦虑。英格兰队因而也并没有在领先之后得到更多的射门机会。直到距离终场结束还有15分钟的时候，彼得斯和查尔顿在前场组织的进攻让墨西哥人眼花缭乱，最后站在墨西哥队门前的亨特守株待兔一般地将队友送到脚下的皮球推进了近在咫尺的球门。英格兰队最终以2比0战胜了墨西哥队。

这是亨特在15场国际比赛中所打进的第13球，他的稳定和高效也让另一名锋线队友格里夫斯有些相形见绌，后者已经连续四场比赛未能进球了。在对阵乌拉圭队和墨西哥队这两场比赛中的颗粒无收，让一些耐心有限的媒体和球迷在赛后对他大加讨伐。《太阳报》的记者甚至在对阵墨西哥队的比赛之后直接质问拉姆齐："你认为英格兰队应该放弃格里夫斯吗？"这个问题在一向维护球员的拉姆齐那里自然讨了个没趣，英格兰队主帅斩钉截铁地答道："绝不！"

战胜墨西哥队之后，英格兰队的出线前景已经十分光明。由于剩下的三支球队只有乌拉圭队在前两轮比赛取得了一场胜利，和英格兰队同积3分，只是因为净胜球数少一个而屈居第二名。法国队和墨西哥队则都是一平一负，仅积1分。因此，小组赛最后一轮对阵法国队，英格兰队仅仅需要一场平局就能锁定一个8强名额。

7月20日，英格兰队对阵小组赛的最后一个对手法国队。由于出线形势大好，英格兰队本场比赛的开场打得并没有前两场小组赛那么紧凑。率先进入状态的反而是法国队，他们在错失了一次头球攻门的机会之后，才被逐渐苏醒的英格兰队压制。格里夫斯打进1球，却被判罚越位在先，之后英格兰队的传中被后点包抄的查尔顿踢到了法国队的右侧门柱上，皮球沿着门线滚向另一侧门柱，这被当时正在门前蹲守的亨特再次逮了个正着，他轻松地将皮球推进空门。尽管法国队队员围住主裁判投诉亨特越位在先，但是亨特的进球仍然被判有效，英格兰队以1比0领先法国队。

和之前的墨西哥队不同，小组出局已成定局的法国队反而攻了出来，他们的进攻越来越有威胁，而英格兰队则迟迟无法打进第二个球。查尔顿在小禁区边缘怒射破门，但却被主裁判莫名其妙地判为越位在先，也许这是裁判在给亨特的第一个争议进球判罚寻求平衡。

和第二场小组赛一样，英格兰队再次熬到第75分钟才打进第二球。亨特梅开二度，接卡拉汉的传中头球攻门，将最终的比分锁定为2比0，也为英格兰队彻底锁定了一个8强位置。由于同组的另一场小组赛乌拉圭队和墨西哥队战平，因此英格兰队最终凭借1分的优势以小组第一名的身份出线。

余波难平

小组赛首战和乌拉圭队打平，拉姆齐对球员是以鼓励和安慰为主。小组赛末战英格兰队以2比0战胜法国队，以小组第一名顺利出线，英格兰队主帅却在赛后的更衣室里脸色不悦。在新闻发布会上，平时绝少批评球队的拉姆齐更是罕见地敲打自己的球员："英格兰队没有达到之前两场比赛的水准，我们踢得实在有些太漫不经心了。此外，有一些球员表现得缺乏责任感，开场的时候只是两三个球员这样，而这一毛病随后就在球员中蔓延开来，不可收拾。"

在对阵法国队的比赛中，英格兰队后腰斯泰尔斯曾经对法国队球员西蒙有一次恶劣的犯规，虽然他并未被主裁判罚下，但这次犯规却造成了恶劣影响，以至于引发了英格兰队和海外媒体之间的骂战。海外媒体将斯泰尔斯形容为一个未尽开化的野蛮人，极尽讨伐之能事。而英格兰媒体这个时候突然收起了过去8年里对本国球员的批判态度，开始和海外媒体笔战。《每日邮报》的布莱恩·詹姆斯认为，海外媒体的这种恶意炒作旨在向国际足联和英足总施压，让斯泰尔斯无法参加世界杯之后的比赛，从而削弱英格兰队的实力，"这种阴谋是比场上的犯规肮脏百倍的伎俩"。

最终国际足联没有追究斯泰尔斯，而是通知英足总："如果我们再接到任何一个主裁判，或是一个官员和此人相关的报告，国际足联一定会采取非常严肃而严厉的措施予以制裁。"英足总收到这类通知后觉得脸面无光，向拉姆齐施压，要么队内警告或者处罚斯泰尔斯，要么将其即日开除出国家队。

拉姆齐顶住了所有媒体和机构的压力，他只是把斯泰尔斯叫来，轻描淡写地问了一句："你当时是故意的吗？"斯泰尔斯恳切地回答说，那次犯规真的只是一次事故。英格兰队主帅点了点头说："没事了！我相信你。"

英足总随即收到了拉姆齐的抗命文书，英格兰队主帅声称如果英足总再向自己施压开除斯泰尔斯的话，他会立刻辞去英格兰队主帅的职务。拉姆齐对此事并没对外声张，是为了激励斯泰尔斯的士气，让他摆脱垂头丧气的状态。拉姆齐的两位助教把斯泰尔斯叫了出来，让他知道拉姆齐为了维护他已经做好了辞职的准备。看着不知所措的斯泰尔斯，拉姆齐的两名副手一把将他推到墙上，向英格兰中场怒吼道："拉姆齐为了你已经伸着脖子等着挨刀了，别让他失望！"这声怒吼震醒了在彷徨中的斯泰尔斯，也在不久之后成就了一位国家英雄。

英格兰队和法国队那场比赛的恶劣犯规其实并不只是斯泰尔斯对西蒙的那一次，英格兰队的格里夫斯也是法国队恶劣犯规的受害者之一。赛后他被送进医务室，队医在格里夫斯腿上缝了整整14针。当时距离英格兰队的下一场比赛只有74小时的时间，格里夫斯的伤口根本不可能痊愈。拉姆齐经过谨慎考虑之后，决定起用西汉姆前锋赫斯特，在下一场四分之一决赛中和亨特搭档锋线。

恶战阿根廷

英格兰队的首个淘汰赛对手是阿根廷队，两队在1964年的"小世界杯"上刚刚交手，当时阿根廷队的剽悍作风给英格兰队球员留下了深刻印象。7月23日英格兰队发起的第一次进攻，彼得斯就被阿根廷球员铲翻，阿根廷队当晚的战术意图非常明显，他们要不惜一切代价破坏英格兰队的进攻，并且要以类似的身体犯规彻底打乱主队的节奏，从而乘虚反攻。

"如果说英格兰队只有一个斯泰尔斯让人觉得丑陋、凶暴的话，那么阿根廷队那天晚上拥有11个斯泰尔斯。"一位当晚现场的评论员如是慨叹道。在阿根廷队的阵中，他们的场上队长拉廷最为凶悍。据英格兰队方面回忆，拉廷在比赛中使出了各种手段，他不仅屡屡祭出凶狠的铲断，而且四处踢人、推搡，用各种方式拖延时间为了激怒英格兰球员，他甚至不止一次朝他们吐口水。博比·查尔顿事后在自己的自传中回忆那个混乱的晚上时说道："他们似乎干什么都是一拥而上，而且总能在我们面前得逞。你觉得和他们踢球简直没有什么公平可言，你一把球趟过他们，立刻就会被他们从身后放倒，他们还不断朝我们吐口水，那支球队绝对是我职业生涯中所碰到的最为卑劣和野蛮的球队。"

让人感到讽刺的是，那支阿根廷队并不是只会功夫武打、不能好好踢球。不止一个英格兰队球员承认，如果1966年的那支阿根廷队好好踢球的话，他们完全有能力赢得世界杯冠军，至少他们每场比赛的场面要比这样四处搞破坏要好看得多。

和英格兰队这帮精壮小伙子相比，那场比赛最值得同情的是46岁的德国籍主裁判克赖特莱因。克赖特莱因平时是一名裁缝，当时刚刚执教了那一年的欧洲冠军杯决赛，但是他却丝毫控制不住比赛的场面。他被此起彼伏的冲突弄得疲于奔命，根本无力让这场比赛走入正常的轨道。当时比赛还没有红、黄牌标记，这种规模的冲突让场外播报比赛的记者根本跟不上克赖特莱因的节奏。英格兰队这边查尔顿兄弟都被罚牌警告，但是两人在比赛中却一无所知。原因是主裁判刚想告知他们，比赛场地的另一边冲突又起，克赖特莱因只得匆匆赶到另一边去救火。

随着比赛的进行，克赖特莱因和阿根廷队长拉廷之间的争执越来越大。英格兰队后卫威尔逊回忆说，当时拉廷几乎对克赖特莱因的每次执法都要干预，而且每次干预的力度都让人咋舌，"拉廷当时连掷界外球的精确位置都要和主裁判吵个不停，他看上去有一种要踢开克赖特莱因，自己抢班夺权的征兆。"因为侵犯杰克·查尔顿，克赖特莱因之前已经对拉廷罚牌，并且一再警告过他注意自己的犯规动作。上半场35分钟，克赖特莱因被拉廷纠缠得实在忍无可忍，终于将他罚出了球场。

拉廷当然不会老老实实下场，在和克赖特莱因语言不通的彼此争吵了一阵之后，他开始以阿根廷全队退赛要挟德国主裁判收回成命。在他的鼓动下，已经有两三名阿根廷球员开始陆续离场，而拉廷自己则站在边线上继续和克赖特莱因讨价还价。这时候场上乱作一团，拉姆齐下令让英格兰球员远离阿根廷球员的"口水射程"之外，以免爆发大规模冲突，让这场比赛真的被腰斩取消。

阿根廷球员和主裁判之间的冲突越闹越大，负责维持比赛秩序的保安也不得不在场边集结，严阵以待。比赛看上去似乎随时都面临被取消的危险。然而在继续争吵了7分钟过后，阿根廷方面突然放弃了退赛的打算，球员陆续回到赛场，只有拉廷像孩童耍赖一般坐在边线上不肯离场。最终还是警察出动，将他强制驱出了场外，并且一路送回了更衣室。

在少一人应战的情况下，阿根廷队下半场自然将所有的精力变本加厉地放在了犯规和拖延比赛时间上。一直到距离比赛结束还有13分钟，场上比分仍然是0比0。这个时候威尔逊在左路送出传中，赫斯特突然出现在阿根廷队的禁区内以头球破门，这才彻底断送了阿根廷人的希望。

13分钟之后，早已经疲惫不堪的克赖特莱因终于吹响了全场比赛结束的哨声。不过，阿根廷球员在另一个舞台上表演的闹剧才刚刚开始。他们赛后一拥而上和国际足联的官员发生了口角，一名球员在争吵过程中过于激愤，一口浓痰吐到了一位国际足联官员的身上。留在场上的克赖特莱因被好几个阿根廷球员围着推搡撕扯，一度到了"衣不蔽体"的窘迫地步，最后组委会不得不在赛后动用备用出口，将这位德国籍裁判送出球场。

剩下的阿根廷球员则极为大胆地要去温布利的主队更衣室找东道主的晦气。为了防止双方球员冲突，英足总在球员回到更衣室后就锁上了大门。推不开门的阿根廷球员一边在更衣室外叫阵，一边用脚猛踹主队更衣室大门。

英格兰队中不少球员都按捺不住，杰克·查尔顿冲着工作人员吼道："把他们给我统统放进来，让我一个人收拾他们好了。"平素里脾气多少有些暴躁的斯泰尔斯和鲍尔也愤愤不平地要破门而出和对手交火。幸亏工作人员最终不为所动，事态才没有进一步恶化。

拉姆齐表现出了罕有的愤怒，比赛一结束他就走上球场，制止英格兰球员和阿根廷球员更换球衣。随后在新闻发布会上他称阿根廷球员为"一群动物"，而他的愤怒也被次日的英格兰媒体积极响应。"世界杯耻辱"和"滚回家吧！恶棍！"之类的标题随处可见。

国际足联最终对阿根廷队处以了1000瑞士法郎的罚款，并且将拉廷停赛四场，另外三名协同退赛的阿根廷球员禁赛三场，并且向阿根廷足协去函，敦促他们尽快解决自己球员在球场上的暴力问题，不然的话会禁止他们参加下届世界杯。而阿根廷足协方面则对此裁决表示不服。阿根廷足协官员贝蒂在次日的新闻发布会上同样愤怒："我并不赞赏我们的球员和一些官员昨天在赛场上的行为，但是我在这里必须把这件事情说清楚，这一切都是因为裁判的偏袒造成的。"这场比赛的影响甚至还扩散到了国际外交场合，英国驻布宜诺斯艾利斯领事馆立刻被恐吓邮件和侮辱电话所淹没，在欧洲的一些南美洲侨民甚至跑到英国在欧洲各国的领事馆门口抗议。英格兰和阿根廷之间的世仇也由此结下。

杀入决赛

在和阿根廷队的这场混乱比赛结束仅仅3天之后，英格兰队就要在半决赛对阵葡萄牙队。比赛场地原本定在位于利物浦的埃弗顿主场古迪逊公园，然而在赛前几天却临时被世界杯组委会换到了温布利。这无疑和温布利9万人的容量有关，当时古迪逊公园的最大容量只有5万人，外界普遍认为经济利益是组委会这次更换场地的关键原因。而国际足联在媒体的质问下也表示，根据章程，世界杯组委会有权力更换比赛场地。因此，刚刚在古迪逊公园淘汰朝鲜队的葡萄牙队不得不转战伦敦，和东道主在温布利对阵。

葡萄牙队当时几乎是尤西比奥一个人的球队，这位绰号"黑豹"的葡萄牙球星在四场世界杯比赛中已经攻进7球，在射手榜上遥遥领先次席的哈勒3球之多。拉姆齐将冻结尤西比奥的任务交给了斯泰尔斯，两人在一年前的欧洲冠军杯赛场上曾经交手，当时曼联队对阵本菲卡队，斯泰尔斯在场上圆满地完成了盯防尤西比奥的任务。而这也是英格兰队在那届世界杯上第一次完全延续上一场比赛的首发阵容。

尤西比奥从比赛的第一分钟开始就被斯泰尔斯如影随形地黏上了，葡萄牙"黑豹"发现自己和去年3月的那场欧洲冠军联赛比赛一样，怎么也无法摆脱这个小个子英格兰人的纠缠和干扰。斯泰尔斯因为对阵法国队那场比赛的恶劣犯规而一度几乎被海外媒体"送上了绞刑架"，最后是拉姆齐为他出头力保，才让他留在国家队效力。因此这场比赛，斯泰尔斯打出了自己职业生涯最好的一场比赛，他并没有像上一场比赛阿根廷队那样用身体对抗和犯规来骚扰尤西比奥。他利用自己灵活的身体缠住对手，在对手拿球之前就最大限度地压迫他的空间。

为了让尤西比奥彻底哑火，拉姆齐还在斯泰尔斯身后的两侧各安插了一名球员协防，他们就像是一个等腰三角形一样卡在尤西比奥身前，即便是斯泰尔斯百密一疏，他身后的两名队友也足以给葡萄牙"黑豹"重新套上枷锁。

事实上，斯泰尔斯并没有过多地劳烦其他队友帮助自己完成任务，他对尤西比奥的贴身防守非常成功，葡萄牙"黑豹"几乎在整场比赛都很安静，而他自己在防守过程中也没有出现什么恶劣犯规，直到第57分钟，他才因为盯防尤西比奥而第一次被主裁判吹罚犯规。尤西比奥唯一的进球是在第82分钟罚入一粒点球，但是当时英格兰队2比0领先，尤西比奥已经回天乏术。

在成功遏制住尤西比奥进攻的同时，英格兰队自己的进攻打得一度也不是很顺畅，和之前四场世界杯比赛一样，他们在前半个小时里作为有限。中前场为赫斯特输送了一些好球，但是在杯赛上仅仅第二次首发的西汉姆前锋却没有将其转化为进球。

第30分钟，英格兰队后卫威尔逊再次为锋线送出长传，亨特眼看在禁区内接到这记长传就要将其转化为单刀，但是皮球被出击的葡萄牙门将用身体挡出，就在全场英格兰球迷一片慨叹之时，从中场冲来支援锋线的博比·查尔顿一脚将球补进空门，帮助英格兰队在这场半决赛中以1比0领先。

英格兰队的领先让葡萄牙人陷入了焦虑中，眼看尤西比奥那边被开足了马达的斯泰尔斯死死缠住，没有任何进展。领先之后的三狮军团又甩掉了心理包袱，开始耐心地和葡萄牙队周旋。第80分钟，赫斯特在禁区右侧的底线附近接到队友的长传之后，先死死地倚住了对方的防守球员，看见博比·查尔顿飞奔赶来助战，西汉姆前锋将皮球轻轻回敲，恰好赶到的查尔顿拔脚怒射，皮球从球门的左下方死角入网，比分变为2比0。英格兰队的一只脚已经踏入了世界杯决赛！

英格兰队进球仅仅两分钟后，葡萄牙队在右路的一次传中越过了班克斯，在门前镇守的杰克·查尔顿不得不用手球解围，被主裁判吹罚点球，但是尤西比奥的进球也仅仅只能将比分锁定为2比1。

赛后尤西比奥含着眼泪离开了温布利，他也受到了世界媒体的普遍尊敬。葡萄牙队主帅感叹说，"尤西比奥为自己的名气付出了代价，他被对手特别照顾，几乎寸步不离地被贴身防守。"而英格兰队这边，所有的赞歌全都给予了独中两元的博比·查尔顿，甚至已经有媒体请愿要女王在世界杯后立刻为查尔顿封爵。

只有拉姆齐没有忘记这场比赛的另一位幕后功臣，他在赛后的更衣室特意召集所有队员，点名表扬了这场比赛盯死尤西比奥的斯泰尔斯，而对于这个矮个子英格兰队中场而言，他并不觉得自己立下了什么不世之功，他只是不想让那位信任和维护自己的师长失望而已。

金杯荣耀，决战疑云

从半决赛到决赛对阵西德队，英格兰队有整整4天的休整时间，但是英格兰队的几位锋线球员在这4天时间里却因为决赛首发阵容的不确定性而全部陷入到了极度焦虑之中。

当时的情形是格里夫斯腿伤的伤口已经痊愈，可以重新出战，但是赫斯特和亨特在最近两场比赛中的搭档又让拉姆齐感到满意。因此这3位球员都不确定自己在决赛中是否能够出战。

格里夫斯在焦虑中带着一丝绝望，他在半决赛终场哨声吹响的那一刻就有一种预感：自己将不会被选进决赛的首发阵容。而这时外界的舆论也普遍不看好他，《每日快报》采访了四家主流媒体的首席足球记者，其中有三位认为他应该从此把主力位置让给赫斯特，而剩下一位虽然为他打抱不平，但是也承认亨特和赫斯特的搭档效果会更加出色。在半决赛结束之后的连续两堂训练课上，拉姆齐都让球队半决赛对阵葡萄牙队的首发球员单独在一边训练。格里夫斯意识到自己的主力位置已经一去不返，他试图从拉姆齐的两位助教那里得到确认，格里夫斯虽然没有得到任何答复，但是从他们尴尬的神情里，他已经知道了问题的答案。

赫斯特和亨特则同样坐立不安，看见两人魂不守舍的样子可能会影响到训练，拉姆齐决定悄悄向两人摊牌。比赛前一天下午在球队的训练场，赫斯特突然发现拉姆齐不动声色地踱到了自己身边。拉姆齐用极其细小的声音说道："杰夫，你明天会首发上场，我知道你很想提前知道这一消息，但是请为我保密，我还没有告诉其他任何人。"

赫斯特当时的反应就像是一个被迟迟没能公布的期末成绩单所折磨的小学生。他后来说："当拉姆齐通知我明天会首发出场的时候，我只想干三件事：第一是抱住拉姆齐，在他的额头上狠狠亲上一口；第二是一路从训练基地狂奔回亨顿旅馆的驻地；第三则是在这个过程中向每一个人大喊，我明天就要上场了！当然，最终这三件事我一样都没干成，我只能局促地对拉姆齐说，'多谢，我会尽自己的全部努力的！'"

就在赫斯特得知自己即将首发的同时，亨特也从拉姆齐那里收到了自己将要确定首发的消息，拉姆齐同样嘱托他不要泄密。当晚球队去旅馆的电影院看了一场电影，等从电影院出来，第二次比赛即将首发的球员个个神采奕奕，他们都被拉姆齐悄悄告知了次日首发的消息，同时他们也认为自己是全队唯一一个知道这一消息的人。

只有一个人除外，那就是队长博比·穆尔。穆尔是1966年世界杯决赛前夜唯一一个没有被拉姆齐单独通知次日首发的主力球员。不仅如此，而且还有人说，在比赛前夜听到拉姆齐征求两位助教的意见，准备在决赛时弃用穆尔而使用诺曼·亨特。其实，事情的真相是穆尔当时突然得了急性扁桃体炎，拉姆齐需要看他能否在比赛当天痊愈，因而提前准备了B计划，而不是这对师徒之间突然出现了什么矛盾。

次日吃过早饭之后，球员的家属被允许进入亨顿旅馆探望球员。拉姆齐的原意是多少缓解一下球员的紧张情绪，然而当时的球员早已对外界的一切充耳不闻。鲍尔回忆说，他当时只知道亲属在和他说话，但是谈话的内容根本没有进入大脑，当天的早餐和午餐，事后大部分球员也都不记得自己当时到底吃了什么。

之后就是赛前的最后一次准备会。拉姆齐这才公布了比赛的首发名单，紧接着将德国队全部主力的表现和特点挨个剖析了一番。球员的士气在这次会议中逐渐高涨起来。这帮队员并没有像励志电影里那样在准备会上狂呼什么口号，只是彼此之间暗自鼓励，千万不能让拉姆齐失望。

散会之后，几乎每个球员都开始迷信地重复自己赛前的种种仪式。博比·查尔顿在给自己的室友威尔逊打理球靴，杰克·查尔顿坚持最后一个进理疗室接受肌肉按摩，并且郑重其事地将一枚银币放进球靴袋里，科恩则坚持在比赛前散步减压，而在赛前的射门练习时，他只有攻破班克斯的球门才会彻底安心上场。

温布利球场当天涌进了10万人，由于所有媒体都要争相见证这一历史时刻,所以不少记者和摄影师都得到了赛前进入更衣室的特权,结果直到下午两点半,更衣室里仍然满满当当地挤着一百来号人,好不容易清场之后,拉姆齐已经没有时间和队员们再交待些什么了,他没有发表任何煽动性的演讲,只是平静地挨个和自己的队员握手,祝他们好运,然后跟着他们一起走到球员通道,等待入场,仅此而已。

由于赛前刚刚下过两场大雨,比赛场地湿滑不堪,双方球员在一开始都有些不适应。第12分钟,西德队的传中吊入英格兰队禁区,威尔逊被西德队的哈勒晃过,后者的射门直奔球门而去,门前的班克斯和杰克·查尔顿在忙乱之中都没能阻挡球入网,比分变为1比0。英格兰队在那届世界杯中首次在比赛中落后。不过仅仅7分钟过后,穆尔开出任意球,赫斯特在禁区内以头球破门,将比分扳平。第77分钟,西德队在禁区内防守定位球解围时出现失误,皮球正好弹在小禁区右侧的彼得斯脚下,后者顺势一脚重炮轰门,让英格兰队将比分反超为2比1。

比赛一分一秒地过去,眼看英格兰队距离加冕世界杯冠军只剩不到两分钟,这时西德队在前场获得一记任意球。西德队的直接射门打到科恩身上弹到了小禁区右侧,球被西德队的沃夫冈·韦伯补射入网,比分变为2比2。比赛由此被拖入了加时赛,因为前场犯规而送给西德队这次任意球机会的杰克·查尔顿双手掩面。他后来说:"我当时懊悔地怒斥自己,'老天!你就这么搞砸了英格兰队的世界杯冠军。'"

随着西德队的进球,90分钟的比赛也宣告结束。在比赛进入加时赛前，两支球队都得到了短暂的休息时间。疲惫至极的西德队队员一个个就地躺倒，接受队医和理疗师的按摩；而英格兰队这边，队员们都一言不发，准备接受拉姆齐的训斥。因为所有人都知道，最后一分钟丢球是英格兰队主帅最为憎恨的事情。

然而出乎所有人的意料，拉姆齐表现得和赛前一样平静，他唯一的要求是不准球员躺倒，和西德队球员一样接受肌肉按摩，他命令所有人都站起来，向全世界展示他们还有充足的体能应付加时赛。队长穆尔回忆说："阿尔夫当时的应对好极了，我们都以为他会冲上来向我们怒吼，'我原以为你们多少会长进一点，我原以为你们当了这么多年的职业球员多少学会了些东西'之类的话。但是他没有，他只是和我们说，'没关系，你们就算刚刚已经赢得了一届世界杯了，现在给我站出来，再去赢得一个世界杯好了，看看德国人，他们已经筋疲力尽了，他们踢不过你们，他们甚至没法再撑过这半小时。'"

拉姆齐的这番话极大地振奋了英格兰队的士气。英格兰队在加时赛所发动的猛攻让西德队明显无法适应，在博比·查尔顿的连续两次射门威胁到西德队球门之后，第11分钟，鲍尔为赫斯特送出了一脚传中，后者的转身射门在击中横梁之后弹到了门线上，随即被对手解围。由于赫斯特的射门力量太大，主裁判和所有记者、球迷一样，都对这脚射门是否越过球门线不太确定，而就在这时，来自苏联的边裁向主裁判示意，进球有效。虽然瑞士主裁判和苏联边裁的言语不通，但是两人还是在一番交流之后统一了意见——进球有效，英格兰队以3比2领先西德队！

英格兰队的这记进球也成为了世界杯决赛历史上的最大争议，由于当时的摄像镜头角度有限，录像资料的视角不佳。因此，不管怎么分析当时的比赛录像，至今人们也无法统一确定皮球当时是否整体越过了球门线。

这记进球将西德队逼到了绝境之中，他们在加时赛下半场不顾一切地全线压上，狂攻英格兰队腹地。比赛的最后一分钟，穆尔在后场截下对方的皮球之后，给全力反击的赫斯特送出了一脚精准的长传。看到后者随即受到西德队回防队员的贴身干扰，一些球迷已经提前冲进场内庆祝。当时的BBC解说伍尔斯滕霍姆以为比赛就此结束，于是说："赫斯特现在拿球，他……哦，已经有人冲进场内庆祝了，我认为这一切都已经结束了。"然而，赫斯特并未放弃比赛，他将球趟入禁区后大力施射，皮球像炮弹一般窜进西德队的网窝。"第四个！就是现在！"伴随着伍尔斯滕霍姆有些语无伦次的激情解说，英格兰队终于在本土如愿捧得了世界杯冠军。

十一、盛极而衰

1968年欧洲杯

　　1963年英格兰队参加的第一场欧洲杯比赛，拉姆齐还没正式上任。等到他1966年率队做客威尔士时，这支球队已经加冕世界冠军的头衔了。欧足联效仿1950年时的国际足联，直接将不列颠锦标赛作为1968年欧洲杯的预选赛。只不过预选赛采取主、客场双循环制，所以1966—1967和1967—1968连续两个赛季的不列颠锦标赛都被合并为欧洲杯预选赛，但是在四支不列颠球队的内部，1967年和1968年的锦标赛还是单列两个积分榜，每年按照单年积分榜照常决定冠军。

　　在世界杯加冕之后，英足总没有再给拉姆齐的这支球队像1965年和1966年年初那样安排大量的热身赛，除了不列颠锦标赛之外，英格兰在夺冠之后的一年时间里，只和捷克斯洛伐克队、西班牙队和奥地利队这三支欧洲球队在热身赛上交手，而一直到1969年夏天对阵墨西哥队，拉姆齐的球队在整整3年时间里都没有和任何非欧洲球队遭遇，新科世界冠军的前进步伐就这么逐渐慢了下来。

本土夺冠之后，拉姆齐碰到的最大危机是1967年4月在主场以2比3输给苏格兰队，这也是他们在世界杯结束后将近两年时间里的唯一一场败仗。伦敦媒体将苏格兰队的这场胜利在报纸上冠以"苏格兰入侵"的标题。英格兰队这场比赛的所有进球都是在最后5分钟攻进的，但是杰克·查尔顿和赫斯特的进球已经于事无补，这场比赛让英格兰队在夺冠之后首次遭到媒体的批评。

最终两年的全部6场不列颠锦标赛，英格兰队都以4胜1平1负的战绩排在榜首，唯一没有取胜的两场比赛对手都是苏格兰队，而苏格兰队凭借着第一年的出色发挥，拿到了1967年的不列颠锦标赛冠军，最终两年的总积分榜上，他们也只落后英格兰队1分，这也多少让拉姆齐在世界杯后分心内战，没有再像之前那样频繁找欧洲和南美洲的强队切磋。

小组顺利出线之后，英格兰队在欧洲杯的四分之一决赛上与西班牙队遭遇，这个阶段的比赛仍然采取主客场淘汰制，结果英格兰队于1968年4月3日在主场凭借博比·查尔顿的进球以1比0小胜，而在一个月之后做客马德里，彼得斯和亨特各进一球，帮助英格兰队以总比分3比1淘汰西班牙队挺进半决赛。

到了半决赛阶段，晋级的4强球队在意大利通过赛会制角逐冠军。英格兰队的半决赛对手是南斯拉夫队，这是英格兰当时最为头疼的东欧对手，在世界杯夺冠之前，两队的大部分友谊赛都以平局收场。这一次在佛罗伦萨，拉姆齐的球队再度和对手陷入苦战之中，两队一直打到86分钟仍然还维持着0比0的比分，这时南斯拉夫队的边锋扎伊奇上演绝杀，将英格兰队挡在了欧洲杯决赛的门外。在6月8日争夺第三名的比赛中，英格兰队凭借博比·查尔顿和赫斯特的进球2比0战胜苏联队，首次入围欧洲杯决赛圈就拿到了季军。不过，拉姆齐当时不会想到，之后的44年时间里，他的继任者再也没能突破他的这一成绩。

对阵南斯拉夫队的这场半决赛，英格兰队中场穆莱里因为累计两张黄牌而被主裁判逐出场外，穆莱里也由此成为英格兰队历史上首位被驱逐出场的球员。不过，赛后穆莱里还是得到了拉姆齐的信任，这位效力热刺队的中场在欧洲杯前不久取代世界杯冠军的功臣斯泰尔斯，成为了球队的主力，拉姆齐将他视为球队征战1970年世界杯的主力成员之一。

1970年墨西哥世界杯

虽然在欧洲杯上折戟，但是外界仍然一致将以卫冕冠军身份参加世界杯的英格兰队视为1970年墨西哥世界杯上的最大夺冠热门。英格兰队也是1966年世界杯后阵容最为稳定的世界强队，博比·查尔顿、博比·穆尔和班克斯在世界杯夺冠后状态和实力都进一步在联赛中得到提升，而赫斯特、彼得斯和鲍尔等人也逐渐成长为世界级的球员。更加让拉姆齐自信的是，当时联赛还涌现出了像阿兰·

穆莱里、特里·库珀这样的新秀。总而言之，备战1970年墨西哥世界杯的英格兰队是一支年龄结构合理、队内依旧充满竞争活力的团队。当时世界足坛的共识是，这是一支比1966年冠军球队更加成熟的球队。

英足总在国家队欧洲杯出局之后，也立刻开始安排大量的热身赛来让球队保持状态。因为英格兰队将直接以卫冕冠军的身份晋级决赛圈，所以拉姆齐不需要经过预选赛的考验，他和四年前一样，需要的是大量的高质量热身赛。

英格兰队在1968年6月的欧洲杯上战胜苏联队之后，在11月初再度集结，三狮军团的赛程立刻频密了起来。球队首先在1968年年底与罗马尼亚队和保加利亚队各赛一场，来年1月又在主场再次对阵罗马尼亚队，但是欧洲杯后的这三场比赛，英格兰队居然一场没赢。在首战客场被罗马尼亚队以0比0逼平之后，他们在接下来的两场比赛又两度被对手1比1战平，这是继1964年的"小世界杯"之后，拉姆齐任上首度连续三场不胜。

等到1969年3月12日在主场5比0横扫法国队，英格兰队已经将近5个月没能赢球了。赫斯特继世界杯决赛之后，在这场比赛再次上演了"帽子戏法"，只不过有两个点球。紧接着在打完三场不列颠锦标赛之后，拉姆齐再次带着英格兰队去南美洲拉练，他们和1970年世界杯东道主墨西哥互交白卷，之后2比1战胜乌拉圭。6月12日，他们在里约热内卢1比2不敌巴西队。在连续以1比0的比分战胜荷兰队和葡萄牙队之后，英格兰队结束了1969年的所有热身赛程，踌躇满志的进入到了1970年。

波哥大珠宝店疑案

之前两次赴南美洲参加世界杯，英格兰队的准备工作都难称出色。为了避免重蹈覆辙，拉姆齐决定在赛季一结束就率领全队抵达墨西哥的驻地，在训练调整的同时，在南美洲就近选择热身赛对手。这样球队可以早早适应南美洲的天气和环境，也免去了世界杯开赛前才匆匆忙忙抵达驻地的仓促。这一计划看似无可挑剔，但是如果拉姆齐预知到球队在哥伦比亚遭遇的这出风波的话，他估计会宁愿让球队开赛前一天才抵达南美洲。

在墨西哥驻地简单的适应了一阵之后，拉姆齐率领球队飞往哥伦比亚首都波哥大，在那里迎战哥伦比亚国家队。南美洲虽然治安不佳，但是其异域风情仍然吸引球员在训练结束之后去下榻的酒店附近散步和购物。队长博比·穆尔和博比·查尔顿就在赛前信步走进了波哥大一家名为"绿色火焰"的珠宝礼品店，博比·查尔顿想给妻子买一些首饰，但是在逛了一圈之后，两人对那里陈列的货物都不感兴趣，于是走出那家珠宝店，回到了隔壁下榻酒店的大堂。

然而就在这时，珠宝店的一位店员突然走进酒店大堂，指控穆尔和博比·查尔顿偷盗了他们店里一副价格不菲的手镯。两人感到莫名其妙的同时都捍卫自己的清白，甚至声称可以接受警方的任何搜查行为。在店员的吵闹之下，警察很快介入，队医菲利普斯赶紧叫来了拉姆齐。英格兰队主帅在和警方交涉之后，同意他们问询自己的球员。结果警方没有发现任何盗窃的证据，这起指控宣告无效。穆尔和博比·查尔顿在发表声明澄清这件事之后，甚至接受了有关方面的道歉。

英格兰分别以4比0和2比0的比分战胜了哥伦比亚和厄瓜多尔，穆尔和博比·查尔顿双双首发，两个人对这段插曲都并不在意，球队准备从厄瓜多尔首都基多借道波哥大返回墨西哥。球队队医尼尔·菲利普斯隐约觉得波哥大警方有可能会继续刁难球队，因此建议拉姆齐改变计划，在回程时避开波哥大，绕道巴拿马回墨西哥，但是拉姆齐和穆尔都认为之前的事情纯属误会，已经了结，所以并没有听从菲利普斯的建议。

在波哥大，他们需要在之前下榻的那家酒店住宿一晚，结果在全队晚上在酒店小影院观看电影时，两名便衣警察突然悄声无息的带走了穆尔。哥伦比亚警方声称他们发现了新的证人，一位叫阿尔瓦罗·苏亚雷斯的服务员，他作证说自己亲眼看到穆尔从玻璃展柜中将那副名贵的手镯揣进了自己外套的左侧口袋。英格兰队队长因此被哥伦比亚警方扣押，直到次日飞机起飞前，队员才从拉姆齐那里得知队长将暂时不会随队前往墨西哥，两名英足总的工作人员特意留下来帮助穆尔洗冤。

穆尔被拘留的消息很快传出，一旦偷窃罪名成立，他将被送往监狱长期监禁。而英方则努力由大使馆帮助斡旋，由于当时的英国政府首相威尔逊亟须国家队卫冕，借此来给即将到来的大选造势，因此这件事情很快就演变成了一起外交事件。

穆尔在被拘留期间仍然每天在武装警察的看护下保持训练，而整个足球界当时都对他保持信任和支持。拉姆齐公开表示信任自己队长的品行。而就连巴西队教练萨尔达尼亚也接受媒体采访，称自己当时率领博塔福戈俱乐部在波哥大比赛时也曾碰到过类似的事故，那是南美洲不少地方泼皮的常见把戏，他们故意藏起自己的一件珠宝物品，然后诬陷外国游客偷窃，然后讹诈外国游客赔钱息事宁人。各国国家队是他们最喜欢的猎物，因为球队下榻的酒店总是有记者出没，不少球队为了避免这件事被媒体爆炒，只能破财消灾。

在法官问询环节，珠宝店侍者很快露出了马脚。他坚持声称说看见穆尔将手镯放进外套的左侧口袋，但是穆尔当天所穿的那件外头，左侧根本没有任何口袋，而关于那副手镯的价值，珠宝店一开始说价值500英镑，之后又改口说价值5000英镑，最后在法院又开出了6000英镑赔偿金的要求。事实已经非常明确：这是一桩拙劣的构陷案件。

穆尔在5月28日以盗窃罪证据不足而被有条件开释，根据哥伦比亚法律，他在抵达墨西哥之后还得去哥伦比亚领事馆报到登记，但是官方很快确认由于完全没有证据证明穆尔的嫌疑，他没有义务在世界杯期间去哥伦比亚领事馆报告自己的行踪。穆尔在5月底返回墨西哥归队，拉姆齐亲自去机场迎接，而全队则在驻地外列队欢迎队长的回归，波哥大珠宝店疑案初步告一段落。

这一案件直到1972年才宣告销案，然而那家绿色火焰珠宝店不久后就关门歇业了，而指控穆尔的珠宝店店员事后也不知所终，据说其已经移民美国。人们一般认为这是一起普通的讹诈诬陷，但是也有足球史家坚持认为这背后是一起精心策划的阴谋，目的是为了阻止英格兰队队长参加世界杯，以干扰三狮军团的卫冕。鉴于英国首相威尔逊在此案期间的积极奔走，阴谋论者相信，既然首相认为英格兰队长对即将进行的大选是如此重要，那么他的对头绝对有动机策划这一案件。当然，这一论点和珠宝案本身一样，毫无证据支持。

作为1966年世界杯冠军球队队长，穆尔却终生都没有被女王授予爵位，人们普遍认为这和他1970年牵涉的波哥大珠宝案有关。

墨西哥风云

波哥大珠宝店疑案多多少少打乱了拉姆齐的备战计划，但是至少博比·穆尔在英格兰队世界杯期间的四场比赛都表现不错，人们在场上看不出来他刚刚在赛前身陷囹圄。

6月2日，英格兰队的首个小组赛对手是一年前曾两度交手的东欧球队罗马尼亚，英格兰每届世界杯的小组赛都会陷入场面沉闷的苦战之中，这场比赛也毫不例外，赫斯特第65分钟在禁区内扣过对方防守球员，小角度施射得手，攻进了比赛的唯一进球。其余时间，两队大部分时间都在中场缠斗，有效的射门和进攻寥寥无几。

5天以后，英格兰队在小组赛次战遇到了自己的世界杯宿敌巴西队。1966年之所以能在本土夺冠，不少英格兰媒体和球迷都庆幸那届世界杯巴西队在小组赛就爆冷出局。而这次在南美洲相遇，英格兰队的首要任务仍然是如何盯防贝利。

开场不久，英格兰队门将班克斯就以一记精彩的扑救将贝利的头球攻门拒之门外，这被不少球迷认为是班克斯门将生涯的最佳扑救。英格兰的最好机会来自替补上场的杰弗·阿瑟尔，巴西队后卫在禁区内解围时一脚踢漏，皮球滚到阿瑟尔脚下，后者在几乎面对空门的情况下却一脚踢偏。而巴西队则由雅伊尔津霍在第59分钟攻进了全场的唯一进球。这场比赛虽然败北，但是英格兰队的小组出线命运却仍旧掌握在自己手中，赛后拉姆齐也专门表扬了队长博比·穆尔所领衔的球队后防，不少评论家都将这场比赛视为穆尔在国家队发挥最好的一场比赛。而外界也非常看好这两支球队能在决赛再度相遇。

7月11日对阵捷克斯洛伐克队，英格兰队的进攻虽然有所改善，但是仍然没有收获什么进球，他们只在下半场开场5分钟的时候，由阿兰·克拉克罚入点球，这又是全场的唯一进球，英格兰队三场比赛的最终比分全都是1比0，以两胜一负的战绩小组出线。4年前英格兰队3场小组赛仅仅打进4球就被媒体非议，如今小组赛仅仅打进两球仍然顺利出线，不少媒体也感概自己已经跟不上足球时代的变化。

英格兰队四分之一决赛的对手又是一个老冤家：自己4年前的决赛对头西德队。英格兰队的1号门将班克斯在赛前突然食物中毒，因此替补门将博内蒂入替，成为首发门将。博内蒂虽然在切尔西表现出色，但是在国家队的出场经验不足。这仅仅是他第7次为国家队出场，前6场他把守的球门仅仅被攻破过一次，因此拉姆齐认为他顶替班克斯出战应该问题不大，但是英格兰主帅忽略了一个问题：博内蒂已经整整1个月没有打过正规比赛了。

　　和4年前一样，英格兰队依然身穿红色球衣出场，第31分钟穆莱里在西德队禁区内的混战中捅射得手，为英格兰队首开纪录。下半场开球不到5分钟，赫斯特将英格兰队的领先优势扩大到了两球，英格兰队前锋在左门柱附近接队友的传中，将比分改写为2比0。欣喜若狂的英格兰球迷认定，这场比赛他们将不会再像4年前的那场决赛一样，被西德队逼入窘迫的地步。

　　英格兰队两球领先了20分钟，西德队利用英格兰队一名球员在后场倒地受伤的档口发动猛攻，贝肯鲍尔在禁区前以一脚远射为西德队扳回一球。皮球从出击扑救的博内蒂腋下滚入球门。第82分钟，西德队对英格兰禁区形成围攻之势，席勒接队友的长传，在禁区右路近距离攻门，将比分扳平。2：2！比赛再次进入加时赛。

　　加时赛阶段，英格兰队再没有四年前的沉着和杀气，他们被德国队的进攻压得喘不过气来。穆勒在第108分钟接队友的头球摆渡，在小禁区内轻松补射得手，将比分反超为3比2。英格兰队在世界杯上第一次遭受如此屈辱的逆转，卫冕冠军最终止步8强。

　　球迷将输球的罪责推给了赛前被拉姆齐仓促推上主力位置的门将博内蒂，这位门将之后被视为不祥之人，再没有为国家队效过力。而即便是在联赛赛场，每当他出场，总会有球迷愤怒的向他高唱："博内蒂，就是你害得英格兰弄丢了世界杯！"而实际从技术上讲，这三粒丢球，博内蒂只有在扑救贝肯鲍尔的远射时出现了一些技术问题，其他两粒丢球，和博内蒂毫无关系，对方都在距离球门极近的距离射门得手，作为门将的博内蒂已经无计可施。

　　拉姆齐也对这场以两球领先之后反被逆转的比赛十分震惊。然而更令他震惊的是，就在球队从墨西哥返回伦敦的飞机上，刚刚以代表国家队出场106次而打破老队长赖特纪录的博比·查尔顿突然找到拉姆齐，声称自己决定从此退出国家队，希望拉姆齐在今后的国家队征召时不要再考虑自己。

帅印易手

在1970年世界杯止步8强之后，拉姆齐其实早已经开始警惕英格兰队在未来这四年参加各种预选赛的状态。球队在1971年先是参加了1972年欧洲杯的预选赛，小组赛阶段英格兰队和瑞士队、希腊队、马耳他队同组。在这一年的6场小组赛中，英格兰队以5胜1平的战绩积11分，名列他们所在第三小组的榜首，顺利进军8强。

欧洲杯的四分之一决赛在1972年年初进行，拉姆齐再次和老对手西德队相遇。英格兰队在主场1比3败北，到了客场鏖战了90分钟，和对手互交白卷，最后以总比分1比3惨遭淘汰。

无缘欧洲杯决赛圈，拉姆齐立刻将注意力转移到了年底即将开打的1974年世界杯预选赛上。英格兰队主帅也就是在这个时候，发现自己执教球队将近10年，却从来没有打过世界杯预选赛。因为1966年英格兰世界杯，英格兰队以东道主身份直接晋级，而1970年墨西哥世界杯，他们又以卫冕冠军的身份直接拿到了一张决赛阶段的入场券。

英格兰队的预选赛分组还算不错，这是一个仅有三支球队的小组，同组的对手有自己非常熟悉的威尔士队，还有当时奥运会的新科冠军波兰队。对阵威尔士队，英格兰队取得了一胜一平的战绩，而波兰队则在客场输给了威尔士队。因此1973年7月6日，当英格兰队和波兰队在霍茹夫相遇时，三狮军团的出线形势非常之好。

这是英格兰队在1966年世界杯夺冠之后最为灾难的一场演出。开场仅仅7分钟，队长博比·穆尔和门将希尔顿先后出现失误，让波兰队通过任意球机会领先。下半场刚刚开场不久，博比·穆尔再次犯下低级失误，他在后场控球时形同梦游，被卢班斯基突然抢断后单刀破门。英格兰0比2客场败北，而且还付出了穆尔、鲍尔被双双罚下的惨重代价。

即便如此，出线的命运仍旧掌握在英格兰人自己手中，只要他们最后一场预选赛主场战胜波兰队，他们仍将晋级世界杯决赛圈。然而在10月17日的温布利，他们却被波兰队1比1逼平，这场比赛让人想起了1950年世界杯他们输给美国队的那场小组赛。虽然波兰队并没有美国队那么羸弱，但是英格兰队却在主场占据绝对主动的情况下，挥霍着一个又一个门前良机，但是三狮军团的射门却被波兰门将托马谢夫斯基全数化解。下半场开场12分钟，代替禁赛的穆尔首发的中后卫诺曼·亨特犯下大错，他在中线带球时被对手轻松抢断，波兰队随即发动突袭，多马尔斯基在禁区外接队友的助攻远射破门，1：0，英格兰被逼到了悬崖边上。

尽管6分钟后，阿兰·克拉克的点球为英格兰队扳平比分，但是英格兰队却再也没能获得进球的机会，这场平局导致他们将世界杯决赛阶段的参赛券拱手让给了波兰队。起初英格兰媒体认为波兰队的晋级纯凭运气，结果这支东欧球队在一年之后的世界杯上拿到了季军，而英足总在考虑再三的情况下，于1974年的春天解雇了拉姆齐。这位传奇名帅在英格兰队的11年执教生涯画上了句号，而对英格兰队而言，真正的混乱才刚刚拉开帷幕。

和之前那次换帅一样，英足总在决心让拉姆齐下课的时候还并没有一个合适的新帅人选。在选帅期间，英足总调来了考文垂队的主帅默瑟暂摄帅印。默瑟以临时主帅的身份一共指挥了7场国家队的比赛。其中不列颠锦标赛的3场正式比赛，英格兰队以2胜1负的战绩和苏格兰队共享冠军荣誉；而在另外4场友谊赛中，默瑟指挥英格兰队以1胜3平的战绩保持不败，这个战绩看似勉强合格，但是考虑到友谊赛那3场平局的对手是阿根廷队、东德队和南斯拉夫队，因此英足总对默瑟的工作能力十分认可，甚至一度放出风来，考虑将默瑟彻底转正。

不过，英足总最终还是选择了利兹联队的主帅唐·里维。里维的情况和拉姆齐有些类似，他当时率领利兹联队在联赛称霸，英足总认为委任本国顶级联赛的冠军主帅率领国家队，是再正常不过的事情。里维上任之后英格兰队的士气还算不错。4场欧洲杯预选赛，英格兰队取得了3胜1平的战绩，尤其是3比0击败欧洲劲旅捷克斯洛伐克队，让人看到了三狮军团扬威欧洲的希望。然而，在1975年年底的最后两场比赛中，里维的球队很快在客场1比2不敌捷克斯洛伐克队，小组赛末战又被保加利亚队1比1逼平，最后以1分之差无缘1976年欧洲杯。里维也立刻领教到了英格兰媒体的厉害，他的执教方法和训练手段遭到了媒体的全面质疑和批评。

里维的执教理念是想让人来人往的国家队变成家庭氛围的俱乐部，但是他的改革却相当失败，他几乎每场比赛都要更换首发名单，而对于球队的未来缺乏整体规划，他和英足总的关系也越来越僵。1977年2月国家队在主场0比2不敌荷兰队之后，媒体对他开始了一边倒的批判，不少比赛解说将这场比赛比作1953年英格兰队3比6输给匈牙利队的那场耻辱之战。而里维在这个时候干出了让英格兰足球蒙羞的事情。国家队当时要在夏天出访南美洲，里维为英格兰队制定了一套主力阵容之后，并没有随队前行，他自称要考察英格兰世界杯预选赛对手的情况，随即神秘消失。事实上，这位英格兰主帅悄悄抵达了阿联酋，和当地酋长秘密商议自己跳槽后的薪水待遇问题，在确认自己将在阿联酋获得超过英格兰主帅的薪水后，他突然宣布辞职，并即日起就任阿联酋国家队主帅。

里维的这一系列举措让英足总恨之入骨，然而这一切还没有完，他在跳槽之后又将自己辞职前后的幕后秘闻打包卖给了《每日邮报》。英足总这次被这位全无心肝的主教练彻底激怒，他们宣布在今后10年禁止里维在英格兰执教，虽然里维最后通过法院上诉，撤销了这份禁令，但是破坏行规，已经千夫所指的他再也没能获得在英格兰足球圈工作的任何机会。

里维挂印出走之后，英足总找来了退休之后正在家赋闲的前西汉姆主帅格林伍德来执教国家队。当时英格兰队的1978年世界杯预选赛还有两场比赛没打，这位仓促出山的老帅虽然让英格兰队在这两场比赛两战两捷，扭转了积分榜的形势，在积分上追平了同组榜首的意大利队，但是由于进球数的劣势，英格兰队连续第二次无缘世界杯决赛圈。连续8年无缘世界杯的英格兰足球在20世纪70年代末陷入了一场不大不小的危机。

十二、艰难复兴（1980—1990年）

重返大赛舞台

从唐·里维这么不靠谱的主教练手中接过一支国家队，格林伍德迅速稳定住了局面。从1978年世界杯预选赛抱憾出局，格林伍德立刻开始备战1980年欧洲杯预选赛。从1972年算起，英格兰队先后无缘两届欧洲杯、两届世界杯，不仅从世界冠军的神坛彻底跌落，而且在世界顶级大赛的赛场上连续消失了8年之久。因此，格林伍德当时的首要任务是让英格兰队恢复元气。

对格林伍德而言，好消息是1980年欧洲杯决赛圈的参赛名额已经从4支球队扩充到了8支，因此英格兰预选赛不会像以往那样过早遭遇强敌，他们和保加利亚队、丹麦队和北爱尔兰队同组。在格林伍德小心谨慎的指挥之下，三狮军团最终在6场预选赛中取得了5胜1

平的战绩，终于在8年之后再次回到了世界大赛的赛场。

　　1980年的欧洲杯决赛圈被分成了两个小组，每组的前两名晋级4强。英格兰队和意大利队、比利时队、西班牙队被分在了B组。之前连续8年无缘大赛，1966年那一代冠军球队的国脚早已悉数退役。格林伍德的这支英格兰队里，国际比赛经验最为丰富的基冈，此前也没有经历过任何决赛圈的比赛。再加上格林伍德本人虽然已年近六旬，但是也没有任何大赛指挥经验，这样一支球队和初出茅庐的新军没有什么本质的区别。

　　三场小组赛，英格兰队取得了1胜1平1负的战绩。首战他们以1比1逼平比利时队，3天之后被意大利队以1比0击败，小组赛末战虽然以2比1力克西班牙队，但是最后却以1分之差名列第三，只能眼看比利时队和意大利队同积4分携手出线。让格林伍德心烦的不仅仅是球队的战绩，20世纪70年代末80年代初英格兰国内足球流氓的问题也日渐猖獗，他们尤其喜欢在追随国家队出征海外的时候寻衅滋事。在6月12日英格兰队对阵比利时队那天，意大利警方因为实在无法控制英格兰足球流氓在场外制造的骚乱，最终使用了催泪瓦斯驱散人群。

　　虽然重返大赛舞台的首秀并不出彩，但是格林伍德认为球队终于从里维时代的混乱状态中初步恢复了过来。从意大利回国之后，格林伍德开始加紧国家队的重建工作，布赖恩·罗布森、特里·布彻和格伦·霍德尔这样一些年轻球员逐渐在国家队站稳了脚跟。

　　1982年的世界杯预选赛在欧洲杯结束之后一个多月就正式开打，格林伍德虽然率队首战4比0战胜了挪威队，但是10月15日他们立刻又在东欧球队身上栽了跟头：客场1比2不敌罗马尼亚队，一个月之后英格兰队以2比1战胜了瑞士队，但是格林伍德对最后的出线形势已经开始忐忑不安。

1981年4月29日，英格兰队在主场又被罗马尼亚队0比0逼平。球队在之后的一场友谊赛和两场不列颠锦标赛上状态极差，先后输给了巴西队和苏格兰队，期间又被威尔士队逼平，再加上之前在3月底被西班牙队在主场2比1击败。三狮军团在1981年开局前5个月的5场比赛中3负2平，竟然未尝一胜。等到5月底做客瑞士队，格林伍德已经多少有了心理准备：一旦这届世界杯预选赛耻辱出局，自己将立刻辞职。

英格兰队那届世界杯预选赛的赛程非常不利，他们要在5月30日和9月9日之间接连征战三个客场。而赛前背水一战的心理并没有拯救英格兰队，他们在瑞士1比2败北，3比1战胜匈牙利队扳回一局之后，又在最后一个客场被挪威队1比2击败，出线前景非常不利。格林伍德在经历了这两负一平之后，自觉出线无望，已经决定辞职以谢天下，但是在从挪威飞回英国的飞机上，他受到了球员的集体挽留，看到军心未散，老帅答应等到最后一场预选赛结束后再决定自己的去留问题。

在煎熬了两个多月之后，英格兰队终于迎来了自己最后一场预选赛：在温布利主场对阵半个世纪前的苦主匈牙利队。最终马里纳打进了全场唯一一粒进球，英格兰队1比0获胜。而同组的其余竞争对手则陷入混战之中，结果三狮军团最终渔翁得利，和匈牙利双双晋级决赛圈。格林伍德也收回了自己的辞呈，决定率领球队征战完西班牙世界杯再做计较。

和两年前的欧洲杯一样，1982年西班牙世界杯也在扩军改制。决赛圈参赛球队增加到了24支，因此在淘汰赛前，国际足联决定采取两阶段小组赛的赛制。第一轮小组赛上6个小组的前两名出线，然后12支球队再每3支球队混编成4个小组，小组头名直接晋级4强。第一阶段的小组赛，英格兰队和法国队、捷克斯洛伐克队以及科威特队被分在第4小组。

在世界杯预选赛惊险晋级之后，卸下心理包袱的格林伍德和英格兰队在1982年上半年的这6场比赛中5胜1平，保持不败，和1981年5负2平2胜的战绩相比大为提高。而格林伍德也终于把英格兰队热身赛时的良好状态带进了世界杯小组赛。

1982年6月16日，英格兰队首战法国队。布赖恩·罗布森在开场不到1分钟就为球队取得了领先，之后法国队在第24分钟扳平比分。不过，英格兰队并没像以往世界杯小组赛首战那样战战兢兢的畏缩保平。布赖恩·罗布森和马里纳在第67分钟和第83分钟各进一球，帮助球队3比1拿下了小组赛首胜。

由于小组另外两名对手捷克斯洛伐克队和科威特队首战战成1比1平，取得出线先机的英格兰队在之后的两场比赛中势如破竹，分别虽然以2比0和1比0的比分击败了捷克斯洛伐克队和科威特队，罕见的以三战全胜的小组赛战绩挺进12强。在第二阶段的小组赛上，英格兰队与西班牙队和死敌西德队同组。

在伯纳乌，英格兰在对阵西德队和西班牙队的比赛中都陷入苦战。最终格林伍德的球队连续两场比赛和对手战成0比0。而西德队由于2比1战胜了西班牙队，因此以一胜一平的战绩出线，英格兰队则以1分之差黯然出局。英格兰队在世界杯上5场比赛3胜2平，虽然一场未输，但是仍然抱憾出局。格林伍德在球队被淘汰之后立刻宣布退休，英格兰队在5年之后再度出现帅位空缺的状态，直至博比·罗布森上任。

罗布森和英格兰最早两位主帅都颇有渊源。1959年，时任英格兰队主帅的温特伯特姆建议罗布森在退役前提前学习职业教练课程，结果他还在富勒姆效力期间就已经拿到了职业教练执照。1968年，他开始执教富勒姆队，次年执教伊普斯维奇队，这里正是拉姆齐在执掌国家队帅印之前所执教的球队。

和拉姆齐一样，罗布森迅速在伊普斯维奇俱乐部高层的支持下取得了成功。罗布森的执教风格以稳健见长。他在俱乐部度过了4个赛季的适应期之后，球队开始走上正轨。1972—1973赛季，伊普斯维奇在他的带领下杀进前四，从那之后的9年时间，伊普斯维奇队的联赛排名只有在1978年低于前六。不过那个赛季伊普斯维奇球迷却没有丝毫不快，因为他们在足总杯决赛中以1比0战胜阿森纳队夺冠。罗布森没有率领伊普斯维奇队夺得过联赛冠军，但是却两次将球队带到了亚军的位置，并且让球队成为欧洲赛场上的常客，而且在1981年夺得联盟杯。

在伊普斯维奇队执教的13年时间里，他只从其他俱乐部引进14名球员，他更喜欢从俱乐部青年队提拔青年球员，并且相继向国家队输送了以布彻为首的10余名国脚。罗布森除了善于发掘年轻球员，他还精通战术。当时在国内赛场，英足总确实找不到像罗布森这样完美的主帅。况且罗布森为人正直，在圈内人缘极好，英足总也不用担心他会像里维那样中途和其他球队私会接洽。

让英足总意想不到的是，刚刚入职的罗布森还是捅出了篓子。英格兰主帅当时准备弃用队长基冈，但是没等他找基冈谈话，基冈本人就已经从媒体那里知道自己在国家队已没有位置，愤而宣布从国家队退役。人品交口称赞的罗布森居然刚刚执掌国家队帅印，就在人际关系上栽了跟头。

基冈退出国家队之后，罗布森紧接着又在欧洲杯上栽了跟头。英格兰队被丹麦队淘汰，无缘1984年欧洲杯。而罗布森的收获则是提拔了莱因克尔、瓦德尔等一批年轻球员，并且开始提前全力备战1986年墨西哥世界杯。

墨西哥世界杯

1986年世界杯，英格兰队以一种似曾相识的方式首战0比1输给了葡萄牙队，虽然门前机会很多，但是对方门将的出色发挥外加锋线临门一脚乏力，比赛打到第76分钟，久攻不下的英格兰队多少开始有些懈怠，这个时候葡萄牙队在英格兰队的边路打开了缺口，他们送出的一记右路传中滑过英格兰队球门，被后门柱无人盯防的曼努埃尔轻松捅进球门。禁区内的四五名英格兰队防守球员，当时竟然没有一个人盯紧曼努埃尔。

三天之后对阵摩洛哥队，英格兰队又和对手0比0互交白卷。这场比赛使英格兰队元气大伤，他们的队长布赖恩·罗布森在终场前

10分钟的一次禁区拼抢中肩部脱臼，重伤离场，并且缺阵了所有的剩余比赛，而副队长威尔金斯则领到了一张红牌被罚出场。威尔金斯也是世界杯比赛上第一个被罚下的英格兰队球员，他也再没有获得为英格兰队出场的机会。

在最后一场对阵波兰队的小组赛上，莱因克尔在上半场就上演了"帽子戏法"，他先是第8分钟在小禁区里接队友的右路传中倒地推射破门。5分钟后，他在同样的地点以同样的方式破门，只不过传中的队友从右路换到了左路。第34分钟，英格兰队获得左路角球，波兰队门将在出击摘球时出现脱手，皮球正好落在埋伏在小禁区内的莱因克尔身前，英格兰前锋轻松将球扫入球门，完成了自己的"帽子戏法"。最终凭借这个"帽子戏法"，英格兰队3比0战胜波兰队出线。

6月18日的首轮淘汰赛，英格兰队和南美洲球队巴拉圭队相遇。上一场比赛上演"帽子戏法"的莱因克尔再次大发神威，他在第31分钟和第73分钟梅开二度，两记进球都是中路的包抄推射。而他的锋线搭档比尔兹利也在第56分钟门前抓住门将脱手的机会，捡漏打进一球。

在轻松获得两场比赛的胜利之后，英格兰队在四分之一决赛上遇到了自己的宿敌：阿根廷队。英格兰队在20世纪70年代无缘世界大赛的那8年时间里，阿根廷队已经逐渐成为了世界足坛的霸主之一。而这场比赛，也变成了阿根廷队内核心球员马拉多纳的个人表演。他在这场比赛的两个进球全都被载入史册。

第51分钟，英格兰队后卫解围失误，皮球忙中出错的坠回了本方禁区，身材矮小的马拉多纳立刻机敏地冲入英格兰队禁区准备争顶。面对出击的英格兰队门将希尔顿，马拉多纳跳起之后，隐蔽的用自己的胳膊将皮球撞进了英格兰队的大门。这个进球发生在电光火石之间，除了就近的英格兰队后卫之外，大部分人都没能完全看清进球的过程，因此主裁判也没有觉得丝毫的不妥，判进球有效。而英格兰队后卫在投诉无果的情况下，只能作罢。

这个进球被称为"上帝之手"。而对于马拉多纳4分钟之后的进球，英格兰队上下则心服口服。马拉多纳在距离球门将近50码的地方开始一路带球，一阵风似地接连晃过了英格兰中后场的5名防守球员，其中包括弃门出击的门将希尔顿，将皮球打进了空门。2：0。这粒进球被公认为是世界杯最为精彩的进球之一，就连英格兰媒体也将其称为"世纪进球"。

英格兰队中当时找不出一个可以和马拉多纳相抗衡的球星，他们之后利用自己最为娴熟的进攻套路：边路传中加禁区内的中路以头球攻门扳回一球，进球的依然是莱因克尔。他也凭借着这粒进球最终捧得了那届世界杯的金靴，而英格兰队则在这场对决之后再度止步8强。

1990年世界杯

1988年欧洲杯的预选赛，英格兰队以5胜1平的战绩晋级，其中还包括对阵土耳其的8球大捷。然而，在西德进行的决赛圈比赛中，罗布森的球队却3场尽负，他们先后输给了爱尔兰队、荷兰队和苏联队，以0分的成绩告别了这届大赛。

从西德回国之后，罗布森就处于英格兰媒体的围剿之中。在一场友谊赛被沙特阿拉伯队逼平之后，一份报纸的标题竟然是"罗布森！以安拉的名义，滚吧！"，英格兰队主帅平静地向英足总递交了辞呈，但是英足总仍然对他温言宽慰，拒绝他辞职。

辞职未遂的罗布森开始在1989年年初率领球队备战1990年世界杯，他将这届世界杯视为挽回自己职业声誉的关键战役。在6场预选赛中，英格兰队以4胜2平、零失球的战绩晋级意大利世界杯的决赛圈。

英格兰队在1990年世界杯的分组形势，和两年前的欧洲杯决赛圈类似，和爱尔兰队以及荷兰队同组，唯一不同的是苏联队在意大利世界杯换成了埃及队。6月11日，英格兰队迎来了自己的首个对手爱尔兰队。开场仅8分钟，球队有些意外的取得了领先。英格兰队在右路边线附近传出了一记恰到好处的长传，拍马赶到禁区的莱因克尔胸部停球过掉了出击的爱尔兰门将，之后跌跌撞撞，连滚带爬的将球一路护送进了爱尔兰队球门。而在第73分钟，爱尔兰队门将邦纳开出了一脚超远距离的球门球，皮球被英格兰队后卫勉强拿到后立刻被爱尔兰队中场希迪抢断，他随即拔脚推射英格兰队球门远角得手，将比分扳为1比1。赛后莱因克尔在接受采访时表示球队未能守住胜局有些遗憾，但是英格兰队员当时仍旧对爱尔兰怀有昔日不列颠的香火之情，因此他和罗布森赛后都希望英格兰队能和爱尔兰队并肩晋级。

小组次战对阵荷兰队，英格兰队和对手互交白卷。这样在小组赛两连平的情况下，英格兰队必须在最后一场对阵埃及队的比赛中确保胜利。第58分钟，英格兰在前场左路获得一个任意球机会，马克·赖特在禁区里高高跃起，接队友开出的任意球，以头球破门，为英格兰攻进了全场唯一一粒进球，而英格兰1胜2平的战绩也让他们拿到了4分，最终以小组头名顺利出线。

由于以小组头名出线，因此英格兰队避开了大部分强队，在首轮淘汰赛对阵比利时队。不过，比利时人依旧让三狮军团无计可施，比赛一直进行到加时赛阶段的最后时刻，罗布森的球队仍然无法取得进球。就在这时，加斯科因从后场带球直捣对方腹地，已经筋疲力尽的比利时人没有料到奔跑了将近120分钟的英格兰球星仍然能如此生猛，因此加斯科因到了前场才被迎面冲来拦截的比利时球员放倒，裁判判给英格兰队一个任意球。英格兰队传到禁区内的皮球落在普拉特的控制范围之内，后者以一脚漂亮的转身凌空抽射完成了绝杀。当时比赛的时钟已经计算到了119分钟，如果普拉特这一击不中的话，英格兰队又要在首轮淘汰赛遭遇生死未卜的点球大战。

到了四分之一决赛，其余三场比赛在常规比赛时间总共才攻进两球，而英格兰队对阵喀麦隆队的比赛中光是莱因克尔一人就打进两球。英格兰队再次由普拉特在第25分钟接左路传中，以头球破门，为英格兰队率先进球，但是喀麦隆在第61、65分钟连进两球，反超比分。在终场前7分钟，英格兰获得点球机会，莱因克尔顶着巨大的压力将球罚入，比赛再次拖入加时赛阶段。这一次英格兰人没有拖到最后一刻才解决战斗，加时赛上半场邻近结束时，又是加斯科因为球队创造了机会，他在禁区内拿球时在对方后卫和门将的夹击之下倒地，主裁判判给了英格兰队本场比赛的第二粒点球。莱因克尔依旧一蹴而就，3比2惊险获胜的英格兰队得以在24年之后再次杀入世界杯半决赛。

和24年前两队之间的那场决赛一样，英格兰队对阵西德队的比赛再次拖入到了加时赛。而这一次在比赛最后关头扳平比分的却是英格兰人，莱因克尔终场前10分钟将比分扳为1比1平，两队在加时赛没有任何建树，只有加斯科因在第99分钟吃到了淘汰赛阶段的第二张黄牌。如果英格兰队晋级决赛，他将因停赛而缺席，加斯科因当时就泪洒赛场。这也成了1990年世界杯最让人印象深刻的一幕。

120分钟比赛之后，英格兰队首次在世界杯赛场上迎来了点球大战。西德队这个时候向英格兰人展示了他们钢铁一般的神经和稳定，他们在点球大战之中4罚全中，而英格兰队这边最后两个出场的皮尔斯和瓦德尔则先后将点球射失，让对手4比3取得了点球大战的胜利。

在半决赛被西德队淘汰之后，英格兰队又参加了一场无关紧要的三四名决赛，对阵东道主意大利队。双方在拉锯了70分钟之后，在最后20分钟才开始进球，意大利队第71分钟首开纪录，而普拉特再次进球扳平了比分。不过，最终意大利队还是在终场前4分钟利用点球扳平了比分，而此前连续3场淘汰赛都鏖战了120分钟的英格兰队则再也无力反攻，他们在那届世界杯上最终拿到了第四名。这是自1966年夺冠之后英格兰队在世界杯的最好成绩，也是他们在非本土世界杯上的最好成绩。

由于这届世界杯英格兰几乎没有出现暴力犯规，因此他们拿到了那届世界杯的公平竞赛奖。罗布森在世界杯结束之后远赴荷兰，执教埃因霍温俱乐部。英格兰俱乐部在海瑟尔惨案后的5年禁赛期也在1990年夏天画上了句号。对于英格兰足球而言，20世纪90年代似乎应该是一个崭新的起点。

十三、厕所里的辞呈：闹剧年代
（1990—2000年）

格雷厄姆·泰勒，"最好被我们遗忘的时代"

执教国家队达8年之久，罗布森对英格兰队的历史影响仅次于温特伯特姆和拉姆齐。一般情况下，任期长久的主帅下课之后，球队总会经历一个动荡期。英足总在罗布森下课之后选择了时任阿斯顿维拉主帅的格雷厄姆·泰勒。

英格兰媒体当时仍然对罗布森念念不忘，因此泰勒在上任之初就不受人待见。媒体质疑他此前从没率队赢得过任何正规赛事的冠军奖杯。泰勒在联赛的最好成绩是曾经率领维拉和沃特福德先后夺得联赛亚军，并且率领沃特福德杀入过足总杯决赛，但是却始终与冠军无缘。此外，媒体对他的球员生涯也极尽讥讽之能事，嘲笑他从未征战过顶级联赛。泰勒的职业球员时代只有短短的10年，他先后效力于格林斯比和林肯城队这两家俱乐部，为这两支小球队出场300多次，仅仅攻进3球。在媒体连续不断的抨击下，泰勒在更衣室里很难赢得球员的尊重和拥戴。

尽管如此，泰勒的开局还是让英足总感到基本满意，在他指挥的前23场比赛中，英格兰队仅仅在1991年9月输给了德国队。球队在1992年欧洲杯预选赛上与土耳其队、爱尔兰队和波兰队同组，结果虽然整个预选赛未尝败绩，但是却踢得十分吃力，他们两次被爱尔兰队以1比1的比分逼平，对阵当时尚不强的土耳其队，主、客场也都以1比0的比分艰难拿下。自始至终，英格兰队和爱尔兰队以及波兰队在积分榜上处于胶着状态。1991年11月13日，球队在最后一场小组赛对阵波兰队，幸亏莱因克尔在第77分钟将比分扳为1比1，英格兰队才凭借着宝贵的1分压倒爱尔兰队晋级决赛圈。不然如两队积分相同的话，爱尔兰将以3个净胜球的优势出线。

率领球队惊险晋级1992年欧洲杯决赛圈，泰勒不会想到这已经是自己执教英格兰队的巅峰时刻了。英格兰队在1992年的上半年连续踢了6场热身赛，虽然对手不乏法国队和巴西队这样的强敌，但是他们仍然3胜3平保持不败。格雷厄姆逐渐弃用了队长布赖恩·罗布森以及瓦德尔，但是他却并没有找到属于自己的国家队"嫡系球员"。此外，他似乎也不太会和队内的主力球星相处，他在欧洲杯预选赛对阵爱尔兰队的关键比赛中弃用加斯科因，之后又在决赛圈给莱因克尔留下了终生遗憾。

英格兰队在1992年欧洲杯上和法国队、东道主瑞典队以及代替南斯拉夫队临时加入决赛圈的丹麦队同组。格雷厄姆的球队在欧洲杯前遭遇大规模伤病侵袭，而由于和一些球员所在的俱乐部沟通不畅，直到球队启程前往瑞典的前一天晚上，格雷厄姆才知道自己的主力中后卫马克·赖特一直有伤在身，可能无法出战。此时大名单已经确定，他想向欧足联申请，紧急将阿森纳队队长亚当斯调入国家队勤王，但是却被欧足联拒绝。英格兰最终以残阵出征瑞典欧洲杯。

在欧洲杯小组赛的这三场比赛中，首战丹麦队，英格兰队在开场数次错过领先优势之后，比赛节奏逐渐被丹麦队所掌握，终场前招架不住的英格兰队被对手的射门击中门柱，侥幸取得0比0的平局。次战法国队，英格兰队再次陷入苦战，全场只有普拉特的头球和皮尔斯中柱的任意球稍具威胁，他们最终再次和对手互交白卷。

最后一场小组赛面对东道主瑞典队，英格兰队终于进球，他们在开场4分钟就取得领先，莱因克尔的传中助攻普拉特进球，之后英格兰队在上半场占尽优势，但是始终打不进第二粒进球。下半场瑞典队开始变阵，他们在第51分钟扳平比分。然而，就在英格兰队需要发动猛攻的档口，泰勒突然莫名其妙的将队内的主力前锋莱因克尔在第62分钟换下，莱因克尔那场比赛的进球欲望非常之高。因为他当时在国家队的进球数已经达到了48个，英格兰前锋非常想在这场比赛中追平之前博比·查尔顿创造的49球纪录。但是泰勒却用莱因克尔之前在莱斯特城的锋线搭档阿兰·史密斯将他换下，英格兰队最终不仅没有进球，反而被瑞典队在第82分钟反超，以1比

2败北。3场小组赛两平一负，仅仅打进一球，在小组垫底。

英格兰媒体对这场比赛泰勒的指挥和换人感到怒不可遏。最为胆大的《太阳报》在英格兰出局次日报纸上直接将格雷厄姆称为"笨萝卜头"。一年之后，他们又在头版上刊登了一幅顶着萝卜头的英格兰主帅照片。而莱因克尔也在这场比赛之后退出国家队，远赴日本，加盟了名古屋鲸八，直到挂靴。

欧洲杯耻辱性的小组出局，泰勒并没有辞职的意思。他在回国之后主动承认错误，与媒体初步修复了关系。但是没过多久，国家队在友谊赛上以0比1输给西班牙。媒体这次给他换了个绰号："西班牙洋葱头"。

1994年世界杯预选赛接踵而至，英格兰队和波兰队、土耳其队、荷兰队、挪威队、圣马力诺同组。英格兰队和荷兰队是这支小组的出线热门球队。然而，英格兰队不仅没在荷兰队身上占到什么便宜，而且接连在挪威队和波兰队身上丢分。首战他们在主场被挪威队逼平，在战胜土耳其队和圣马力诺队之后主场对阵荷兰队，结果泰勒的球队在上半场早早以两球领先的情况下被对方将比分最终扳为2比2。紧接着他们在连续两个客场比赛中0比2输给了挪威队，并被波兰队1比1逼平。等到10月13日他们在客场被荷兰队0比2击败时，英格兰队大势已去，小组赛末战即便他们7比1战胜圣马力诺队也于事无补，泰勒的球队最终以3分之差排名第3，被同积20分的挪威队和荷兰队甩在身后，无缘1994年世界杯决赛圈的比赛。

泰勒本人在率队回国一周后引咎辞职，在教练圈又辗转混了10年时间，他开始退休在家赋闲，不时在BBC广播担任评论员。而在他执教的这3年时间，因为各种混乱情况的发生，而在英格兰官方编纂的历史中被称为"我们最好遗忘的时代"。

本土欧洲杯

人们希望泰勒的继任者能够成就拉姆齐那样的功绩，因为仅仅两年过后，英格兰很快就将迎来在本土举办的欧洲杯，这也是英格兰在1966年之后首次承办国际赛事。

英足总最终在1994年1月28日公布了新的国家队主帅：刚刚从热刺队帅位上离任不久的维纳布尔斯。事实上，英足总委任维纳布尔斯不久就心生悔意，因为这位英格兰队主帅实在太过多事。在接任英格兰队主帅前不久，他才和热刺俱乐部对簿过公堂。除了足球教练领域，维纳布尔斯还高调涉足商界，只不过他自己的生意在不久后也惹上了官司。此外，他和作家戈登·威廉合著小说，和游戏开发商开发以自己名字命名的足球管理游戏，之后还和流行乐队灌制过唱片。英足总喜欢的是温特伯特姆和拉姆齐那样不问足球之外世事的主帅，似维纳布尔斯这般在各个领域长袖善舞的主教练，他们通常都敬而远之。因此，有传言说维纳布尔斯在1994年初刚刚上任没多久，英足总就曾准备B计划人选。不过，在1996年欧洲杯之前，两方都已明确不会续约，维纳布尔斯将在1996年欧洲杯结束之后卸任走人。

这样算起来，维纳布尔斯的任期其实只有两年出头。在这种情况下，主教练通常都会走现实主义路线，以球队现有班底为准，不求有功，但求无过。懒得去冒险提拔新人、磨合新阵，只将队内球员的全部潜力发挥出来就算完成任务。

然而维纳布尔斯在这一点上却值得称赞，由于身为东道主的缘故，英格兰队不需要参加1996年欧洲杯的预选赛，因此维纳布尔斯将自己的大部分精力都放在了重建球队和提拔新人上。当时英超联赛已经运行了数个赛季，高水平外援逐渐涌入英格兰队的同时，一批本土新人也逐渐崭露头角。维纳布尔斯将麦克马纳曼以及曼联"92班"的年轻球员都大胆选进国家队委以重任，将他们与原有的国家队主力捏合在一起。他将队长袖标交给了阿森纳队长亚当斯，在锋线上充分信任阿兰·希勒。这支英格兰队开始焕发出罕有的生机和活力，而当时正是英格兰世界杯夺冠30周年，因此举国上下都对他的这支国家队寄予厚望。

首战瑞士队，英格兰仍然没有改掉慢热的习惯，和对手战成1比1平。希勒在第23分钟为球队首开纪录，但是英格兰队的1球优势只保持到了第83分钟，瑞士队通过点球将比分扳平。第二场小组赛，英格兰的对手是自己最为熟悉的内战死敌苏格兰队。双方鏖战到第53分钟，希勒再次为球队首开纪录，但是英格兰仅仅领先了20分钟，就遇到了和上一场完全一样的状况，队长亚当斯在禁区里倒地破坏对方传中时带倒了对方的进攻球员，东道主连续第二场比赛被裁判判罚点球。

当时英格兰队的守门员希曼素有"安全之手"的美称，他以一记漂亮的倒地侧扑，用身体将苏格兰队的点球封出。苏格兰队随后的角球被本方球员碰出底线，希曼开出球门球，皮球通过两脚简单的传递之后在苏格兰队禁区前被加斯科因拿到，这名英格兰队球员中的另类先是以一脚将皮球挑过正面防守自己的球员，随后凌空抽射，将英格兰队的比分改写成了2比0。短短两分钟的时间里，希曼扑出点球，加斯科因锁定胜局。戏剧性的场面变化让英格兰队从此士气大振，彻底走上了正轨。

小组赛末战对阵荷兰队，英格兰队打出了他们那届世界杯最为出彩的一场比赛。希勒和谢林汉姆双双梅开二度，在第63分钟的时候就已经以4比0领先对手，而荷兰队则由克鲁伊维特在第78分钟攻进了挽回颜面的一球，这场4比1大胜也让英格兰队以小组头名昂首出线。

四分之一决赛，英格兰队和西班牙队相遇，两队在120分钟的比赛里互交白卷，最后不得不以英格兰队最不擅长的点球大战来决出胜负。而这一次在主场球迷的助威声中，三狮军团罕见的四罚四中，前四个出场的希勒、普拉特、皮尔斯和加斯科因全部罚进，而西班牙队第一个出场的耶罗和第四个出场的纳达尔则相继罚丢，英格兰队最终在点球大战中4比2战胜西班牙，挺进四强。

在半决赛，英格兰队宿命般的再次和德国队相遇，这次希勒第3分钟再次帮助英格兰队领先，但是德国队第16分钟由昆茨将比分扳平，之后的100多分钟比赛里，双方都没有再进球，因此英格兰队首次连续两场比赛和对手以点球大战决出胜负。

英格兰队这次对点球大战的准备不可谓不充分，前5个出场的球员全部罚中，除了上一场的那四名队员之外，第5个出场的谢林汉姆顶着巨大的压力也将皮球罚进德国队的大门。而德国队的前5个点球也弹无虚发，5罚5中，这样点球大战进入到了"突然死亡"的单轮决胜阶段。而要命的是，维纳布尔斯以为比赛将在前5轮点球大战中决出胜负，因此并没有给剩余的球员排定罚球顺序。2012年欧洲杯的时候希勒还对当时的混乱场景记忆犹新："当德国队的斯特凡·昆茨罚入他们的第5个点球之后，我们突然意识到下一个点球的人选还没有确定，队员之间面面相觑。亚当斯作为队长准备压轴，'下一个谁去？'他喊道，但是其他球员有不少人要么低头，要么扭头假装注意其他地方以逃避先被抓去12码。这个时候球场的中圈竟然陷入了一阵可怕的沉默。就在这个时候，索思盖特突然举手说，让我来吧！"

虽然勇气可嘉，但是索思盖特明显在罚球前因为缺乏准备而内心慌张，他的助跑距离过长，起脚无力，皮球贴着草皮滚向球门中路偏左的区域，被德国队门将科普克倒地候了个正着。而之后出场的德国队球员穆勒则没有给英格兰队门将希曼任何机会，一脚将球罚进，以6比5赢得了这场点球大战的胜利。这也是英格兰队历史上在欧洲杯上最为遗憾的一次出局。

霍德尔风波

维纳布尔斯在欧洲杯之后挂印走人，英足总在1996年5月2日正式任命时任切尔西主帅的霍德尔接任国家队主帅。霍德尔当时还不到40岁，是温特伯特姆之后最为年轻的英格兰主帅。而仅仅在1年之前，他仍然还是切尔西的注册球员，可以说自温特伯特姆之后，霍德尔也是执教资历最浅的一位主帅。

霍德尔本身有着较强的宗教情结，这作为个人信仰无可厚非，但是他却将这一套习惯带进了国家队。一位名叫艾琳·德鲁里的巫医被霍德尔招进了国家队教练组，这让媒体一片哗然。此外，他还罢黜了亚当斯的队长职务，很多人认为这和他个人无法接受亚当斯此前的酗酒史有关。

霍德尔将希勒提拔为队长，亚当斯则仍然是球队的主力中卫。维纳布尔斯在任的两年半时间里已经给英格兰队的年轻化打下了非常良好的基础，身为少帅的霍德尔在这方面则更为激进。曼联队的斯科尔斯、巴特以及贝克汉姆都被他逐渐提拔为主力，而费迪南德和坎贝尔这样的生力军也逐渐受到了重用。在选拔新人上，他也毫不含糊，年仅18岁的小将欧文在1998年世界杯上逐渐取代了谢林汉姆的主力位置。不过，并不是所有媒体和球迷都为他的这一系列变革叫好，因为他弃用加斯科因，导致不少媒体对他的用人政策责难不已。

霍德尔的球队在世界杯预选赛上虽然对阵意大利队1负1平，但是因为并没有在阴沟翻船，其余6场比赛获得全胜，所以最终反而力压意大利队，以3分的优势作为小组头名顺利出线，意大利队则通过附加赛才锁定了世界杯参赛席位。

最终这支被寄予厚望的英格兰队在法国世界杯上仅仅打了四场比赛，又一次止步16强。和阿根廷队过早相遇导致了英格兰队的早早出局，而之所以和自己的宿敌在淘汰赛首轮就狭路相逢，则是因为英格兰队在所在的小组仅仅拿到小组第二名。

英格兰队和哥伦比亚队、罗马尼亚队、突尼斯队同组。这个小组并不能算死亡之组，但是英格兰队却对来自东欧的罗马尼亚队颇为头疼。首场比赛他们凭借希勒和斯科尔斯的进球2比0轻取突尼斯队，开局原本不错。但是第二场比赛遭遇罗马尼亚队，球队却陷入了苦战之中。下半场刚刚开场两分钟，罗马尼亚队一个界外球就撕开了英格兰队的防线，亚当斯在关键位置漏顶，摩尔多瓦在小禁区边缘近距离射门得手，1比0领先英格兰队。第89分钟，希勒在右路的传中让罗马尼亚队禁区内一片混乱，欧文乘乱将球打进，1比1。英格兰队上下都以为这位利物浦金童的进球足以拯救球队。然而在补时阶段，罗马尼亚队一记长传又让英格兰队后防失守，勒索的贴身防守没能阻止彼得雷斯库的小角度攻门，英格兰队最终被罗马尼亚队在补时阶段2比1绝杀。

最后一场小组赛，英格兰队在10分钟内由安德顿和贝克汉姆连进两球，以2比0战胜哥伦比亚，但是另一边已经两战两胜的罗马尼亚队1比1逼平突尼斯队。英格兰队只能以1分之差屈居第二，在淘汰赛首轮就和阿根廷队提前相遇。

1998年6月30日英格兰队对阵阿根廷队的比赛，被认为是那届世界杯最具观赏性的比赛之一。前10分钟，阿根廷队和英格兰队就已经各自凭借巴蒂斯图塔和希勒点球打成1比1。第16分钟，欧文打进了他国家队生涯最为精彩的进球，他在一次反击中接贝克汉姆的直传，从中圈一路卷进阿根廷队禁区，晃开所有的阿根廷队防守球员后，面对出击的阿根廷队门将罗阿射球门左上角得手。而英格兰队的领先优势并没有保持到上半场结束。阿根廷队在一次任意球中利用巧妙的配合打穿了英格兰队的人墙，萨内蒂破门得分，在上半场结束前将比分扳为2比2平。

下半场开场仅两分钟，贝克汉姆在被阿根廷队长西蒙尼放倒在地之后，报复性撩踢对方，西蒙尼有些夸张的应声倒地，贝克汉姆被主裁判红牌逐出场外，英格兰队不得不在整个下半场面临以少打多的境况。之后坎贝尔曾打进一球，但是被裁判认定无效，双方不得不在120分钟的比赛之后再次进行点球大战。

霍德尔礼聘而来的巫医据说主要负责球员的心理调节，但是这看上去并不奏效，和两年前的那两场点球大战相比，英格兰队又恢复了自己这一弱项的正常水平。第二个出场的因斯罚丢点球，之后虽然默森和欧文双双罚进，但是最后一个出场的巴特在点球点上折戟，英格兰队被阿根廷队在点球大战中以4比3淘汰出局。

这届世界杯出局，因为情绪失控而招致红牌的贝克汉姆被球迷视为替罪羊，甚至有一群球迷在伦敦市中心的特拉法加广场上声称要对贝克汉姆动用绞刑。而霍德尔也因为巫医事件而被媒体抨击。再加上9月开始的欧洲杯预选赛，英格兰队出师不利，前两场比赛在被瑞典队击败之后又被保加利亚队逼平，出线形势早早告急。而霍德尔本人为了在媒体上正名，他在1999年1月30日接受了《泰晤士报》记者迪金森的专访。在这次采访中，他原本是为自己辩护，并且回应外界对他的批评，但是他的宗教情结让他突然在采访中莫名其妙的说残疾人都是"因为前世的原罪而被惩罚"所致。这句话彻底突破了英国社会的底线，不仅让外界哗然，甚至首相布莱尔和体育部长托尼·班克斯也都在第一时间批评他的言论。霍德尔随即做出回应，说自己的采访被媒体曲解，并且举例说自己在和残疾人有关的公益活动中一贯热心积极云云，但是这一切已经为时过晚。尽管霍德尔自己拒绝辞职，但是根据BBC的民意调查，当时已经有大概90%的民众认为他不适合再担任英格兰队主帅。1999年2月，英足总正式宣布解雇霍德尔。仅仅不到三年的霍德尔时代就这样在一片骂声中草草落幕。

厕所里的辞呈

英足总在1999年2月18日将帅印交给了此前曾在国家队担任队长的基冈。刚一上任，基冈就指挥球队在欧洲杯预选赛上以3比1击败波兰队。由于预选赛的开局实在太过糟糕，因此英格兰队最后在基冈上任之后取得3胜3平，落后榜首的瑞典队足足7分，最终名列小组第二，不得不和苏格兰队进行附加赛，争夺2000年欧洲杯的入场券。凭借着斯科尔斯的两个进球，首回合英格兰队以2比0战胜苏格兰队，虽然次回合他们以0比1败北，但是仍然以2比1的总比分从苏格兰人手中惊险的抢到了一个欧洲杯决赛圈的参赛名额。

在进入欧洲杯备战阶段之后，基冈和英格兰媒体开始交恶，媒体指责基冈在战术布置上十分幼稚。而英格兰队在欧洲杯又被分到了一个堪称绝对死亡之组的小组，他们和宿敌德国队、拥有菲戈等"黄金一代"球员的葡萄牙队以及老冤家罗马尼亚队争夺两个出线名额。

首战葡萄牙队，希勒和麦克马纳曼的进球让英格兰队在开场18

分钟就以2比0领先葡萄牙队。然而之后葡萄牙队上演了惊天大逆转,菲戈在4分钟后以一记世界波远射扳回一球,之后英格兰队开始溃败,他们在第37分钟和第59分钟又被平托和戈麦斯连进两球,最终2比3败北。

2000年6月17日,英格兰队再一次在大赛中对阵德国队,这一次他们凭借希勒第53分钟的进球以1比0战胜了当时同样处于低迷状态的对手。而在最后一场小组赛上,英格兰队缺乏稳定和控制力的毛病再次凸显出来,罗马尼亚队第22分钟取得领先,之后希勒和欧文在上半场结束前5分钟内连扳两球,将比分反超。而到了下半场,英格兰队却没能乘胜控制住局面,反而在第48分钟和第89分钟连丢两球,最后2比3不敌罗马尼亚队,以1分之差无缘淘汰赛,这也是英格兰连续第二次在大赛中输给罗马尼亚队。

欧洲杯失利之后,当时年仅30岁,仍然处于巅峰状态的希勒随即宣布退出国家队,当时已经有传言说希勒和基冈这对师徒在更衣室里不睦。而基冈自己也没有支撑多久。2000年10月7日,在欧洲杯后的首场正式比赛中,英格兰又在世界杯预选赛上主场以0比1输给了德国队。已经厌倦了国家队主帅高压生活的基冈赛后在温布利球场球员通道的厕所里恰好碰到了英足总的管理人员,他随即就在那里向英足总口头递交了辞呈,而英足总方面虽然表面勉强,但是居然也在厕所现场办公,接受了基冈的辞呈。而就在基冈在更衣室打理自己行李的同时,英足总方面的电话已经打到了埃里克森经纪人的手机上,后者当时正在拉齐奥执教。

英格兰队的外教时代就以这么一种荒诞的形式拉开了帷幕。

十四、67个月的埃里克森时代

慕尼黑大捷

在基冈下课之后，这一次英足总终于开始将选帅的目光放在了外籍教练身上。当时英超联赛已经创立了将近10年，到了世纪之交，在国内联赛中叱咤风云的教练已经没有一个是英格兰人了。争霸的两支球队，曼联队主帅弗格森是苏格兰人，阿森纳请来的温格则是法国人，位于时髦西伦敦的切尔西接二连三的从意大利和荷兰等欧洲大陆国家聘请主帅，而执教利物浦队的也是另外一位法国人霍利尔。

不过英足总却并没有选择国内赛场的外教，而是联系了时任意甲拉齐奥俱乐部的主帅、瑞典人埃里克森。埃里克森此前一直在葡萄牙联赛和意大利联赛执教，除了在桑普多利亚呆了整整5个赛季之外，他在其余球队的执教期都是两三年。从1997年拿起拉齐奥的教鞭之后，埃里克森立刻成为了俱乐部历史上最为成功的主帅。他在2000年率领球队夺得意甲冠军，而在国内和国外的各项杯赛上，拉齐奥的成绩更是全面飘红。

英足总认为埃里克森是国家队主帅的合适人选。尽管瑞典人没有国家队执教经验，但是他游走于不同俱乐部之间，总是能在短期内适应球队的环境，并且最大限度地发掘球员的潜力。更加吸引英足总的是，他在指挥杯赛比赛上一直有着不俗的战绩。因此，双方在2000年下半年接触得非常顺利，埃里克森对于英格兰队历史上首位外籍主帅的名头很感兴趣。但是由于时间正好处于赛季中段，且自己和拉齐奥的合同还未到期，他不想半途抛下球队。因此，双方议定，在2000—2001赛季结束之后，届时结束与拉齐奥之间的合同的埃里克森前往伦敦，正式掌管英格兰队的帅印。英足总在10月31日正式宣布埃里克森将在赛季结束后前来伦敦接管球队，双方签下了6年的合同，埃里克森的年薪高达200万英镑，成为了当时整个英国薪水最高的主教练。然而没过多久，拉齐奥在当年年底从欧冠出局，埃里克森又突然临时变卦。瑞典人决定从拉齐奥提前辞职，从2001年1月起就正式上任。

匆匆登位的埃里克森很快就着手组建自己的团队，他任命贝克汉姆为新的国家队队长。2001年2月，他首次率队亮相，指挥英格兰队在维拉公园3比0击败西班牙队。文质彬彬的北欧绅士很受当时英格兰球迷和媒体的青睐。在一片夸赞声中，他开始迎来了自己的第一次考验：2001年9月1日，率领球队前往慕尼黑，参加客场对阵德国队的世界杯预选赛。

基冈就是在预选赛上主场输给德国队之后下课。当时少赛一场的英格兰队在预选赛小组中落后榜首的德国队达6分之多。不过，埃里克森的运气要比自己的前任好得多，三狮军团在慕尼黑的奥林匹克体育场踢出了一场让世人震惊的比赛。

开场仅6分钟，德国队就由扬克尔拔得头筹，日耳曼战车对三狮军团的碾压似乎已成定局。不过，英格兰队很快就在第12分钟扳平了比分。效力于利物浦队的金童欧文为球队赚得任意球，紧接着自己就在禁区内从巴姆比那里截下皮球，劲射破网。

比分扳平之后，两支球队开始大打对攻，双方的两位世界级门将希曼和卡恩都忙碌不已。在上半场的补时阶段，英格兰队再次获得任意球的机会，这次贝克汉姆主罚的皮球并未打穿人墙，但是英格兰队队长紧接着将皮球吊入德国队禁区，费迪南德头球回蹭，欧文在利物浦队的队友杰拉德在25码开外的射门直挂德国队球门死角，让英格兰队2比1领先进入下半场。

下半场开场仅3分钟，赫斯基就接贝克汉姆的传中，头球点给了无人盯防的欧文，欧文起脚射门。第一时间做出扑救的卡恩虽然手指已经触到皮球，但是仍然未能阻止欧文将比分改写成3比1。

德国队在落后两球之后仍然坚持猛攻，但是他们后防的漏洞却一而再、再而三的暴露在英格兰人面前。杰拉德在第66分钟时在前场截下皮球，为欧文送出了一记绝妙的直传，后者立刻将这次传球变成了一次单刀机会。德国门将卡恩在对方前锋和自己形成单刀之势的时候，总是习惯以一声狮吼瓦解对方的斗志。然而这一次，欧文却对狮王的怒吼无动于衷，他冷静而精确的第三次将皮球送进了德国队的大门。英格兰队将比分扩大为了4比1。而欧文也成为了1966年决赛的赫斯特之后，又一个在和德国人比赛中上演"帽子戏法"的英格兰球员。

欧文的"帽子戏法"彻底瓦解了德国队的斗志，赫斯基之后又接斯科尔斯的助攻再进一球，将比分锁定为5比1。这时距离比赛结束还有20分钟，大批的德国球迷开始提前退场，而英格兰队也觉得优势已经足够明显，以悠闲的控制和倒脚度过了比赛的最后20分钟。

这场比赛让埃里克森和英足总立刻进入到了蜜月期。英国国内甚至专门发行了名为《慕尼黑！5：1！》的DVD比赛录像，以纪念在德国客场的这次大捷。更为重要的是，英格兰队在世界杯预选赛中的低迷士气被一扫而光，球队很快以2比0战胜阿尔巴尼亚队，在积分榜上追平了德国队，以净胜球优势领跑。

在最后一场小组赛上，英格兰队在老特拉福德对阵希腊队，那是一场属于贝克汉姆的表演。虽然整场比赛，缺少欧文的英格兰队状态低迷，在比赛进入伤停补时之后，英格兰仍然1比2落后于希腊队。由于另一边对阵芬兰队的德国队已经以一场0比0拿到一分，因此英格兰队面临着在最后时刻丢失榜首，以附加赛决定命运的危险。

就在这个时候，英格兰队在距离球门足有25米的位置获得了一个任意球，身为队长的贝克汉姆站在了皮球前。4年前世界杯上的国家罪人长出了一口气，以一脚招牌式的贝氏弧线直接洞穿了希腊的球门，将比分扳成了2比2。

因为这记最后时刻的进球，英格兰队得以依靠净胜球的优势将德国队挤下榜首，直接晋级2002年韩日世界杯。而埃里克森也顺利地通过了自己接任后的首次考验。球迷又重新开始对这支球队寄予厚望，而埃里克森作为国家队的主教练，对德国队的客场5比1被媒体认为拥有在巨大压力下指挥客场比赛的能力，这对一直以来不擅长客场作战的英格兰队而言极为重要。至于最后一轮在伤停补时阶段2比2逼平希腊队，则让球迷们开始相信这个瑞典人的运气不错，他也将拯救在1966年之后一直处于霉运的三狮军团。

日韩迷梦

2002年韩日世界杯，英格兰队被抽到了E组，这是个名副其实的死亡之组。和英格兰队同组的对手包括：他们的南美洲死敌阿根廷队，在1996年亚特兰大奥运会和1998年法国世界杯上大放异彩的"非洲雄鹰"尼日利亚队，以及北欧劲旅瑞典队。这也是那届世界杯全部8个小组中，实力最为接近的一次分组，每个球队都没有笃定出线的把握，反而人人都有出局的危险。

英格兰的第一个小组赛对手是瑞典队，当年4月欧冠中受伤的队长贝克汉姆终于赶在这场比赛前复出。英格兰队在第23分钟获得左侧角球，贝克汉姆亲自主罚的角球准确地找到了小禁区线上的坎贝尔，后者的头球攻门力道极大，皮球径直冲进了瑞典队的球门。

第59分钟，英格兰队的右后卫米尔斯出现低级失误，他在禁区内用胸部卸球时险些将皮球停到瑞典前锋脚下。虽然他最后倒地解围临时排除了险情，但是这次失误让英格兰队原本齐整的后防一片慌乱，再加上他的解围并未踢远，瑞典队的亚历山德森在禁区弧顶处远射破门，为瑞典队扳平了比分。

大赛首战收获平局对于英格兰队的球员和媒体而言早已习以为常，他们更加关注的是小组赛第二场的生死之战：英格兰队将提前遭遇首战告捷的阿根廷队，这场比赛若是稍有闪失，埃里克森的球队就将在小组赛结束后立刻打道回府。

6月7日，身穿红色球衣的英格兰队在开场之后显得异常活跃。欧文很快就在一次进攻中击中阿根廷队的立柱，之后英格兰队进攻队员在阿根廷队的禁区围攻混战，贝克汉姆在弧顶处被阿根廷队队员绊倒，裁判并未加以理会。然而还没等英格兰队队长抗议，欧文就在禁区内被阿根廷球员两次放倒，这一次，主裁判果断地指向了点球点。

站在12码处的贝克汉姆明显非常紧张，这次点球机会不仅直接关系到英格兰队的出线前景，也是他了结自己和阿根廷队之间恩仇的一次良机。最终压力和情绪并没有压垮正当壮年的英格兰队中场，他没有卖弄花巧，而是径直将皮球抽向球门中路，没有做任何门前移动的阿根廷队门将只有目送皮球从自己脚边滚进网窝。

贝克汉姆不久之后又为队友送出了一次妙到毫巅的长传，谢林汉姆在禁区内没有停球，直接凌空抽射，皮球被阿根廷队门将勉强托出。而阿根廷队直到邻近比赛结束前才通过一次角球真正威胁到了英格兰队的大门，希曼机敏地将阿根廷队的头球攻门倒地封出，最终英格兰队1比0小胜阿根廷，取得了小组赛最为艰难、也是最为关键的一场比赛。英格兰队最后一场小组赛对阵两战两负，已经出局的尼日利亚队，只要战平就能稳获出线权。而阿根廷队则必须在小组赛末战死拼瑞典队。

和1958年瑞典世界杯的最后一场小组赛对阵保加利亚队一样，英格兰队在打平即可出线的形势下一般会以最为经济的方式达到自己的目标。他们和尼日利亚在90分钟的比赛里互交白卷，而另外一边瑞典队则1比1逼平阿根廷。这样，英格兰队和瑞典队同积5分，同有1个净胜球，但是瑞典队因为进球数要多出英格兰队两个以小组头名出线，英格兰队则屈居小组第二。

1966年拉姆齐率领英格兰队从小组突围而出，因为三场比赛只打进了4个进球而被海外媒体揶揄，结果36年之后，英格兰队竟然凭借着小组赛3场比赛的两个进球就晋级淘汰赛。只不过这一次，由于身在死亡小组，并没有媒体嘲笑英格兰队进攻不力，英格兰本国媒体反倒是吹捧埃里克森的效率。

英格兰首场淘汰赛的对手是A组的第一名，由于这个小组的种子队是法国队，因此埃里克森最早的顾虑还是拿到小组第二的话，会立刻和法国队相遇。然而当时坐拥英超、意甲和法甲三大联赛最佳射手的卫冕冠军居然在三场小组赛一球未进，一场比赛未赢，最后仅积1分在小组垫底。因此英格兰的淘汰赛对手反而换成了名头并没有法国队那么响亮的丹麦队。

6月15日对阵丹麦队，是英格兰在整届世界杯里发挥最好，也是打得最为轻松的一场比赛。开场仅5分钟，贝克汉姆在左侧开出角球，费迪南德在远点将皮球蹭向禁区中路，原本想找埋伏在那里的欧文，但是没想到皮球被丹麦门将索伦森截下，索伦森似乎对此没有任何心理准备，皮球在砸中他身体之后向球门弹去。索伦森之后连滚带爬，终于将皮球捞出，但是眼尖的边裁已经判定皮球越过了门线，1：0。

之后丹麦队后防的表现简直可以用灾难来形容，似乎整条后防线的球员都在争先恐后的助攻英格兰锋线球员得分。第22分钟，面对贝克汉姆的斜传，丹麦队先是解围失误，将皮球踢到了辛克莱尔脚下，后者随即将皮球传进禁区。结果在一片混乱中，皮球在碰到巴特之后，又被丹麦队球员格拉维森碰到了距球门近在咫尺的欧文脚下，英格兰金童当然不会错失这么好的机会，他将比分轻松改写成了2比0。

最后时刻，丹麦队的边后卫在面对英格兰的长传时以头球解围失误，直接顶到了贝克汉姆身上，英格兰队队长随即助攻赫斯基，将比分最后定格为3比0。三狮军团几乎是被丹麦队的整条后防线保送进了8强。

兵不血刃的拿下了丹麦队之后，英格兰队在四分之一决赛上遇到的是由罗纳尔多、罗纳尔迪尼奥以及里瓦尔多这"3R"领衔的巴西队。让人意想不到的是，巴西队像是被英格兰队的上一个对手丹麦队传染了一下，也在开场就给三狮军团送上了大礼。

上半场第23分钟，赫斯基在前场拿球后看到欧文正在高速插向禁区，随即往大禁区边缘送出了一记质量一般的长传。而就在这个时候，负责盯防欧文的巴西队后卫卢西奥却犯下了让人目瞪口呆的低级失误，他直接将皮球卸到了欧文脚下，然后又为欧文闪出了空档，英格兰金童对如此大礼却之不恭，带球杀入禁区后，面对出击的巴西门将，轻松吊射破门。英格兰队的整个教练组都在指挥席上跳跃庆祝，只有埃里克森一脸庆幸的在原地握了握拳。瑞典人应该知道，他手下的这支球队在实力上并不能与当时处于世界巅峰的巴西队相提并论。

果然，巴西队在这次失误之后越攻越猛。上半场补时阶段，罗纳尔迪尼奥在后场拿球之后如入无人之境，一路带球冲杀到了英格兰队的禁区，整个英格兰队的后防被巴西球星的这次单骑闯关弄得方寸大乱，就在他们争相上前拦截的时候，谁也没有注意到里瓦尔多这个时候已经悄悄出现在了他们的禁区。吸引了英格兰队所有后防兵力的罗纳尔迪尼奥随即将球传到了无人盯防的里瓦尔多脚下，后者的精准推射直挂英格兰队球门远角，埃里克森的球队还是没能将1球的领先优势保持到中场休息。

下半场开场仅5分钟，英格兰队再次遭受到了致命的打击。巴西队在距离英格兰队球门足有42码的地方获得任意球，负责主罚的罗纳尔迪尼奥并没有像所有人预料的那样将球吊进禁区内找自己的队友，而是直接踢出了一脚技惊四座的远射。站位靠前的希曼被这个突如其来的远距离吊射打了个措手不及，直到皮球飞进英格兰禁区，这位效力于阿森纳队的门将才拼命后退，结果皮球在球门上方才突然开始下坠，落入了球门的左上方死角。这记进球不仅击溃了英格兰队，也让老门将希曼晚节不保。他站位靠前，害怕吊射的软肋彻底暴露，在回到国内联赛之后屡屡被人偷袭得手，从而连累阿森纳队在那个赛季初的不败终结，最后联赛卫冕失败。

英格兰队最终止步8强，但是英足总和媒体以及球迷仍然对首次率队参加世界大赛的埃里克森表示满意。毕竟那一年世界杯在日韩发挥失常的欧洲球队实在太多，法国队、葡萄牙队小组都没能出线，而意大利队和西班牙队则稀里糊涂的败在了东道主韩国队脚下。英格兰队则基本发挥出了自己的水平，毕竟巴西队最终夺冠，让人们相信如果不是过早和巴西相遇，埃里克森的英格兰队原本应该走得更远。

2004年葡萄牙欧洲杯

埃里克森应该是拉姆齐之后运气最好的英格兰主帅之一，他正好赶上了英超本土黄金一代的成长和巅峰期。他提拔的阿什利·科尔等人在世界杯后进一步成熟，杰拉德和兰帕德等中生代球员也开始逐步达到世界级水准，而鲁尼的冒头更是让英格兰队的锋线突然之间充满活力。埃里克森在2003年开始果断地确立了鲁尼和欧文的锋线组合，而在希曼退出国家队之后，他开始使用素有神经刀之称的曼城队门将詹姆斯。英格兰队在8场欧洲杯预选赛上取得了6胜2平的战绩，顺利晋级决赛圈。

2004年欧洲杯在葡萄牙举办，英格兰队和法国队、荷兰队以及东道主葡萄牙队一道被视为夺冠热门球队。他们在小组赛和法国队、瑞士队以及克罗地亚队分在了一起。

法国队虽然在2002年世界杯小组赛中被淘汰出局，但是当时的阵容却仍旧鼎盛。齐达内老而弥坚，以亨利和皮雷为首的所谓"阿森纳帮"则刚刚在英超以全年不败的战绩夺得联赛冠军。英格兰队再次在这场大赛的强强对话中取得领先，兰帕德接贝克汉姆开出的前场任意球头球破门，之后英格兰队一度占有比赛的主动权，鲁尼在法国队禁区被铲倒，英格兰随即又获得了一次点球机会。

然而贝克汉姆主罚的点球被熟知他罚球特点的巴特斯扑出（两人曾是曼联队友），射失点球的英格兰队随即开始死守自己的1球优势。直到比赛的90分钟，英格兰队仍然以1比0领先法国队。不过刚刚进入伤停补时阶段，法国队就在英格兰的禁区前获得了一个位置极佳的任意球，看到自己在皇马的俱乐部队友齐达内站在罚球点前，同样熟知齐达内罚球特点的贝克汉姆朝着詹姆斯大声呼喊，示意他改变门前的站位，去球门左侧蹲守，用更加有针对性的布防来应对齐达内的罚球。但是认为自己在任意球布防上具有领袖地位的詹姆斯拒绝听从队长的建议。

齐达内助跑，起脚，皮球划过一道弧线绕过了英格兰队的人墙，擦着英格兰队球门左侧立柱飞进了网窝，固执地守在球门右侧的詹姆斯站在原地毫无反应，法国队就这样在第91分钟扳平了比分。而就在比赛马上结束的时候，杰拉德在中场莫名其妙的回传詹姆斯，结果皮球被亨利在半途截下，形成单刀之势，詹姆斯别无选择，只能上前放倒了法国前锋，主裁判果断判罚点球，齐达内再次操刀命中，帮助法国队在最后的补时3分钟里完成了惊天逆转，英格兰队再次成为一出传奇的陪衬。

这场败仗并没有影响英格兰队的出线，他们在接下来的两场比赛中3比0战胜瑞士队，4比2力克克罗地亚队，鲁尼连续两场比赛梅开二度，成为那届欧洲杯小组赛阶段最为耀眼的新星。然而，由于在积分榜上还是被法国队以1分的优势力压一头，因此英格兰不得不和A组头名、东道主葡萄牙队过早的在淘汰赛中相遇。

4年前的欧洲杯上，英格兰队在葡萄牙队身上吃尽了苦头。不过这次对阵葡萄牙队，英格兰队的开局却要美妙得多。开场仅3分钟，詹姆斯开出了一脚超远距离的球门球，皮球落到前场时被葡萄牙队后卫忙中出错的蹭进了自己的禁区。欧文立即甩开身边的两名防守球员包夹，停球，转身，射门一气呵成，英格兰队早早领先东道主。

上半场27分钟，鲁尼在一次拼抢中扭伤了脚，埃里克森被迫用瓦塞尔换下了当时还效力于埃弗顿的英格兰小将。这是一次间接影响了最后结果的换人，而鲁尼在这届比赛之后，直到2012年才在世界大赛的决赛阶段取得进球。

鲁尼的下场让英格兰队的攻势大打折扣，埃里克森于是又准备将这一球的优势死守到比赛结束。然而，他的如意算盘再次落空，距离英格兰顺利晋级还有7分钟时，葡萄牙队的波斯蒂加头球为东道主扳平了比分。此后坎贝尔为英格兰队打进一球，但是由于特里干扰门将，进球被判无效，比赛进入到了加时赛阶段。

加时赛在最后10分钟突然加速。替补上场的葡萄牙球星鲁伊·科斯塔在中线附近拿球后直捣英格兰队腹地，当时筋疲力尽的英格兰队的球员似乎已经没有多余的精力来遏制这个精力充沛的葡萄牙人，菲尔·内维尔上前防守被对方扛倒，鲁伊·科斯塔随即在英格兰队大禁区外抢出一记世界波，这脚劲射事后经欧足联测算，时速达到了91千米，詹姆斯对这记进球毫无办法，2比1。看到球队再度丢球，埃里克森毫不掩饰的大叫一声，跌坐在自己的帅椅之上。英格兰在那届杯赛连续第二次面临领先后被对手连进两球逆转的绝境。

然而，这一次英格兰在丢球之后却越战越勇。兰帕德在终场前5分钟再次利用定位球破门，他在背身接到传球之后转身射门中靶，将比分扳为2比2。双方最终不得不通过点球一决胜负。

点球大战英格兰队第一个出场的贝克汉姆用右脚射门将皮球打飞，之后出场的欧文、兰帕德、特里全部稳射中路得手，此后葡萄牙门将里卡多再对峙菲尔·内维尔，索性守在中路不动，但是却被内维尔推射球门右下角得手。由于葡萄牙队那边第三个主场的鲁伊·科斯塔同样将皮球射飞，双方在前5轮点球互射中打成平手，开始进入点球单轮决胜。阿什利·科尔和波斯蒂加分别进球，比赛进入到了第7轮。这时替换鲁尼上场的瓦塞尔终于在巨大的压力下射失点球，皮球被摘了手套的里卡多封出，之后里卡多又亲自在12码单挑詹姆斯得手，帮助葡萄牙队淘汰英格兰队，顺利晋级半决赛。

酋长丑闻

尽管在2004年欧洲杯再一次折在了点球大战上，但是英格兰队的阵容实力仍然处于上升阶段。英足总也很快和埃里克森续约两年，希望他能在2006年世界杯和2008年欧洲杯上率领英格兰队有所突破。

随着切尔西在英超的异军突起，在穆里尼奥手下尝到冠军滋味的兰帕德和特里等人很快在国家队开始站稳脚跟。特里逐步取代了坎贝尔的主力位置，他和费迪南德的中卫搭档被一致看好。而在斯科尔斯退出国家队之后，埃里克森也将在切尔西踢出名堂的乔·科尔提拔为中场左路的主力。出身于西汉姆青训队的乔·科尔在2002年韩日世界杯和2004年欧洲杯都曾被埃里克森选入大名单，但是两届大赛仅仅替补上场过一次。2005年年初，拿到英超3月最佳球员的科尔逐渐在国家队的主力阵容站稳了脚跟。

唯一让埃里克森有些头疼的还是门将的位置。詹姆斯不仅年纪偏大，而且在门前的神经刀属性让瑞典人始终放心不下。当时英格兰的本土守门员恰好又处于青黄不接的阶段，可供埃里克森遴选的范围极为有限。而英超传统四大豪门俱乐部里，首发门将的位置分别被荷兰人、德国人、捷克人和西班牙人所把持，因此瑞典人最后别无选择，只能下决心提拔2004年欧洲杯时的替补门将，当时效力于热刺队的保罗·罗宾逊。

詹姆斯仅仅在英格兰2比2战平奥地利的首场世界杯预选赛上首发过一次，之后就被埃里克森罢黜。罗宾逊打满了剩余的9场世界杯预选赛，表现中规中矩，6场比赛力保球门不失，而在另外的7场友谊赛上，他又有3场比赛保持了零失球，从而彻底坐稳了德国世界杯首发门将的位置。

在确立了新的首发门将，并且顺利拿到德国世界杯的入场券之后，埃里克森的日子一度过得相对惬意。因为随着曼联、切尔西和利物浦等英超俱乐部被外资收购，全球化的资本背景让英超球队在那段时间里变得愈发强势。2005年的欧洲冠军联赛决赛，利物浦队在杰拉德的率领下上演了伊斯坦布尔奇迹，在半场落后米兰3球的情况下不可思议的最终实现了逆转。不少像杰拉德这样的英格兰本土球员都受益于英超的强势，开始逐渐跃入世界级球星的行列，这也带动了整支英格兰队实力上升。2004年横空出世的鲁尼也在欧洲杯之后很快转会曼联队，在弗格森的调教之下，和当时欧洲顶级前锋范尼斯特鲁伊搭档，在很多人眼里，似乎已经提前保送进入了未来名宿的行列。

然而在2006年1月15日，英格兰媒体却对埃里克森突然发难。1月15日的《世界新闻报》上，头版刊登了埃里克森背着英足总在迪拜密会阿联酋"某位酋长"的新闻报道。原来所谓的酋长是英格兰媒体雇人假扮，他们利用这种近乎"钓鱼"的方式，骗得埃里克森上钩。瑞典人在"酋长"面前大吹大擂，大曝国家队更衣室的背后秘闻。更加要命的是，在听说"酋长"希望在未来收购英超球队阿斯顿维拉时，身为国家队主帅的埃里克森竟然自荐挂帅，并且还拍着胸脯大打包票，声称自己就任时还将说服贝克汉姆一同加盟。

虽说是八卦小报做局，但是埃里克森浑然不觉的安然入瓮，这让英格兰媒体陷入一片哗然之中。不过，见惯了这类世面的球迷倒是没有将矛头一致对准瑞典人，他们反而更多的谴责做局的《世界新闻报》为了博取眼球而刻意以这种损害国家队利益的方式制造新闻。

不过，英足总这次却再不能为埃里克森开脱。在《世界新闻报》爆料一周之后，英足总于1月23日正式宣布埃里克森将在世界杯结束后离队。这并非解雇或是辞职，双方采取的是协议提前终止合同的形式分手，媒体透露说英足总将给埃里克森支付500万英镑的分手费。率队打完世界杯就离队，这让人们预感到一向老成持重的埃里克森将会在这届大赛中可能会有惊人之举。

鏖战德国

2006年夏天，埃里克森率领着庞大的团队抵达球队在德国的驻地。埃里克森的23人名单和大多数媒体预测的出入不大。唯一让外界惊愕的，是他将阿森纳在当年1月份从南安普敦引进的17岁小将沃尔科特也选进了大名单。

沃尔科特当时还只征战过英冠联赛，他在加盟阿森纳之后一直在青年队训练，半个赛季没有在一队效力过一场，因此看到埃里克森将这位没有任何顶级联赛经验的小将招入国家队，所有媒体都大跌眼镜。据埃里克森介绍，他实地考察过沃尔科特的实力和状态，阿森纳主帅温格也向他介绍了不少关于这名小将的优点，但是人们仍旧怀疑，埃里克森可能只是希望这名小将提前体验大赛气氛而已，并没有打算让他上场。

如果锋线上人才济济，带上沃尔科特提前见见世面也未尝不可，毕竟罗纳尔多和卡卡这样的顶级球星都曾有过在年少时提前感受世界杯气氛的经历，但是当时英格兰队的各条位置上，偏偏最让埃里克森头疼的就是锋线。鲁尼在联赛中受伤，至少会缺席一场小组赛，而另外几名前锋，欧文在从皇马回到英超之后，效力于纽卡斯尔，经过这一番折腾，他的状态已经大不如前。身材高大的克劳奇虽然状态不错，特点突出，但是速度吃亏，并且缺乏大赛经验。本来这几名前锋伤的伤，低迷的低迷，但是埃里克森仍然舍弃了热刺的迪福，将最后一个名额留给了名不见经传的沃尔科特，这让外界大惑不解。

这也是英格兰所参加的几届世界杯里热身赛最少的一次，整个2006年，英格兰队只在世界杯前打了3场热身赛而已，只有1950年和1954年两届世界杯，英格兰队的热身赛数次才如此之少。

世界杯的首场比赛对阵巴拉圭队，鲁尼仍未痊愈，埃里克森用欧文搭档克劳奇首发，但是这两名前锋创造出来的威胁却屈指可数。开场仅3分钟，贝克汉姆一记刁钻的任意球吊入禁区，皮球被巴拉圭球员加马拉不慎蹭进了自家球门，英格兰队再次意外的在大赛的关键比赛中取得领先。

不过接下来的比赛，英格兰队的进攻却乏善可陈。他们的射门主要来自兰帕德这样中场球员的远射，而巴拉圭队的进攻手段则要比英格兰队灵活得多，他们不止一次差点敲开罗宾逊把守的大门。下半场罗宾逊将皮球打到了禁区迎面赶来的巴拉圭球员脚下，幸亏他及时出击干扰了对手的最后一击，不然英格兰队城门已然失陷，最后英格兰队保住了1比0的比分。

第一场小组赛进攻不利，英格兰媒体并未太过挑剔，因为被他们视为救世主的鲁尼将在第二场对阵特立尼达和多巴哥队时复出。为了稳妥起见，埃里克森将鲁尼先放在替补席上，仍然让欧文和克劳奇搭档首发。特立尼达和多巴哥阵中的名将寥寥无几，但是英格兰已然撬不开对手的防线。除了继续依靠兰帕德的远射，克劳奇这次在门前先后接乔·科尔和贝克汉姆的传中射门，第一次射门被对方门将扑出，第二次克劳奇在凌空抽射时没有踢中部位，皮球几乎滚出了底线。而罗宾逊的一次贸然出击反而让特立尼达和多巴哥球员险些顶空门得手，最后还是特里在门线上解围，没有让英格兰队陷入尴尬。

第58分钟，实在有些沉不住气的埃里克森开始换人，他用鲁尼替下了欧文，用边锋伦农替下了客串右后卫的卡拉格加强进攻，看到球队的进攻仍无效果，埃里克森在第74分钟早早用完了所有换人名额，他用唐宁换下了乔·科尔，执意要在边路打开缺口。终于在第83分钟，克劳奇接贝克汉姆的边路传中头球打破了僵局。在伤停补时阶段，杰拉德在禁区外扣过防守队员远射得手，将比分锁定为2比0。英格兰队吃力地拿下了原本应该最为轻松的一场小组赛。

两战两胜的英格兰不仅高居B组榜首，而且已经提前小组出线。第三场比赛，他们将和老对手瑞典队相遇。埃里克森依旧不敢大意，因为这场比赛如果被瑞典队挤到小组第二，他们将早早和东道主德国队相遇。因此，英格兰主帅在鲁尼伤愈之后让他第一次首发，和欧文搭档。

由于瑞典队主动退守，因此英格兰队在面对对方铁桶阵时仍然依靠队员的远射。乔·科尔第34分钟首开纪录，他在禁区外的一脚吊射击中球门立柱后弹入网窝，帮助球队1比0领先。瑞典队第51分钟利用角球机会扳平比分，之后瑞典队开始频繁利用角球机会骚扰英格兰队的防线，4分钟后，罗宾逊又将拉尔森的头球攻门扑到了球门的横梁之上。

终场前5分钟，罗宾逊的超远距离球门球被克劳奇点给乔·科尔，后者一脚长传助攻埋伏在禁区里的杰拉德以头球破门，将比分再次超出，但是瑞典老将拉尔森在伤停补时将比分再度扳平。对手的一个界外球就让英格兰禁区内乱成一团，拉尔森在无人盯防的情况下轻松得手。

这场比赛让英格兰媒体和球迷感到失望的是，鲁尼和欧文在前场一共搭档了仅仅两分钟，欧文很快就在开场十字韧带拉伤后倒地不起。为了不干扰本方进攻，他没有让队医进场，自己忍痛爬出场外接受治疗。这凄凉的一幕也是欧文在世界杯上的最后亮相，这位成名于法国世界杯的追风少年从此状态江河日下，淡出了英格兰队阵容。而鲁尼则踢了69分钟后被杰拉德换下，在场上的这将近70分钟，鲁尼表现得相当安静，和人们对他的"救世主"期待相差甚远。只有在被埃里克森换下之后，这位"救世主"在替补席上才开始大展拳脚，他先是猛锤防雨棚，之后又将自己的护腿板和球靴重重地摔在地上泄愤。鲁尼的情绪失控和欧文的重伤，成了英格兰队小组赛阶段的最大新闻。

不管怎样，英格兰队这次在没有太多惊险的情况下以小组头名出线，他们的首轮淘汰赛对手是另一支南美劲旅厄瓜多尔队。这场比赛埃里克森没有再让卡拉格客串右后卫，而是派上了后腰哈格里夫斯镇守右闸，他放弃了菱形4-4-2，排出了一个4-1-4-1的阵型。卡里克被放置在后腰位置上，支援身前的兰帕德和杰拉德，并且同时保护两名中卫。而鲁尼则以单前锋身份首发。

厄瓜多尔队在开场11分钟就洞穿了英格兰队的防线造成单刀机会，皮球击中横梁后弹出。而英格兰的进攻在变阵之后仍然未见任何起色，三狮军团最终依靠的是队长贝克汉姆在第60分钟主罚的任意球得分，其余的进攻乏善可陈。鲁尼只有在终场前有一次边路突破让人眼前一亮，不过他的传中随即被兰帕德的一脚高射炮所浪费。

7月1日，英格兰队终于在那届世界杯上迎来了首个强敌：两年前欧洲杯四分之一决赛上将自己淘汰的葡萄牙队。埃里克森继续沿用上一场的4-1-4-1阵型，只是让正牌右后卫加里·内维尔首发，将上一场客串这个位置的哈格里夫斯调回到自己擅长的后腰位置，其余位置则没有任何变动。

英格兰队整场比赛几乎都没有中靶的射门，他们最具威胁的一次进攻发生在第59分钟。当时边锋伦农带球横向抹进禁区，让葡萄牙队禁区里一片混乱，伦农随即将皮球让给了在中路等候的鲁尼，结果鲁尼居然一脚踢疵，最后乔·科尔的补射冲天而去。在浪费了这次机会3分钟后，鲁尼因为蹬踏卡瓦略的要害部位被主裁判直接红牌逐出场外。下场前他又和自己俱乐部队友克里斯蒂亚诺·罗纳尔多发生冲突。《卫报》记者黑沃德在2010年世界杯后仍然促狭地评论鲁尼："迄今为止，他在世界杯决赛圈还没有任何进球，他在这个舞台上留下的印迹，仍然只有卡瓦略大腿上的那道鞋钉印。"

10人应战的英格兰队再次死守，尽管点球大战并不是他们所擅长的项目，但是除此之外，埃里克森别无选择。队长贝克汉姆第52

分钟就因伤被换下，贝克汉姆坐在替补席上毫无征兆的掩面痛哭。当时的场上比分仍然是0比0，但是英格兰队长此举已经让人隐隐有一种不祥的预感。

这是英格兰队发挥最差的一次点球大战，葡萄牙队接连罚失了两个点球，但是英格兰队的表现却更为差劲。只有哈格里夫斯罚进了自己的点球，兰帕德、杰拉德和卡拉格的点球全部被里卡多扑出，其中卡拉格还是终场前特意被埃里克森换上主罚点球的，结果他的第一次罚球违规被判重罚，第二脚被里卡多扑出。两队点球大战的最终比分是3比1，心理彻底崩溃的英格兰队输得惨不忍睹。

埃里克森很快就在赛后宣布了离任，他没有对自己的选人和变阵做过多的辩解，已经离任的他也不需要再为英格兰队承担什么责任，他只希望媒体不要责备队里的年轻球员。为期67个月的埃里克森时代就这样落下了帷幕。

十五、"救世主"卡佩罗和本土教练的逆袭（2010—2014年）

麦克拉伦插曲

埃里克森下课之后，英格兰本土教练麦克拉伦接过了教鞭。麦克拉伦早在世界杯前就已经被确定为新帅人选。为了让他顺利交班，英足总让他在世界杯前就进入了国家队教练组担任助教。因此在埃里克森离职的时候，他已经对国家队的情况相当熟悉。

英格兰媒体和球迷对麦克拉伦并不特别拥戴，球迷发起过零星运动，抗议英足总换帅，而媒体则冷眼观察着麦克拉伦的下一步动作。英格兰新帅的动作非常利索，他先是将切尔西队队长特里确认为国家队队长，而对老队长贝克汉姆，麦克拉伦则无情的彻底放逐，此外被他清洗的老将还有坎贝尔和门将大卫·詹姆斯。

麦克拉伦面对的第一关是2008年欧洲杯预选赛，同组对手除了克罗地亚队之外，还有当时并不显山露水的俄罗斯队，麦克拉伦低估了同组的这两个对手，英格兰队先是被马其顿队逼平，丢掉了关键的两分。之后做客克罗地亚，门将罗宾逊在接加里·内维尔的回传时居然一脚踢漏，把皮球漏进了自家球门，英格兰队也因此败北。之后国家队休整6个月，麦克拉伦在球队重新开始预选赛后先是一路势如破竹的连胜以色列队、俄罗斯队和爱沙尼亚队。球队只要客场战胜俄罗斯队就将晋级欧洲杯决赛圈，但是他们在鲁尼率先进球的情况下却出乎意料的被对手2比1逆转。预选赛末战对阵已经出线的克罗地亚队，麦克拉伦发现自己的主力阵容忽然被严重的伤病所侵袭，欧文、鲁尼和特里三名主力全部缺阵。更让他不安的是守门员位置，他最终派出毫无国家队经验的卡森应战，而贝克汉姆此时也被英格兰队的主帅招回来勤王。

那是一场雨战，顾惜自己身体的麦克拉伦并没有冒雨指挥作战，而是在场边撑了一把看上去有些滑稽的红蓝花伞。紧张的英格兰球员开场之后就被克罗地亚队连进两球，之后兰帕德和克劳奇扳平比分，而克罗地亚队却偏偏没有成人之美，他们在新温布利大球场打进第三球，英格兰队2比3落败，将出线权拱手让给了俄罗斯队，后者在2008年的欧洲杯成为最大黑马，淘汰夺冠热门荷兰队杀进半决赛。

本来已经得罪媒体的麦克拉伦在这场比赛之后却又拒绝引咎辞职，部分原因是主动辞职可能拿不到高额毁约金。而在全国上下的一片责骂声中，英足总实在忍无可忍，在输球次日将麦克拉伦和他的教练组全部解雇。麦克拉伦从此成为英格兰足坛上一个身败名裂的"小丑"，即便是他之后在德国和荷兰的执教都很成功，但是英格兰主流足球圈仍然拒绝接纳他。

"救世主"卡佩罗

麦克拉伦下课之后，英足总立刻在2007年年底就开始了国家队的选帅工作。英格兰媒体原本鼓噪要当时赋闲在家的穆里尼奥接任帅位，但是双方最终并未谈妥。12月14日，之前执教过AC米兰队和皇马队的卡佩罗正式被英足总委任为国家队主教练，成为英格兰历史上的第二位外籍主帅。

卡佩罗上任之后就开始率队备战2010年世界杯预选赛，英格兰队8战8捷，史无前例的提前两轮晋级决赛圈，并且在主、客场两回合以9比2的总比分痛击几个月前将他们淘汰出欧洲杯决赛圈的克罗地亚队，报了一箭之仇。所有的10场预选赛，英格兰队只在已经出线之后输给了乌克兰队，9胜1负，卡佩罗在英格兰队的威望也随即达到了顶点。

英格兰媒体和球迷对卡佩罗的期望值颇高，由于预选赛上的出色战绩，人们一致将英格兰队视为夺冠热门之一。一向难伺候的英格兰媒体也对卡佩罗顶礼膜拜，他们认为卡佩罗的稳健作风将让这批球员在世界杯舞台上最大限度地发挥自己的潜力。而在2010年年初，英格兰媒体突然爆出队长特里和他俱乐部前队友布里奇的妻子有染，这桩被外界称为"友妻门"的丑闻让卡佩罗第一次面临公关危机，最终卡佩罗做出选择，剥夺了特里的队长袖标，但是仍旧将他留在国家队，这一看似公平的决定却给国家队以及卡佩罗自己的未来留下了巨大的隐患。

卡佩罗率队一共打了4场热身赛，3胜1负，输球的那一场对手还是巴西队。虽然总体战绩不错，但是媒体却对卡佩罗的主力阵容愈发挑剔，尤其是门将问题。当时卡佩罗让格林和詹姆斯轮换，迟迟不愿确定自己的主力门将，这让当时随队出征的三位门将（除了格林和詹姆斯之外还有乔·哈特）惶惶不可终日。而最后的大名单，卡佩罗舍弃了效力于阿森纳俱乐部的沃尔科特，也让媒体一片哗然。2010年，当卡佩罗率队前往南非的时候，英格兰媒体已经开始对国家队的世界杯前景将信将疑。

英格兰队的首战对手是美国队，队长杰拉德开场4分钟就为球队取得领先。但是就在这时，门将的软肋却突然暴露了出来。格林在面对美国球员登普西一脚毫无威胁的射门时突然出现低级失误，将这个球速不快、角度也并不算刁钻的射门漏进了自己的大门。英格兰队在这记失球之后，士气大挫，只能和美国队握手言和。

英格兰队的第二个小组赛对手是被外界视为鱼腩的阿尔及利亚队。当时，卡佩罗将主力门将换成了詹姆斯，但是两队闷战90分钟，毫无亮点可言。随队远征的英格兰球迷被球队的低迷表现所激怒，在看台上传出阵阵嘘声，而鲁尼在赛后面对摄像机时嘲讽发出嘘声的球迷"真够忠诚"。

就在外界向球队施加的压力越来越大之际，一直期望能复辟自己队长职位的特里又在这场比赛之后突然发难，在没有和英足总及卡佩罗沟通的情况下，在新闻发布会上突然发难，声称会和"一些队友"在当晚召开内部总结会，给卡佩罗找出球队的问题。结果特里的逼宫很快就被英足总严厉镇压，次日他通过《每日邮报》发表了自己的道歉声明。

在内忧外患之下，第三场比赛对阵斯洛文尼亚队，英格兰队顶着极大的压力出战。结果原本属于国家队的边缘人物迪福在第23分钟打进了唯一进球，特里在下半场有一次奋不顾身的后脑勺救险。事后被英格兰媒体当做英雄大肆宣扬，但是英格兰队在出线之后很快发现，自己在淘汰赛中将遭遇的首个对手正是宿敌德国队。

16强"英德大战"，英格兰队大部分时间都被德国队全面压制，在开场0比2落后的情况下，厄普森以头球为英格兰队扳回一球，紧接着兰帕德一脚远射洞穿了德国队的大门，皮球先是砸中横梁，紧接着落入球门后弹出，被德国队门将诺伊尔没收。然而当值主裁和边裁却对这粒进球无动于衷。英格兰队的扳平进球被扼杀之后，球队也就此泄气，被德国队利用反击在3分钟内再入两球，最后以1比4的大比分败仗出局。

何去何从

"三狮军团"在2010年南非世界杯的惨淡表现，让英格兰队上下陷入到了一种幻灭而麻木的情绪当中。以杰拉德和兰帕德等人为代表的所谓"黄金一代"球员，在国际赛场上从来都没有达到过自己在俱乐部时的状态和成就，就已经突然临近了职业生涯的暮年。而和鲁尼年龄相当的中生代球员，生长在"黄金一代"的阴影之下，也鲜有真正出类拔萃的顶尖球员。在英超的激烈竞争之下，豪门俱乐部的年轻本土球员的上场机会有限，而在中小俱乐部青训体系脱颖而出的新人，则大多在刚刚崭露头角时就被豪门俱乐部挖走。这也导致英格兰队在2004年鲁尼成名之后，再没有出现能让人眼前一亮的新星。

卡佩罗对英格兰队的情况也无可奈何，从南非飞回伦敦之后，卡佩罗只在英国逗留了数日就携家眷前往海外度假。虽然英足总早早贴出了安民告示，宣称卡佩罗将会按照原定计划，至少留任到2012年欧洲杯之后，但是在任期最后两年，卡佩罗对国家队的重组和换代工程兴趣寥寥。南非世界杯主力阵容中的大多数人的竞技状态都还足以保持到两年之后，卡佩罗对英超本土新星的实力也持保留态度，一些"90后"球员虽然在南非世界杯后被招进了国家队，但是除了守门员哈特之外，没有一人被卡佩罗当做未来的核心看待。

英格兰队在世界杯出局后6周再次集结。在主场对阵匈牙利队的友谊赛上，哈特终于以1号门将的身份首发。不过，让卡佩罗尴尬至极的是，之前在主力门将人选方面的反复无常让他找不到合格的替补门将。入选过世界杯阵容的另外两名门将——詹姆斯已经宣布退出国家队，而格林则被卡佩罗彻底弃用。卡佩罗原本希望找一名老将在替补席为哈特掠阵，因此他向2006年德国世界杯主力门将，当时效力于布莱克本俱乐部的罗宾逊发出了征召令。然而，让卡佩罗和英足总颜面无光的是，罗宾逊在收到征召令之后却拒绝前往国家队报道，他在对阵匈牙利队的比赛前消失，突然单方面宣布退出国家队。其理由是此前备受冷遇，而现在"突然在国家队担任第三门将或者第四门将，这种角色总是会让人非常沮丧"。球员如此拒绝国家队征召令的案例在英格兰队历史上极其罕见，一时舆论哗然。卡佩罗最终只能从低级别联赛临时找了两个年轻守门员作为备选凑数，效力于沃特福德俱乐部的洛奇和德比的菲尔丁收到了他们人生中第一次国家队征召令。

除了哈特之外，首发阵容中的"新人"还有阿森纳俱乐部的沃尔科特和埃弗顿俱乐部的中卫雅盖尔卡。雅盖尔卡的入选是因为卡拉格在南非世界杯救火之后再次从国家队挂靴，而费迪南德有伤在身。沃尔科特的归队则是卡佩罗对自己南非思路的否定，当时卡佩罗看中伦农，但伦农因为毫无斗志的梦游表现而最终被弃用，因此沃尔科特得以重回国家队。这场比赛英格兰队凭借着杰拉德的两粒进球最终以2比1获胜，唯一让英格兰媒体眼前一亮的是下半场卡佩罗的换人，吉布斯、阿什利·扬以及威尔希尔这三名年轻球员替补登场。

从9月初开始，英格兰队开始在卡佩罗的率领下征战欧洲杯预选赛。"三狮军团"在主场对阵保加利亚队和客场对阵瑞士队的比赛中连战连捷，分别以4比0和3比1的比分获胜。10月中旬在温布利主场对阵小组赛头名黑山队，主力出战的英格兰队和对手0比0战平。

由于这场闷战之后，英格兰队距离下一场对阵威尔士队的预选赛还有近半年的时间，因此卡佩罗终于开始在这段时间里酝酿变阵。他将"4-4-2"阵型变为了当时在强队中已经普遍使用的"4-3-3"阵型，在中锋位置上开始使用当时效力于维拉俱乐部的达伦·本特，而将鲁尼移到了左路。另外，由于次年3月26日对阵威尔士队的比赛正副队长费迪南德和杰拉德双双缺阵，卡佩罗借着这个机会将队长袖标还给了之前曾被他亲手废黜的特里。

英格兰媒体对卡佩罗的变阵未持异议，但是对于特里的"废而复立"大有争议。特里在切尔西俱乐部利用队长职权倒售球票，并将外人带至训练基地参观牟利，同时还将国家队给他配备的队长包厢折现出售，这一切都让特里在媒体和公众眼中成为了一名私德败坏的球员。尤其是他趁着南非世界杯球队战绩不佳而试图挑动事端逼宫一事，更是让媒体不齿。现在卡佩罗忽然要将特里再度确立为队长，让媒体觉得卡佩罗赏罚不明，难以服众。不过，卡佩罗对此却不为所动，他坚称由于现任队长费迪南德因伤长期缺阵，"三狮军团"的队长成了"轮换制"，而现在特里仍然是国家队更衣室事实的领袖，因此卡佩罗希望给特里赐还队长袖标能让球队恢复稳定。

不过，尽管卡佩罗在新闻发布会上声称球员会支持他复立特里的决定，但是事实上他甚至在这一问题上都没能够和原队长费迪南德达成一致。卡佩罗透露说自己之前在老特拉福德考察球员状态时，曾试图和费迪南德就此事沟通交流，但是性格桀骜的费迪南却选择了回避。身为主帅的卡佩罗在人事工作并未做通的情况下，就此彻底抛开费迪南德，只在通知副队长杰拉德之后，就在媒体前宣布了队长的任免问题。因此，费迪南德是通过媒体才得知自己的队长位置已经被特里再次取代，他认为卡佩罗对他缺乏尊重，对特里的敌意也就此加深。

　　卡佩罗当时对自己所造成的矛盾还不以为意，他强调说自己没有通知费迪南德是因为两人不在一个城市，电话通知显得自己欠缺诚意，他会在事后专程找费迪南德解释。不过，让卡佩罗没有想到的是，自己让特里官复原职的这一决定最终在一年后酿成大祸，不仅导致自己战前辞职，费迪南德和特里这对昔日的亲密战友也彻底分道扬镳，水火不容。

节外生枝

　　2011年3月26日，英格兰队在客场2比0拿下威尔士队，之后对阵瑞士队，他们开场35分钟就以两球落后，一度差点上演2007年欧洲杯预选赛主场输给克罗地亚队的悲剧，好在兰帕德和阿什利·扬最终将比分扳为2比2。而在另外一场比赛中，原本可能在积分榜上甩开英格兰队的黑山队被保加利亚队死死拖住，最后也以2比2的同样比分结束。英格兰队因为净胜球优势侥幸留在小组榜首。

　　这两场平局之后，小组赛的走势开始发生变化。英格兰队在2011年9月重新开始的预选赛中连克保加利亚队和威尔士队，而黑山队则被威尔士队以2比1击败，不但被英格兰队抛离，而且身后的瑞士队也逐渐追了上来，和他们仅差3分。10月7日，黑山队和英格兰队在预选赛中再次相遇。"三狮军团"这次取得了梦幻开局，他们在开场半小时内已经凭借阿什利·扬和达伦·本特的进球以2比0

领先，尽管黑山队在第45分钟扳回一球，但是场面占优的"三狮军团"提前出线在望。

然而就在这个时候，鲁尼却在第73分钟毫无征兆的情绪失控。他在前场被德祖多维奇抢断，丢球之后鲁尼恶意报复，对黑山后卫下了黑脚。这一切被当值德国主裁判斯塔克逮了个正着，他立刻向鲁尼出示了红牌。这张红牌首先改变的是比赛局势，占据人数优势的黑山队开始猛攻英格兰队腹地，德利巴西奇在伤停补时阶段将比分扳平。

2比2原本是一个皆大欢喜的比分。因为英格兰队本场比赛仅需一场平局即可顺利出线，成为第5支拿到欧洲杯入场券的球队。而在另一场比赛瑞士队被威尔士队击败的情况下，黑山队这场也仅仅需要一场平局就能锁定小组第二，拿到一个附加赛资格（他们最后在附加赛中0比3不敌捷克队）。然而，鲁尼这张红牌却破坏了英格兰媒体和球迷的心情。

一周之后，也就是10月14日，欧洲足联确认，对鲁尼这次恶意犯规处以禁赛3场的处罚。这也意味着鲁尼将无缘英格兰在欧洲杯的所有3场小组赛。这让卡佩罗大为恼火，因为一旦英格兰队在小组赛遭遇不测，直接出局的话，那么把鲁尼选入大名单将没有任何意义，浪费一个宝贵的报名名额。

最终英足总决定先向欧洲足联上诉。12月9日，卡佩罗带着鲁尼和3名律师赶赴巴塞尔的听证会现场。英足总为了鲁尼在这场听证会中获得缓刑，动员了各方面的力量。甚至被鲁尼在比赛中侵犯的德祖多维奇都在听证会之前给欧足联主席普拉蒂尼写信求情。他在邮件中表示鲁尼的犯规只是在场上的一时冲动，自己并未被鲁尼踢伤，而他理解那场比赛鲁尼的情绪明显不好，可能和当时他的父亲和叔叔卷入赌球丑闻被警方拘捕有关。

而卡佩罗则暗含威胁的向欧洲足联施压，他声称如果欧洲足联维持原判的话，他将不会把鲁尼招入国家队。英足总认为这对唯恐球星因伤缺席、削弱比赛影响的欧洲足联而言，多少也是一个缓刑的理由。最终欧洲足联做了折中的处理，将3场立即执行的禁赛改为立即停赛两场，而最后一场停赛则缓刑4年执行。如果鲁尼在未来4年再度吃到红牌的话，这场被缓期的禁赛将立刻执行。

英足总和卡佩罗对这一解决方案表示接受。当时欧洲杯的分组和赛程已经出炉，所以可以确定鲁尼将缺阵英格兰队对阵法国队和瑞典队的比赛，但是小组末战对阵乌克兰队却能够参加。这样，如果英格兰队前两场小组赛状态不佳，鲁尼将以救世主的身份登场救驾；如果英格兰队在没有鲁尼的情况下发挥良好，出线无忧，卡佩罗也会有一场比赛的缓冲在淘汰赛前重新调整球队的锋线。

蝴蝶效应

在鲁尼上诉成功之后，卡佩罗长出了一口气。然而，此时的卡佩罗还没有完全注意到，自己重新册立的队长特里，现在正在一项种族歧视的指控中越陷越深。

特里是在2011年10月23日的西伦敦德比中惹了麻烦。切尔西俱乐部当时做客洛夫图斯球场，对阵同在西伦敦的近邻女王公园巡游者俱乐部。那是一场完全失控的比赛。上半场，切尔西的博辛瓦和德罗巴就双双被红牌罚下，另外7名切尔西球员被主裁判黄牌警告。双方球员在下半场数度发生冲突。第85分钟，特里和费迪南德的胞弟、安东·费迪南德曾经在场上发生口角，不过当时双方在你来我往的几轮争吵之后并未让事件升级。切尔西最终客场以0比1不敌女王公园巡游者，终场哨声响起时，双方都没将那次看似普通的口角当回事。

然而赛后两人冲突的录像画面被女王公园巡游者俱乐部球迷发现，特里在和安东·费迪南德发生口角时，有涉嫌种族歧视的侮辱语句。而安东·费迪南德本人也是在赛后看到那段视频之后才意识到自己可能受到了种族歧视语言的侮辱。英国法律对种族歧视的打击原本就非常严厉，再加上当时另一名英超球员苏亚雷斯正因为种族歧视而受审，英足总觉得此事格外敏感。因此，特里的"种族门"事情一经爆出，司法程序立刻启动，英足总和警方先后对此展开了调查，此后不仅皇家检控署以种族语言激化公共秩序的罪名将特里起诉，英格兰队长同时还被种族歧视协会起诉，准备接受威斯敏斯特地方法庭的审判。

面对弟子缠身的官司，卡佩罗一开始只是担心这些场外风波会影响特里的场上状态而已。在经过年底的几次庭审后，官司一直持续到了2012年1月底。这时特里方面向法院要求推迟开庭日，在得到批准之后，新的开庭日被安排在当年的7月9日，正好是在欧洲杯决赛之后。

特里原以为这次申请庭审得到批准之后，自己就能够安心于俱乐部和国家队的各种事务。不过让他始料未及的是，这起案件经过媒体的大篇幅报道，早已是树欲静而风不止。虽然开庭日期确定延迟到欧洲杯后，媒体和社会关于这一案件的讨论不仅没有偃旗息鼓，反而有愈演愈烈之势。主流媒体对他的鞭笞越来越严苛，国内黑人团体也群情激奋。在巨大的舆论压力下，英足总不得不率先行动，由主席伯恩斯坦专门召集14人的委员会，开始重新研究特里在国家队的未来。

卡佩罗对舆论声讨特里的这股风潮毫无准备，他似乎并不完全了解触碰种族问题可能在英国社会引发的严重后果。就在特里申请延期审判时，卡佩罗还专门去了一趟切尔西俱乐部的训练基地找队长谈心。特里得到的承诺是，在被法院宣判有罪之前，卡佩罗都会和自己站在同一战线，队长袖标也不会因此而易主。

最终英足总没有知会卡佩罗就直接剥夺了特里的队长袖标。卡佩罗认为英足总在如此重要的事情上不和自己商量就做决定，感觉自己已被架空。2012年2月8日，英足总在其官网上正式宣布卡佩罗辞职。

太公挂帅

对于卡佩罗的继任者，外界普遍看好时任托特纳姆热刺队的主帅哈里·雷德克纳普。雷德克纳普自己对国家队的帅位也颇为向往。然而关心则乱，由于自己的主帅未来未定，热刺队在一场重要的联赛中2比5惨遭北伦敦死敌阿森纳队逆转，之后一路溃败，一度曾领先阿森纳的11分丢失殆尽。而英足总和雷德克纳普之间的谈判也不顺利。到了2012年5月1日，英足总宣布了新帅人选：由当时执教西布罗姆维奇队的本土老帅霍奇森正式接管帅印。

霍奇森是本土主帅中少数几个有海外执教经验的人，他曾在国际米兰队执教，也曾先后带过阿联酋队和芬兰队。2010年将富勒姆队带进欧联杯决赛，让他成为本土教练的代表人物之一。不过，随后在利物浦队执教仅仅半年就被解雇，让人们觉得这位老帅似乎更适合执教中游球队。

霍奇森在欧洲杯前仅有两场热身赛可以熟悉球队，他任命杰拉德为队长，针对特里和费迪南德之间的矛盾，他果断弃用费迪南德，避免了更衣室的潜在矛盾。两场热身赛，英格兰队都以1比0的比分战胜了挪威队和比利时队，等到6月率队出征乌克兰队，英格兰队被人普遍视为是一支没有夺冠可能的哀兵。

英格兰队的小组赛首战和法国队1比1战平，莱斯科特为球队打进领先一球之后不到10分钟，他的曼城队友纳斯里为法国队扳平了比分。不过在之后的两场比赛中，英格兰队双双获胜。对阵瑞典队，霍奇森在鲁尼停赛期间派出的两名前锋卡罗尔和韦尔贝克双双进球。不过英格兰队一球领先后被对手连扳两球反超，沃尔科特在第64分钟打进了至关重要的扳平进球，之后韦尔贝克将比分定格为3比2。小组赛末战乌克兰队，鲁尼终于禁赛期满，他在第48分钟攻进了比赛的唯一进球，这也是他继2004年欧洲杯之后，8年时间里在国际大赛上的唯一进球。

英格兰队在小组出线之后对阵意大利队，在一场场面难看的拉锯战中，120分钟双方都没能破门，最后进入点球大战。在首先出场的杰拉德和鲁尼双双罚中的情况下，阿什利·扬和阿什利·科尔相继射失点球，英格兰最终以2比4的点球大战比分被意大利队淘汰。不过对于国内媒体而言，霍奇森能率领这么一支哀兵从小组出线，点球大战倒在最后杀进决赛的意大利队脚下，已经算是不辱使命了。霍奇森的帅位在欧洲杯之后逐渐稳固了起来。

虽然近两个赛季英超涌现出了一些本土新星，但是总体而言，霍奇森仍然处在一个尴尬的时段，这些本土新星还并没有成熟到他可以倚重的地步，再加上国家队比赛在时间上过于分散，现在球员在俱乐部的比赛任务又过于繁重，经常因为轻伤无法接受国家队征召。因此，霍奇森为了应付世界杯预选赛，一直在走实用主义线路，让人多少有些摸不清他的建队思路。

10场世界杯预选赛，霍奇森率领球队以6胜4平的战绩晋级决赛圈。在决赛的小组抽签中，英格兰队被分到了H组，和乌拉圭队、哥斯达黎加队以及意大利队同组，英格兰国内普遍对这次抽签结果持悲观态度，因为以英格兰队最近的实力和状态，他们似乎并没有绝对的把握战胜乌拉圭队或者意大利队。不过，即使小组未能出线，英格兰本土球迷也多半会泰然处之："连鲁尼这样被我们寄予厚望的球员至今在世界杯上都没能进球，你还怎么指望这些最近冒出来的新星能在这种大赛上脱颖而出呢？"

附　录

表1　历届世界杯英格兰队成绩

年份	成绩	排名	比赛数	胜	平	负	进球数	失球数
1930年乌拉圭世界杯	未参加							
1934年意大利世界杯	未参加							
1938年法国世界杯	未参加							
1950年巴西世界杯	小组赛	8/13	3	1	0	2	2	2
1954年瑞士世界杯	1/4决赛	6/16	3	1	1	1	8	8
1958年瑞典世界杯	小组赛	11/16	4	0	3	1	4	5
1962年智利世界杯	1/4决赛	8/16	4	1	1	2	5	6
1966年英格兰世界杯	冠军	1/16	6	5	1	0	11	3
1970年墨西哥世界杯	1/4决赛	8/16	4	2	0	2	4	4

年份	成绩	排名	比赛数	胜	平	负	进球数	失球数
1974年德国世界杯	未晋级							
1978年阿根廷世界杯	未晋级							
1982年西班牙世界杯	第二阶段小组赛	6/24	5	3	2	0	6	1
1986年墨西哥世界杯	1/4决赛	8/24	5	2	1	2	7	3
1990年意大利世界杯	殿军	4/24	7	3	3	1	8	6
1994年美国世界杯	未晋级							
1998年法国世界杯	1/8决赛	9/32	4	2	1	1	7	4
2002年韩日世界杯	1/4决赛	6/32	5	2	2	1	6	3
2006年德国世界杯	1/4决赛	7/32	5	3	2	0	6	2
2010年南非世界杯	1/8决赛	13/32	4	1	2	1	3	5
总计	1次冠军		59	26	19	14	77	52

表2　历届世界杯英格兰队主教练

年份	主教练姓名
1930年乌拉圭世界杯	未参加
1934年意大利世界杯	未参加
1938年法国世界杯	未参加
1950年巴西世界杯	沃尔特·温特伯特姆（Walter Winterbottom）
1954年瑞士世界杯	沃尔特·温特伯特姆（Walter Winterbottom）
1958年瑞典世界杯	沃尔特·温特伯特姆（Walter Winterbottom）
1962年智利世界杯	沃尔特·温特伯特姆（Walter Winterbottom）
1966年英格兰世界杯	阿尔弗·拉姆齐（Alf Ramsey）
1970年墨西哥世界杯	阿尔弗·拉姆齐（Alf Ramsey）
1974年德国世界杯	未晋级
1978年阿根廷世界杯	未晋级
1982年西班牙世界杯	罗恩·格林伍德（Ron Greenwood）
1986年墨西哥世界杯	博比·罗布森（Bobby Robson）
1990年意大利世界杯	博比·罗布森（Bobby Robson）
1994年美国世界杯	未晋级
1998年法国世界杯	格伦·霍德尔（Glenn Hoddle）
2002年韩日世界杯	斯文·约兰·埃里克森（Sven-Göran Eriksson）

续上表

年份	主教练姓名
2006年德国世界杯	斯文·约兰·埃里克森（Sven-Göran Eriksson）
2010年南非世界杯	法比奥·卡佩罗（Fabio Capello）
2014年巴西世界杯	罗伊·霍奇森（Roy Hodgson）

表3　历届世界杯英格兰队队长

年份	队长姓名
1930年乌拉圭世界杯	未参加
1934年意大利世界杯	未参加
1938年法国世界杯	未参加
1950年巴西世界杯	比利·赖特（Billy Wright）
1954年瑞士世界杯	比利·赖特（Billy Wright）
1958年瑞典世界杯	比利·赖特（Billy Wright）
1962年智利世界杯	约翰尼·海恩斯（Johnny Haynes）
1966年英格兰世界杯	博比·穆尔（Bobby Moore）
1970年墨西哥世界杯	博比·穆尔（Bobby Moore）
1974年德国世界杯	未晋级
1978年阿根廷世界杯	未晋级
1982年西班牙世界杯	凯文·基冈（Kevin keegan）
1986年墨西哥世界杯	布赖恩·罗布森（Bryan Robbson）

续上表

年份	队长姓名
1990年意大利世界杯	布赖恩·罗布森（Bryan Robbson） 大卫·普拉特（David Platt）
1994年美国世界杯	未晋级
1998年法国世界杯	阿兰·希勒（Alan Shearer）
2002年韩日世界杯	大卫·贝克汉姆（David Beckham）
2006年德国世界杯	大卫·贝克汉姆（David Beckham）
2010年南非世界杯	史蒂文·杰拉德（Steven Gerrard）
2014年巴西世界杯	史蒂文·杰拉德（Steven Gerrard）

表4　历届世界杯英格兰队射手及进球数

年份	球员姓名
1930年乌拉圭世界杯	未参加
1934年意大利世界杯	未参加
1938年法国世界杯	未晋级
1950年巴西世界杯	莫特森、曼尼恩各1球
1954年瑞士世界杯	洛夫特豪斯3球
1958年瑞典世界杯	凯文2球
1962年智利世界杯	弗劳尔斯2球
1966年英格兰世界杯	赫斯特4球

续上表

年份	球员姓名
1970年墨西哥世界杯	克拉克、赫斯特、彼得斯、穆莱里各1球
1974年德国世界杯	未晋级
1978年阿根廷世界杯	未晋级
1982年西班牙世界杯	弗朗西斯，罗布森2球
1986年墨西哥世界杯	莱因克尔6球
1990年意大利世界杯	莱因克尔4球
1994年美国世界杯	未晋级
1998年法国世界杯	希勒、欧文各2球
2002年韩日世界杯	欧文2球
2006年德国世界杯	杰拉德2球
2010年南非世界杯	迪福、杰拉德、厄普森各1球

2006年3月15日，国际足联代表马科恩女士宣布《体坛周报》成为国际足联中国地区官方合作媒体。

巴西球王贝利展示刊有自己报道的《足球周刊》。

2012年欧洲杯决赛夺冠后，西班牙队主帅博斯克拿着《体坛周报》欧洲杯期间的头版作秀。

2006年世界杯前，《体坛周报》记者张力采访德国国家队主教练克林斯曼。

《体坛周报》记者滨岩为梅西颁发金靴奖。

前法国著名球员，欧足联主席普拉蒂尼。

米卢蒂诺维奇与《体坛周报》世界杯出线号外特刊合影。

英格兰著名球星欧文与本书作者合影。